丛书主编 /贺雪峰

湖北省学术著作出版专项资金资助项目

·中国现代农业治理研究丛书·

农业经营形式变迁的阶层动力

余练 著

本书以皖南的一个乡镇为田野研究单位，以该镇近年来农业经营形式的变迁为研究对象，在呈现该镇农业经营形式多元化的基础上，试图理解农业经营形式变迁的路径和动力机制问题。

華中科技大學出版社
http://www.hustp.com
中国·武汉

图书在版编目(CIP)数据

农业经营形式变迁的阶层动力/余练著.—武汉:华中科技大学出版社，2018.1
(中国现代农业治理研究丛书)
ISBN 978-7-5680-3309-1

Ⅰ.①农… Ⅱ.①余… Ⅲ.①农业经营-研究-中国 Ⅳ.①F324

中国版本图书馆 CIP 数据核字(2017)第 196915 号

农业经营形式变迁的阶层动力 余 练 著
Nongye Jingying Xingshi Bianqian de Jieceng Dongli

策划编辑：易彩萍
责任编辑：易彩萍
责任校对：张会军
封面设计：刘 卉
责任监印：朱 玢
出版发行：华中科技大学出版社(中国·武汉) 电话：(027)81321913
武汉市东湖新技术开发区华工科技园 邮编：430223
录 排：华中科技大学惠友文印中心
印 刷：武汉市金港彩印有限公司
开 本：710mm×1000mm 1/16
印 张：21.5
字 数：308 千字
版 次：2018 年 1 月第 1 版第 1 次印刷
定 价：88.00 元

前　言

本书以皖南的一个乡镇——萍镇为田野研究单位，以该镇近年来农业经营形式的变迁为研究对象，在呈现泮镇农业经营形式多元化的基础上，试图理解农业经营形式变迁的路径和动力机制问题。

如同很多农业型乡镇一样，皖南萍镇是一个劳动力流失较多的农业型乡镇，在那里自发的土地流转颇为常见。以大型涉农项目为契机，萍镇小农农场生产体系发生了变化，原本细碎、零散的地块，开始被“田成块、路相连、渠相通、林成网、旱能灌、涝能排，具备适度规模经营条件的现代农田”所代替。2007年，萍镇的农业经营形式开始发生转型，以传统小农为主体的农民开始分化为小农、家庭农场和资本型农场三种完全不同的农业经营形式。

研究发现，效率并非新型经营形式兴起的根本原因。在政府的干预下，萍镇以项目下乡为契机，借助社会资本的力量，快速形成规模较大的资本型农场。尽管大农场存在雇工的结构性困境，但是大户借助政策支持，以几乎“绑架”政府的方式能够在较长时间内持续发展。农村经济精英的形成，构成了资本型农场形成的社会基础。利用组织优势，家庭农场在萍镇获得了政府支持，在生产率上表现为较高的土地生产率和颇高的劳动生产率。家庭农场成为萍镇未来重点发展的农业经营形式，这种经营形式满足了农村中间阶层的需要，同时又排斥了社会底层。最后，低劳动生产率的小农农场由于资本投入小、土地产出率高，极大程度地满足了社会底层的需求，因此在萍镇得以持续存在。

如若从生产效率的角度考虑，家庭农场在土地生产率和劳动生产率方面水平均较高，是一种具有适度规模效益的农业生产组织形式。但是，农业生产形式演化的路径并不只是由“效率”决定的。我们发现，在实践层面，农业经营形式变迁的路径具有“嵌入”特征。

农业经营形式演变中的嵌入性表现在农业经营形式并非完全由资本和技术等生产要素决定，也并非组织效率的优胜劣汰，而是深深地嵌入在农村社会结构中。萍镇农业经营形式的多元化与农民的分化、农村社会结构转型紧密相关。改革开放以后，市场因素对农民生产和生活的影响日益加大，农民分化为不同的职业群体，职业上的农民开始向身份意义上的农民转化。由于农民具有不同的资源禀赋，市场机会不同，农民对农业的态度就会表现出较大的差异。

从阶层结构的角度讲，农村社会已经分化为具有不同经济资源、组织资源和劳动力资源的个体。首先，在政府的干预下，资本型农场得以产生，精英们的合谋成为资本型农场兴起和持续的根本性动力。一方面，资本型农场满足了经济精英对于资本利润的需求；另一方面，资本型农场也同时满足了政治精英推动现代农业发展的目的。其次，中间阶层由于具有市场化的劳动力资源，主动放弃了小规模生产方式，而通过其他方式增加收入。以政府推动土地流转为契机，家庭农场的兴起满足了农村中间阶层的利益诉求，同时，农村中间阶层所具有的资源禀赋——劳动力和资金积累，也满足了这种农业经营形式的需要。最后，以老人为代表的农村社会底层缺少市场就业机会，小农农场的生产方式不仅满足了该阶层的基本生活需求，还支撑起了以代际分工为基础的半工半耕经济，因此，小农农场尽管劳动生产率低、生产方式粗放，却会长期存在。

笔者发现，在农业经营形式变迁的路径上，并不完全像经典作家所分析的——农业经营形式变迁的路径是单一的。在具体的时空背景下，农业经营形式的变迁具有多元化特征。在农业经营效率上，各种农业经营形式有所不同，但是并不影响它们之间的共存。综上所述，由于农业的嵌入性，阶层农业决定了我国农业经营形式将在很长时期内是多元化农业经营形式并存的状态。

目　录

第一章 导论

一、问题提出

从马克思所处的时代到当代，小农的命运一直备受关注。农业变迁关注的是农业，不过借农业问题，我们还可以关注到农民、农村，甚至整个中国社会的发展变迁问题。从这个意义上讲，农业问题研究成为相关研究者有力的学术突破口。也因此，农业问题研究不仅成为农业经济学、农民学和农业经济史等学科热论的议题，也成为政治经济学和社会学等学科偏爱的研究方向。就农业变迁这一主题而言，它属于农业经济学研究的范畴，但是稍加深入研究就会发现，它还关涉农民、农村等众多议题，从政治、经济、社会和文化等方面也可以对其开展研究。笔者对农业问题的关注，不完全来自于理论层面对该问题的追问，更多来自于现实层面对笔者本人的冲击。

从 2004 年起，中央一号文件连续 12 年锁定“三农”问题，减轻农民负担、建设新农村一直是中央一号文件的主旋律。不过，随着农业税费取消和财政转移支付的增多，农民负担得到减轻，新农村建设速度减慢，政策重点向发展现代化农业转移。2013 年，中央一号文件的主题为《关于加快发展现代农业进一步增强农村发展活力的若干意见》；2014 年，中央一号文件的主题为《关于全面深化农村改革加快推进农业现代化的若干意见》；紧接着，2015 年中共中央、国务院印发了《关于加大改革创新力度加快农业现代化建设的若干意见》。连续三年，中央一号文件锁定“现代农业”(或农业现代化)。

2013 年的一号文件在农业、农村工作的总体要求中提出，要“着力构建集约化、专业化、组织化、社会化相结合的新型农业经营体系，进一步解放和发展农村社会生产力，巩固和发展农业农村大好形势”。文件在具体建议中提出，要鼓励“社会资本投向新农村建设”，“大力支持发展多种形式的新型农民合作组织”和“培育壮大龙头企业”。2014 年的一号文件更是提出了要扶持"家庭农场"这一新型农业经营主体的口号,这成为当年一号文件的一大亮点。另外,文件明确要在"财政补贴、用地指标、金融支持、税收优惠、人员培训等方面"扶持"农民合作社、家庭农场、专业大户、农业产业化龙头企业等新型主体"。此外,2015 年的中央一号文件更是在第一条中明确,要"围绕建设现代农业,加快转变农业发展方式",要尽快从主要追求产量和依赖资源消耗的粗放经营转到数量、质量、效益并重的现代农业发展道路。可以说,对现代农业和新型农业经营体系的关注已经上升到国家战略层面。无疑,相关文件的出台会在实践层面上发挥作用,"人均不过一亩三分地,户均不过十亩"的小规模农业开始面临挑战,中国农业正处于"十字路口"①,何去何从还未知。

在这一轮中央政策的影响下,地方政府加快了推进转变传统农业的步伐,农业转型见诸实践。从 2008 年进行农村调研开始,笔者在诸多地方目睹了地方小农的消亡、政府推动下的农地大规模流转和农村新型农业经营主体的兴起,这些正在影响和改造着传统小农经济。2012 年春,笔者与所在学术团队走访了被誉为"广辉模式"②的湖北中部地区,资本下乡使当地农业产生了巨大变化;2012 年 10 月,笔者及团队赴南京调研,当地推行的"万顷良田"项目声势浩大,吸引了诸多眼球;2013 年春季,笔者及团队于皖南调查,当地也在自上而下地推动大规模的土地流转,积极培育新型农业经营主体。可以说,2012 年以后,笔者进行的农村调研,几乎总是与农地的规模化流转、农村新型农业经营主体的建立有关,这直接促使笔者把关注的重点聚焦到农村经营形式的变化上来。

从各国的经验来看,农业经营方式的变迁并不遵循统一的路径,既有以雇佣农场为代表的英国模式,也有以小规模农场为主的日韩模式,那么在当前中国农村发生的农业变迁到底遵循什么样的路径? 传统的以小农

① 黄宗智. 中国的新时代小农场及其纵向一体化:龙头企业还是合作组织[M] //黄宗智. 中国的隐性农业革命. 北京:法律出版社,2010:139.

② 按照学术惯例,本书中出现的人名和地名,笔者都进行了学术化处理。

为经营主体的家庭组织生产形式到底发生了怎样的变化？支撑农村农业经营形式变迁的根本动力是什么？农业经营形式的变迁给农村带来了何种影响？进一步看，中国未来应该培育何种农业经营形式？中国农业应该走怎样的道路？这些不仅是政策部门关注的重大问题，同时也是学术界讨论的热点。为回答这些问题，本书将借助社会学中的社会分层理论，对当前农业经营方式的变迁从社会学的角度予以解释。

以皖南萍镇农业经营形式变迁为例，本书提出：农业经营形式的变迁并不遵循统一的路径，由于经济行为的嵌入性，当前的农业变迁在农业经营形式上体现为变迁的多元化取向。另外，从农业经营形式变迁的动力机制上讲，作为一种经济行为，农业经营形式的变迁嵌入在当前的农村社会结构中，农民的分化既成为小农经济瓦解的动力，同时又成为新的农业经营形式形成的社会基础。从这个层面来讲，阶层和社会结构构成农业经营形式变迁的内在动力。在农民分化和阶层划分的背景下，本书呈现了当地小农经营主体的分化——小农农场、家庭农场和资本型农场，并对三种农业经营形式进行了详细描述。从社会分层的角度解释，由于农村社会结构的转型和阶层所拥有的资源禀赋不同，不同阶层对于不同农业经营形式的选择构成了农业经营形式走向多元化的内在动力。

总体来说，本书将借助对萍镇近年来农业经营形式变迁的研究，描述和分析各种农业经营形式的特征、性质和运行的动力机制，以此来分析当下农业变迁所遵循的路径。其中要回答的问题包括：第一，小农是否是中国农业经营的主体；第二，中国的农业变迁是何种形式，其支撑的动力是什么；第三，未来中国农业发展应该注意哪些问题，我们应该培育什么样的农业经营方式。

二、文献综述:路径与动力

(一) 农业经营形式变迁的路径

从世界农业的发展历程来看,农业经营形式变迁并没有遵循统一的路径,既有以大农场为主的美国模式,也有以小农场为主的日韩模式,即便是坚持大农场的资本主义道路也有"美国式道路"和"普鲁士道路"之分。因此,从世界范围内看,农业经营形式变迁的路径是多元的。不过,针对农业经营形式变迁在具体的时空,或是在变迁的路径上,理论家却坚持变迁形式的"一元论"。从列宁-恰亚诺夫之争中,我们可以看到理论家对这种变迁的独断性。

1. 农业变迁路径之一:资本型农场

根据组织结构进行划分,农业生产单位可以分为以雇佣为特征的资本型农场和以自耕农为主的家庭式农场[①]。由于生产力的限制,最初都是自耕农形式的家庭式农场,这些自耕农被称为"小农"。到英国的圈地运动时期,资本型农场成为受人关注的新型农业经营形式,农场主-农业工人取代了传统的自耕农。英国由于圈地运动,很快走上了工业化的道路,因此,自18世纪晚期以来,很多人认为小农经营是农业进步的障碍,要想农业获得进步,就应该改变以小农经营为主导的农业结构,走资本主义雇佣经营的大农场。18世纪到19世纪的经典作家几乎均持这一观点。

马克思在《资本论》一书中,根据英国的圈地运动指出,圈地运动是一种"羊吃人"的运动,它把农民从小块土地上驱赶出来,农民被迫进入工厂,为英国工业革命提供廉价劳动力,这同时也推动了英国农业进步。他说:"商品经济的发展最终会导致拥有生产资料的资产阶级和与之对立的

① 为了与下面"家庭农场"这种经营形式相区别,这里将以家庭为组织生产单位的小农农场和家庭农场统称为"家庭式农场"。

无产阶级的形成，即资本主义生产关系的形成。家庭农场或被资本型农场所替代，或被消解；农民则最终会被转化为资本型农场和资本主义工业所需的廉价劳动力。”[①]马克思认为，农业发展路径遵循工业发展模式，自耕农这种小农经济是封建农奴制向资本主义雇佣农场发展的中间阶段，是一种过渡性质的生产方式，相较封建农奴制而言，它是一种进步，但是由于难以适应社会化大生产的需要，自耕农必然走向灭亡。

另一革命导师列宁也认为，农业变迁遵循着雇佣大农场取代小农场的历史路径。他认为，实现农业资本主义化可能存在两条路径，即所谓的美国式道路（以 19 世纪后半期的美国为典型，特点是在小农经济两极分化的基础上建立起资本型农场，具有国有化特征）和普鲁士道路（把农奴主-地主经济转变为容克-资产阶级经济，是国家与地主阶级联手用暴力掠夺农民来完成的“地主资本主义”发展，实质就是容克地主利用政治力量把自己转变成资本家的过程，具有土地权贵私有化特征）。无论是具有国有特征的美国式道路，还是具有权贵私有化特征的普鲁士道路，对于资本主义演进路径认识都不尽相同，但列宁始终认为，农业资本主义的到来是必然的，小农家庭农场注定会消失[②]。

考茨基则强调资本主义生产对简单商品生产的排挤，以及资本主义农业中大生产优于小生产。他指出，近代农村经济发展给大生产提供了丰富的科学和技术手段，这些手段使大生产能够在受过专门教育的经营者的帮助下，保证自己在各方面的优势[③]。但是，他也提出，农业资本主义的发展要远比工业资本主义的发展复杂，由于小生产者比雇工更加拼

---

① 马克思．资本论[M]．中共中央马克思恩格斯列宁斯大林著作编译局，译．北京：人民出版社，2004(1867)．

② 列宁．列宁全集·第 3 卷[M]．北京：人民出版社，1984：145-159．

对于农业现代化的两条路径，国内学者由于理解上的不同，围绕着列宁的农业“美国式”道路展开争论，见：吕新雨．乡村与革命：中国新自由主义批判三书[M]．上海：华东师范大学出版社，2013．

秦晖，金雁．田园诗与狂想曲[M]．北京：语文出版社，2010．

③ 考茨基．土地问题[M]．上海：商务印书馆，1937：151．

命干活,并能接受更低的生活水平,资本型农场并不能迅速地把小农生产者消灭,现代农业和家庭经济紧密联系[①]。值得一提的是考茨基对农业部门与工业部门不同生产特点的论述,其关于农业部门中大生产对小生产排挤的缓慢性、有限性及其原因的论述也成为后来研究者新的研究起点。总的来看,考茨基始终在捍卫马克思有关资本主义雇佣农场排挤小农家庭经营的论断。

通过对英国农业史、法国农业史和俄国农业的考察,针对农业的发展,经典作家做出了资本主义雇佣农场必然代替小农农场的论断,这一度使人认为农业发展的道路无他路可寻。概括来说,资本主义雇佣大农场的支持者认为,农业如同工业一样,相对于小农家庭农场,雇佣大农场拥有较大规模,在多方面表现出优势。比如,大规模农场内部可以进行专业化分工,从而利用个体的专业优势,使资源得到优化配置,提高了劳动生产率[②]。另外,由于大农场采用雇佣制,因此也可以根据农业生产调节劳动力,避免农业中的"隐蔽性失业"问题,相反,小农家庭农场却因为农业季节性的劳动而面临"失业"。在技术更新方面,雇佣式农场所拥有的资金优势使之能迅速地与市场接轨,这是小农农场无法比拟的。也因此,大农场制度的支持者认为,家庭小农场虽然可以通过投入更多的劳动取得更高的单位面积产量,从而付出更高的租金,但是这只有在技术不发达、市场不发达、劳动力过剩与就业不足的情况下才可能产生,而这种情况只是暂时的,家庭小农场最后还是会被雇佣大农场替代。

2. 农业变迁路径之二:农民家庭组织

与资本主义雇佣农场支持者相反,一些理论家认为,农民家庭组织具有无可比拟的优越性,家庭式经营能够适应社会发展的需要,农业变迁应坚持家庭式农场经营形式。

---

① 考茨基. 土地问题[M]. 上海:商务印书馆,1937:231-234.

② 这也是古典经济学大家亚当·斯密所坚持的观点,即"劳动分工和专业化"导致了规模经济。转引自:黄宗智. 长江三角洲小农家庭与乡村发展[M]. 北京:中华书局,2006:2.

以家庭组织为生产单位的经营形式古已有之，而俄国农学家恰亚诺夫则首次从学术上科学论证了家庭经营组织不必然被资本主义雇佣农场所替代。根据对俄国农业的长期观察，恰亚诺夫创立了被称为“劳动-消费”均衡的农业组织生产模型，其核心观点是，农民家庭是农民农场经济活动的基础，而家庭经济以劳动的供给与消费的满足为决定因素，当劳动投入增加到主观感受的“劳动辛苦程度”与所增加产品的消费满足感达到均衡时，农场的经济活动量得以规定。恰亚诺夫有关家庭农业经营组织的优势建立在劳动的“自我剥削”基础之上，而另一个理论基础来源就是家庭生命周期。与列宁不同，恰亚诺夫认为家庭人口的周期分化不会导致小农经营走向农业资本主义，家庭周期下的劳动者与消费比例处于均衡状态。

恰亚诺夫说，“家庭结构首先决定了家庭经济活动规模的上限与下限。经营规模的上限取决于家庭中能够从事生产的成员数量，而下限则必须满足家庭维持生存所绝对必需的物质数量。”①家庭农业生产的规律是“农产品的产量随着家庭劳动辛苦程度的增多而增多，家庭满足程度随着农产品产量的递增而对边际收入的主观评价逐渐降低”②。在农业生产的辛苦程度和家庭消费的满足程度的双重影响下，家庭农场的规模会有一个自然的限度，当边际劳动所获得收入的主观评价等于边际劳动所付出辛苦的主观评价时，即为农场产值的限度③。也因此，恰亚诺夫被称为“道德小农”的开创者。

与以恰亚诺夫为代表的组织-生产学派不同，舒尔茨从发展经济学角度阐释了家庭式农场具有持久的生命力，农业变迁路径依然是家庭式经营的。他认为，在一个存在竞争的市场中，小农经济与资本主义经济并无不同，“人们在配置当前生产中他们所拥有的要素时是很有效率的。生产

① 恰亚诺夫．农民经济组织[M]．北京：中央编译出版社，1996：20-21.
② 恰亚诺夫．农民经济组织[M]．北京：中央编译出版社，1996：54.
③ 恰亚诺夫．农民经济组织[M]．北京：中央编译出版社，1996：55.

方法、要素和产品中都不存在明显的不可分性。在男人、女人或者能干活的孩子中，既不存在隐蔽失业，也不存在就业不足"[①]。换句话说，舒尔茨认为小农家庭农场具有持久的生命力，它能有效地配置资源，农民具有完全的经济理性，能够对经济做出充分的反应，比资本主义农业更能有效地促进经济的发展。舒尔茨成为"理性小农"的代表。对于传统农业落后，不能成为经济增长的源泉，舒尔茨的解释是，传统农业中对原有生产要素增加投资的收益率低，对储蓄和投资缺乏足够的经济刺激，改造传统农业的手段就是要引进新的现代农业生产要素，对农民进行人力资本投资[②]。学界有一说法，舒尔茨有关小农理性的观点，譬如农民如资本家一样能够根据市场的刺激和机会，利用各种资源追求利润最大化的目标，在中国20世纪80年代的改革中产生了相当大的影响，市场化的小农家庭农场被不少领导人作为经济发展的基础单位[③]。

国内研究小农经济的黄宗智教授在农业发展上也反对雇佣式农场唯一论。根据恰亚诺夫和舒尔茨有关小农家庭农场的阐述，黄宗智对中国的农业进行考察后认为，中国不可能走上资本主义雇佣农场的道路，中国的人口压力吞噬了农业单位土地面积的产出，中国商品化的发展没有带来农业资本主义的发展，这是与马克思的理论相悖的地方，这个悖论被归纳为"没有发展的增长"，是一种"内卷化"(指小规模农场的高度发展并没有带来单位面积产量的提高，或经济的显著发展；总产出在以单位工作日边际报酬递减为代价的条件下扩展)的农业[④]。黄宗智最新的研究同样指出，小农家庭农场在打工经济的影响下，形成了"制度化的半工半耕"的家户经济，但仍然是过密型农业[⑤]。对当前农业中的生产关系的判断，黄宗智认为是"没有无产化的资本化"[⑥]。虽然单位土地的资本投入在不断

① 舒尔茨. 改造传统农业[M]. 北京:商务印书馆,2010:38.
② 舒尔茨. 改造传统农业[M]. 北京:商务印书馆,2010.
③ 黄宗智. 长江三角洲小农家庭与乡村发展[M]. 北京:中华书局,2006:7.
④ 黄宗智. 长江三角洲小农家庭与乡村发展[M]. 北京:中华书局,2006:11.
⑤ 黄宗智. 制度化了的"半工半耕"过密型农业[J]. 读书,2006(2,3).
⑥ 黄宗智. 没有无产化的资本化:中国的农业发展[J]. 开放时代,2013(3).

增加，但是宏观和微观的数据表明，中国的农业雇佣工人仅占中国农业全部劳动投入的3%，这显然迥异于经典理论所建构的农村无产阶级会伴随资本主义农业的兴起而快速扩展的结论。

总体来看，坚持以家庭为生产单位的"组织-生产"学派或小农经济派，实际上都强调小农或家庭生产组织的优越性。这体现在小农家庭组织的无雇佣形式所带来的"自我剥削"效率，也体现在高效的资源配置方式上。并且，在一定的人口压力下，小农或家庭生产组织表现出极高的土地生产率。较低的成本-效益目标，使家庭式生产组织能够抵抗来自大资本农场的竞争。

（二）农业经营形式变迁的动力

一方面，理论家们对农业经营形式变迁的路径展开讨论，以雇佣为唯一标准，对农业经营形式进行二元划分，同时在农业经营形式变迁的路径上坚持"一元论"。另一方面，理论家们也对农业经营形式变迁的动力进行了剖析，试图从主要变量出发，对推动农业经营形式变迁的动力进行阐释。由于学科不同、视角不同，理论家们对农业经营形式变迁动力的解释偏差较大。

根据农业经营形式所具备的极多生产要素，学者王立新提出了农业经营形式"四种生产要素的嬗变"[①]，即资本、组织、土地和劳动力四种生产要素，以四种要素中的一种作为参照基点，可形成不同的"研究方法"和研究结论。在此，笔者借助王立新对农业经营形式变迁的逻辑分析，并根据已有文献，总结出最有影响力的几种范式：农业变迁的资本动力、组织动力、技术动力和人口动力。

1. 农业经营形式变迁的资本动力

农业经营形式变迁的资本动力，是从资本角度来讨论农业经营形式变迁的，这一理论甚至认为资本成为农业经营形式变迁的决定性因素，这

① 王立新．印度绿色革命的政治经济学：发展、停滞和转变[M]．北京：社会科学文献出版社，2011：31．

一观点主要存在于西方马克思主义研究者的理念中。与后面古典经济学对“资本”一词的界定不同，在政治经济学中，马克思首次为“资本”一词赋予了特殊的意义，他认为资本是一种可以带来剩余价值的价值，体现了资本家对工人的剥削。与工业一样，由于商品化和社会分工的发展，在农业领域会发生机械大生产资本型农场对小农场的替代。马克思在《资本论》中强调“地租”形式的资本对土地问题的影响，开辟了“从‘资本’观点出发考察农业问题的极端版本”①。马克思从资本视角对农业经营形式进行了讨论，同时将其紧密地与农业资本主义、农业商品化和农业的阶级分化等问题相联系，这大大地影响了后来的西方马克思主义者。

在后来的很多农政学者笔下，“资本”一词常常被“经济的无声强制”“商品化”和“市场”等概念所替代。当代的农政专家伯恩斯坦在研究农业问题时，就是从资本角度讨论农村的阶级分化和生产关系的再生产的。伯恩斯坦认为，在世界资本主义发展过程中，出现了“农民反向运动”，但是“一旦农民家庭被资本主义的商品关系整合，就不得不服从商品化的动力与强制力”，此时的小农或农民被“经济力量的无声强制”“锁入”到商品生产之中，即生活资料的商品化②。他从阶级分析的视角，讨论了农业生产与再生产过程中的权力、财产、动力与社会关系，强调要重拾农民研究，农村阶级分析依然具有很强的现实意义。

新加坡学者张谦是关注农业转型和农业资本主义问题的研究者之一。他通过对中国部分地方的调查发现，市场的发展与资本的引入引发了农业转型，其中农业经营形式的变迁是农业转型的主要表现。企业带动的公司化经营、农户的家庭独立经营和合作化经营，使中国家庭农业正面临着农业资本化挑战③。在另一文中，他指出中国农业正在经历农业资本主义的转型，农民已经被分化为自给自足式农民、商业化农业生产

① 王立新．印度绿色革命的政治经济学：发展、停滞和转变[M]．北京：社会科学文献出版社，2011：32.

② 伯恩斯坦．农政变迁的阶级动力[M]．王淳玉，译．北京：社会科学文献出版社，2011：157-158.

③ 张谦．中国农业转型中地方模式的比较研究[M]．中国乡村研究．福州：福建教育出版社，2013(10)：3-27.

者、企业化农业生产者、合同式农业生产者、中国特色的半无产农场工人、半无产农场工人和无产农场工人这七种农民群体。① 以上研究从实证层面解构了中国小农家庭农场经营主体的地位，从经验层面可以看到中国农村中资本主义生产方式的兴起。

西方马克思主义者侧重从“商品化”“市场”和“经济的无声强制”中谈农民分化与农业资本主义问题。值得一提的是，在面对资本型农场并没有取得绝对主导权的情况下，新的马克思主义者对农业资本主义生产方式进行了新的解释，对列宁所认为资本主义发展的主要指标——“雇佣劳动的多少”②进行了修正。在他们看来，以雇佣劳动为基础的农业生产方式固然是农业资本主义的古典形态，但是如果以家庭劳动为基础的农业生产方式在实际上服从于城市工业资本积累的需要，农民在农业中生产出来的剩余价值被各种方式所榨取，这种“非资本主义”的农业生产方式也应该被看作是一种特殊的资本主义生产方式，农民也应被看作是一种特殊的无产阶级③。后来的马克思主义者对“雇佣”农业进行了解构，但他们对农村资本主义的形成和农村阶级分化形成的作用是肯定和支持的。总之，很多西方马克思主义者都认为资本具有扩张性，资本能够形塑

① 张谦. 终结的开始？——当代中国的农业现代化和农民阶层的分化[J]. 中国研究，2010(7,8).

② 列宁. 列宁全集·第22卷[M]. 中共中央马克思恩格斯列宁斯大林著作编译局，译. 北京：人民出版社，1963：34.

③ 在这一问题上，实际上存在争论，比如国内学者董正华就认为，把“生产形式”与“生产方式”进行调和，是在“捍卫资本主义形态的纯洁性”，“在马克思主义的思想体系里，依靠自身劳动力的家庭经营与资本主义生产方式完全不同”，否则“‘资本主义’有可能成为一个向时空两个维度任意延伸的无所不包的大箩筐”。详见：董正华. 关于现代农业发展的两个理论问题[J]. 马克思主义与现实，2006(1)：147. “农业资本主义”，还是“农民的生产方式”？[J]. 人民学术论坛前沿，2014(1).

同样，研究农业经济史的文礼鹏也提出了类似的问题，他说：“在国外学者的一些著作中，‘农业资本主义’一词并不一定就包括雇佣经营的内容，在他们眼里，农业资本主义的对立面是传统社会自给自足的小农生产方式，他们把不包含雇佣劳动的农业商业化经营、资本化经营都看作是农业资本主义的发展”(导论第1页)。为此，文礼鹏在后文中做出了清晰的界定，他认为资本主义农业务必以“雇佣”为主，资本主义农场一定指代的是雇佣式大农场。详见：文礼鹏. 近现代英国农业资本主义的兴衰[M]. 北京：中央编译出版社，2013：1-2.

有利于自身的经营逻辑，能直接推动农业经营方式的改变。

2. 农业经营形式变迁的组织动力

在农业经营形式变迁的路径上分为两大派，即走雇佣式农场道路和坚持家庭式农场道路两种，实际上支撑的基础分别有两种：一是资本或者商品化必然带来农民分化，进而带来农业经营形式朝着雇佣资本型农场发展，二是坚持家庭式农场的一个理论基础就是其组织优势。农民学中"组织—生产"学派是家庭生产的主要理论流派。这个学派认为，农业中"家庭"组织生产方式具有天然的优势，这使得农业转型也必定是维持家庭农场经营的。

坚持家庭式农场具有持久生命力的理论基础来源于农民学中的组织—生产学派，代表人物为恰亚诺夫。恰亚诺夫有关农民家庭行为的研究构成了农业家庭经营的微观经济学，而家庭生命周期和劳动消费均衡论又构成农民经济组织的两块理论基石。家庭生命周期论认为，每个家庭由于所处发展阶段不同，其人口的数量和质量也不尽相同，进而家庭结构的不同就"决定了家庭经济活动规模的上限与下限"①。同时家庭经济以劳动的供给与消费的满足为决定因素②。在劳动—消费均衡论中，他还提出"自我剥削"这一概念，即在不同家庭生命周期和农民消费行为逻辑的影响下，家庭式农场中的农民比资本型农场中的工人能够接受更低的工资，投入更多的劳动力。

恰亚诺夫有关农民家庭经济组织的理论模型被农业经济学家费兰克·艾利思称为农民家庭"效用最大化理论"，而带有"自我剥削"性质的农民被他称为"劳苦规避型农民"("因为他把农业劳动视为辛苦且令人厌恶的经济活动")③。这其中最重要的原因就是家庭这一经营组织是消费

① 恰亚诺夫. 农民经济组织[M]. 北京:中央编译出版社,1996:20-21.

② 恰亚诺夫. 农民经济组织[M]. 北京:中央编译出版社,1996:54-55.

③ 弗兰克·艾利思. 农民经济学:农民家庭农业和农业发展[M]. 上海:上海人民出版社,2006:132.

和生产的统一体，这大大影响了农民的消费决策。农户既是家庭又是企业，既生产又消费，这形成有别于资本主义制度内农民特有的决策方式。消费选择理论中“劳动”与“闲暇”的选择取决于主观偏好，新家庭经济学家贝克尔把消费选择理论运用于家庭经济决策分析，可以说家庭消费和生产的统一使得以家庭组织为生产单位的研究得到很大关注。

除了恰亚诺夫用家庭生命周期和劳动—消费均衡论证明家庭经营组织的效率以外，很多研究者也从农业的特殊性角度论证农业经营形式变迁的路径一定是沿着家庭式农场迈进的。大致的观点是，农业生产具有空间分布广、季节性强等特点，不同于工业生产，农业的监督成本极高，家庭成员能够对农业的生产进行有效的监督，而且成本低，较之其他经营形式，家庭单位组织是最合适宜的，简言之，“不是家庭选择了农业，而是农业选择了家庭”①。

无论是从家庭所具有的生产消费均衡、家庭生命周期，还是从农业外部监督问题等研究角度来分析，以上研究都力图证明家庭式农场是农业经营的最优组织形式，农业也天然地“选择”了家庭这一组织形式。固然恰亚诺夫首次从理论上有力地论证了家庭农业经营组织的优势，但是，仍然有人对理论提出了质疑②。另外，还有其他的一些观点同样也能够说明家庭这一组织形式是农业经营形式中的一种重要的类型，并具有持久生命力。

---

① 陈锡文．“三农”问题的创新与挑战[N]．上海早报，2014-3-27.

韩俊．在家庭经营基础上推进农业现代化[N]．人民日报，2012-1-18(7).

周其仁，杜鹰．初论专业户[J]．中国社会科学，1984(1).

周其仁．家庭经营的再发现——论联产承包制引起的农业经营组织形式的变革[J]．中国社会科学，1985(2).

② 比如费兰克・艾利思就指出，家庭决策在恰亚诺夫的模型中的独特性完全归因于他的模型中缺少劳动市场，若引入劳动市场，这一独特性就会消失。详见：弗兰克・艾利思．农民经济学：农民家庭农业和农业发展[M]．上海：上海人民出版社，2006：120-132.

同样，国内历史研究者秦晖指出，恰亚诺夫的理论是在传统市场条件欠发达时作出的分析，既没有考虑到“经济因素”，也没有考虑到“身份、权势、等级壁垒、人声依附等超经济力量”的约束。详见：秦晖．当代农民研究中的“恰亚诺夫主义”[M]//恰亚诺夫．农民经济组织．北京：中央编译出版社，1996：12-19.

3. 农业经营形式变迁的技术动力

由技术推动甚至决定农业经营的方式，笔者在这里称之为农业经营形式变迁的“技术动力”。在一些农业经济学家看来，农业变迁的路径不必然是雇佣式资本型农场，小农家庭农场也不必然受到排挤，相反，由于农业技术的变迁和发展，小家庭农场得以持续存在。

速水佑次郎引用舒尔茨的观点，表达了农业技术变迁对农业的重要影响，他写到，在传统农业体系中，“只有通过技术革命——新的耕作技术、更好的种子品种、更有效的动力源和更便宜的植物养料，有意义的增长机会才会成为可能”[①]。速水佑次郎用数据证实了以美国和日本为代表的农业增长模式是由不同的“技术革命”所引导的。马克思等人之所以未能预测到农业变革的过程，主要是因为他们未能理解生物生产过程的复杂性和生物生产过程对生产力提高的潜在贡献，也未能充分预见内燃机技术的发展以及其所带来的成果[②]。学界进一步的研究得出，由于农业技术的发展，先进的农业生产技术不仅能够被资本主义雇佣农场所利用，同时也能够被小型的家庭式农场所利用。因此，家庭式农场并没有被资本型农场所打败，同时在世界范围内还出现了“再小农化”的趋势[③]。

实际上，在农业经济学中，很多研究者把“技术”作为一个关键的影响因素纳入农业变迁的考察范围中。林毅夫指出：“技术变迁是农业生产率增长所依赖的最重要因素，这一变迁可以通过‘节约劳动型’技术和‘节约土地型’技术来达到。”[④]林毅夫也是从技术角度来研究农业变迁，由于技术对农业变迁具有重要的作用，反过来通过制度“诱致”技术创新，这一思路颇受速水佑次郎等人的农业变迁解释模型的影响。

---

① 速水佑次郎，等. 农业发展的国际分析[M]. 北京：中国社会科学出版社，2006：2.

② 速水佑次郎，等. 农业发展的国际分析[M]. 北京：中国社会科学出版社，2006：92.

③ 范德普勒格. 新小农阶级：帝国和全球化时代为了自主性和可持续性的斗争[M]. 潘璐，等，译. 北京：社会科学文献出版社，2013：65-103.

④ 林毅夫. 制度、技术与中国农业发展[M]. 上海：上海人民出版社，2005：17.

从农业经济史中，一些研究者得出小农家庭农场的生命力之所以持久，不在于"家庭组织"，而在于技术进步。柯志明基于中国台湾农业的历史指出，小农家庭农场具有强韧的竞争力，并不是由于恰亚诺夫所提出的"自我剥削"生产方式，而是源于生产力导致的技术进步[①]。与之相似的是文礼鹏对近现代英国农业资本主义的考察所得出的结论，他认为恰亚诺夫理论模式对于解释西方雇佣式农场的衰落是不能令人信服的，家庭组织这一形式的优势在工业领域也同样具有，那为什么家庭作坊却被大工厂所击败？他认为家庭农场的生命力之所以持久是因为农业的特殊性和生产力的技术进步[②]。而技术进步，使得化肥、改良种子等生产要素不仅能够被雇佣式农场所利用，同时也能够被小农家庭农场所利用，因此，家庭式农场能够持续存在的"组织动力论"经不起考证。

无可否认，农业技术对农业经营形式变迁的作用巨大。马克思对雇佣式农场的推崇，很大程度上也是基于大农场能够利用机械化作业。技术变迁使家庭农场焕发活力，这个方面的典型是 20 世纪五六十年代在西方兴起的"绿色革命"运动，即以资本集约为特征，通过工业和科学的投入（化肥、杀虫剂、改良种子、拖拉机和现代灌溉设施等）来促进农业增长的运动。这一运动在印度得到推广，史称"第一次绿色革命"，这次由技术推动的农业革命对印度的政治经济产生了重大影响，由技术引发的农业革命得到学者的重视[③]。

4. 农业经营形式变迁的人口动力

以上主要从资本、组织和技术的角度讨论不同学科、不同研究者对农业经营形式变迁的看法，同样的，另一个颇有影响的因素——人口，也成为研究者在对农业变迁路径的研究中首要考虑的因素，笔者称为"农业变迁的人口动力"。不少人谈到，选择什么样的农业经营形式（资本节约型

① 柯志明. 米糖相剋：日本殖民主义下台湾的发展与从属[M]. 台北：群学出版，2006.

② 文礼鹏. 近现代英国农业资本主义的兴衰[M]. 北京：中央编译出版社，2013：15.

③ 王立新. 印度绿色革命的政治经济学：发展、停滞和转变[M]. 北京：社会科学文献出版社，2011：8-28.

或劳动力节约型)，很大程度上取决于各国的资源禀赋，这就包括了土地和人口因素。人地关系格局实际上从根本上影响了农业经营形式变迁的路径，比如美国资源禀赋上的特点是地广人稀、土地资源丰富，且劳动力资源也相对较多，因此，走的是较大规模的机械化生产道路。日本的资源禀赋与美国相反，人多地少，土地资源匮乏，因此日本农业现代化变迁的模式就是优先发展生物化学技术，通过改良品种和广泛使用化肥来提高土地生产率。在土地规模既定的条件下，人口结构在很大程度上决定了农业发展和变迁的路径。

在小农经济研究中，国内研究者黄宗智最先把人口因素纳入农业经营形式变迁模式中。他在华北地区和长江流域的小农经济研究中提出了一个重要命题：商品化的发展为什么没有导致中国农业走上资本主义道路(这显然是马克思主义的农业经营形式变迁的资本动力论)。在这个经典命题中，他引入人口变量对此问题进行了解释。他认为，巨大的人口压力导致小农分化，这虽然取得了较高的土地生产率，但是劳动生产率相对低下，由此，中国的小农经济陷入了“内卷化”。黄宗智的《长江三角洲小农家庭与乡村发展》一书解构了雇佣关系的产生与资本主义农业之间具有统一性的观点。他进一步考察了长江三角洲的小农经济，认为其是一种“没有发展的增长”，小农经济呈现出一种“过密化”特征，“总产出在以单位工作日边际报酬递减为代价的条件下扩展”[①]。总的来说，黄宗智的研究除了涉及其他研究中对资本的过多关注以外，还把人口这一因素置于农业发展过程中。人口的巨大压力不仅影响着农业经营形式变迁的过去，也持续影响着它的未来[②]。中国的人地结构决定中国不适宜走大农场的路子。

① 黄宗智. 长江三角洲小农家庭与乡村发展[M]. 北京：中华书局，2006：11.

② 在当前农业路径的选择上，黄宗智也把“人口”这一重要变量纳入分析模型中，他认为，随着三大历史变迁，即中国持续上升的大规模非农就业、不断下降的人口自然增长率以及持续转型的食物消费和农业结构(其中一个就是人口变量)的到来，中国农业正在进行着“隐形农业革命”。详见：黄宗智. 中国隐形农业革命[M]. 北京：法律出版社，2010：124.

国内持小农经济主张的三农学者也多从人口视角来考察此问题。主要观点为，农业问题本身不是主要的，农民问题才是中国农村问题的根本。温铁军认为，中国由于资源禀赋的制约，历来并无类似于西方的纯粹的“农业”经济问题，中国主要面对的是农民问题和农村问题，也因此，靠土地的私有化来解决农村问题是南辕北辙①。同样从农村社会学的角度分析，贺雪峰也认为，在当前的“三农”问题中，粮食和土地本来都不是问题，若把粮食问题和土地问题都看作问题才成问题，维持小农生产结构可以让小农享受农业利益，从而提高弱势农民群体的利益②。从农业经营效率来看，在未来相当长的一个时期内，中国小农经营不仅是被迫的选择，而且也应该是一种主动的选择，规模化的土地流转对于粮食生产、农民增收和农村基本秩序的维护都会产生不利影响③。

总之，由于中国的人地结构现状，农民问题是众多研究者考虑的重要因素，对农业问题的关注和讨论绕不开对农民的讨论，这就是中国农业的人口决定论。唯有中国剩余劳动力的大量转移才能加快中国的农业转型和现代化发展，这是小农经济派的主要主张。

以上主要从政治经济学、农民学和农村社会学等学科中颇有影响的理论、观点出发，对农业经营形式变迁的动力机制进行了梳理。研究者们从资本、组织、技术和人口角度做出了解释，但是对农业经营形式变迁的路径和动力阐释也有其交叉之处。比如，马克思主义者当然首要考虑的是“资本”变量，但是也通过中间的某些变量（如技术）对农业经营形式变迁做出了考证；再比如速水佑次郎在分析各国农业变迁时，虽然对农业“技术”这一变量有重点的分析，但是他对包括人口、土地等因素在内的资

① 温铁军. 小农均平地权与农业规模经营[J]. 战略与管理，1997(3).
温铁军. 靠“土地私有化”解决农村问题是南辕北辙[J]. 学习月刊，2008(11).
② 贺雪峰. 为什么要维持小农生产结构[J]. 贵州社会科学，2009(9).
③ 贺雪峰. 论农民经营的规模——以安徽繁昌调研为基础的讨论[J]. 南京农业大学学报，2011(2).
贺雪峰. 简论中国式小农经济[J]. 人民论坛，2011(8).

源禀赋也做了前提预设。由此来看,以上对农业变迁动力机制动因的考察也是为了"理想类型"的划分,以便对问题有更清楚的认识。

三、"阶层农业":农业经营形式变迁的社会学视角

农业政治经济学把"资本"看作是影响农业经营形式变迁的主要变量;农民学把农业经营形式变迁中的动力机制看作是农业中的"组织"问题;而农业经济学在农业经营形式变迁的动力研究上,更大程度上以"农业技术"为切入点。客观上讲,农业经营形式变迁的确关乎资本、组织、技术等生产性要素,但是并不仅仅如此。农业变迁的动力机制并不仅在"物"(资本、组织和技术等),更在于"人",具体地讲,"人"指代"农民"。也不乏从"人口"结构因素来对"农民"进行具体阐释的研究,但是,对农业"人口"或"人口压力"的阐述总体上较为笼统。本书从"人口-农业"的视角,具体分析农民分化与农业变迁之间的关系。从阶层角度进行分析,试图在具体的时空背景下对农业经营形式变迁的路径和动力做社会学的解释。

(一) 农民与农业之间的关系

农业的发展与诸多因素相关,比如农业技术的发展、机械在农业中的使用,以及农业人口的多少等,这些都决定了农业经营的形式和性质。可以假设,在一个传统社会中,在农业技术欠发达、农业机械化程度低、工商业发展水平低下的情况下,大多数的人都要依靠农业作为生存来源,此时的农民人口众多,农业实际上主要作为一种生计或糊口性质的产业存在。但是,随着时代的发展,商品化程度日益加深,作为第一产业的农业在国民经济中的经济总产值比例日趋下降,非农就业机会越来越多,人们收入越来越高,农村大量人口开始向城市转移,这就是现代化社会中的"城市化"现象。大多数人口居住在城市,第二产业、第三产业发达,农村人口日益减少,这是传统社会走向现代社会的一个普遍规律。在此,笔者构建了

一个社会、农民与农业之间的框架，以此来分析农业变迁的阶层动力。

1. 传统社会与生计农业

在社会学经典作家的笔下，实际上传统社会与小农农业、工业社会和资本型农场的现代农业是相互对立的。马克思说："商品经济的发展最终会导致拥有生产资料的资产阶级和与之对立的无产阶级的形成，即资本主义生产关系的形成。家庭农场或被资本型农场所替代，或被消解；农民则最终会被转化为资本型农场和资本主义工业所需的廉价劳动力。"[①]由此可见，在经典作家笔下，在传统社会和现代社会中，不仅是农业的经营形式发生了改变，生产关系上也发生了变革。我们从生产关系的变革、农业的生产组织关系角度对农业进行类分，形成的关系为：工业社会（现代社会）与现代农业对应，传统社会与农业社会对应。因此，我们常常将其表述为现代的工业社会和传统的农业社会。大致来讲，传统社会是一个农业社会，现代社会是一个工业社会，这是根据社会财富的主要来源来讲的。如果从农业的类型和性质来讲，我们也可以建立这样一个框架，即传统社会与生计农业相对应、现代社会与经营性农业相对应。

无论在传统社会还是在现代社会都有农业，只是农业在国民经济中的地位不同。20世纪中叶兴起的部分经济学家认为，传统社会中的农业是停滞的，农民是愚昧的，农业不能对经济发展作出贡献，充其量只能为工业发展提供劳动力、市场和资金。其中，农业中的生产要素效率低下，存在严重的隐蔽性失业问题。为此，经济学家们在20世纪50年代提出以工业为中心的发展战略，他们认为工业是经济发展的中心，只有发展工业才能实现经济的起飞[②]。这一观点的流行与传统社会中的农业性质有关。

一般来讲，我们把传统社会中的农业称为传统农业（或称为生计农业

---

① 马克思. 资本论[M]. 中共中央马克思恩格斯列宁斯大林著作编译局，译. 北京：人民出版社，2004(1867).

② 舒尔茨. 改造传统农业[M]. 北京：商务印书馆，2010：26.

或糊口农业),这与商品化生产中的经营性农业相区别。对于马克思主义者来讲,传统农业和现代农业的区别在于是小规模的家庭农场组织还是雇佣化的农业生产。然而,在笔者看来,传统农业和现代农业的区别不在于组织生产单位,而在于是否进行商品化生产,即是否是完全摆脱了自给自足的资本节约型的生产方式。20世纪前,中国被认为是传统农业社会的代表,小农生产方式就是一种典型的生计农业。

华人学者马若孟在研究中国20世纪中叶的农民经济时,提出中国小农经济的贫困问题,"农业的发展决定了城市发展的速率和特性,以及农业能够供养的非农业人口的规模。不是城市发展新的工业和增进交通运输业在不变的基础上吸收大量农村人口,不是城市决定农业的特性和进步,而是在1980年以前,农业在任何基本方面都没有受到城市的影响"[①],农业中完全缺乏技术变革。实际上,就是这种长期的无技术变革的小农生产方式保持了社会的稳定,却没有带来农村社会的长足发展,这在马若孟的《中国农民经济》一书的开篇中就提出了,"革命者和学者都开始意识到农村与城市之间的差异,并把他们的注意力集中到粮食生产短缺、土地分配不均和农民的困境上面","每个阶层都感觉到,如果不能找到某种改进农业的办法,中国就永远不能独立和强盛,也将无法发挥其经济发展的潜力"。[②] 实际上,马若孟所讲的这种技术上处于几乎停滞的农业经济,就是一种典型的传统生计农业。

如果以舒尔茨的话讲,那是"完全以农民世代使用的各种生产要素为基础的农业"[③],它实际上也是一种经济的"均衡状态",不过这种均衡的特点在于,技术状况长期保持不变,而且市场化参与程度低,传统生产要素的供给和需求长期处于一种均衡状态。依笔者的理解,无论是规模很小的农场,还是技术处于长期停滞状态的农业,抑或马若孟在《中国农民

① 马若孟. 中国农民经济[M]. 史建云,译. 南京:江苏人民出版社,2013:359.
② 马若孟. 中国农民经济[M]. 史建云,译. 南京:江苏人民出版社,2013:13-14.
③ 舒尔茨. 改造传统农业[M]. 北京:商务印书馆,2010:3.

经济》一书中描述的长期处于贫困状态的农民，总之，小农农业的确处于一种低商品化程度的状态。与其他投资相比，农民的低投资回报率，致使即使是富农也很少把规模扩展得很大，“如果农业回报率能够提高的话，农户所运用的投入在技术上的迅速进步，无疑会促使农户把更多的收入用于农业投资”①。对于农民来讲，回报越低，自然愿意过多投入农业的人就越少。农业的技术进步小、政府无过多的关注、农民的私人资本也较少投入，因此，农业的商品化程度一直处于较低水平。

2. 现代社会与经营性农业

区别于传统农业社会，现代社会是以高度发达的商品经济为主要特征的。商品经济社会的本质就是资本主义社会。伯恩斯坦提出，资本主义的主要特征包括：第一，在资本主义社会中，商品生产具有普遍性，资本家之间彼此竞争；第二，用货币购买商品，以生产出更具价值的商品并实现价值，所获利润又用于投资，以产生更多的利润，资本的扩大再生产产生；第三，劳动力本身成为商品，而且劳动力是唯一能够在生产中创造出大于自身价值的商品；第四，资本主义产生之前，有关它发展起源中的原始积累问题。资本原始积累被视为典型的“非市场”的关系和动力，是“超经济强制”，明显有别于发达资本主义的经济力量特点所带来的市场驱动力。从资本主义的这四个方面来看，以原始积累为基础，购买生产资本，无产劳动力创造剩余价值，进而形成利润，M-C-M′②模式就是资本主义生产方式。简而言之，就是扩大再生产，这与简单商品再生产形成对比，是现代社会商品经济的运行模式。那么现代社会的农业会如何发展？它

① 马若孟. 中国农民经济[M]. 史建云，译. 南京：江苏人民出版社，2013：259.

② 2M-C-M′是马克思的《资本论》中一个区别于前资本主义时期简单商品再生产“C-M-C”的重要概念，是资本主义生产方式的重要特征。“C”是指特定使用价值的商品，“M”表示货币，“M′”表示增值后的货币，其中 M′＞M。在“C-M-C”中，商品拥有者生产具有特定使用价值的商品 C，并卖出这件商品，用获得的货币“M”购买具有其他使用价值的商品“C”，其过程的目的是对第二件商品的消费，这个过程体现的是生产者的需求，随着需求的满足而结束。但是在“M-C-M′”中，货币的根本目的是获取更多的货币，货币是整个过程的起点和终点，当 M′＞M，流动有利。这种以增加初始价值量为目的的交换过程就是典型的资本运动，资本不仅是价值，而且是自我增值的价值，价值的增值即 M-C-M′中“M′”与“M”的差值，就是马克思说的剩余价值。

也会受到这种资本主义生产方式的影响吗?

斯密等经济学家与马克思持类似观点,他们认为,商品化会导致小农经济质的变化。斯密认为,自由的市场竞争和个人致富的追求,导致劳动分工、资本积累、社会变革,乃至随之而来的资本主义发展,“劳动分工和专业化会导致资本改进和规模经济”①。这实际上与马克思对农业的判断是一致的,那就是商品化必然带来农业资本主义的产生和发展。对于商品化必然在农业中导致“资本主义”生产关系的变革这一点争议颇大。比如,董正华就认为,一些研究农业问题的西方马克思主义者尝试建立一种新的解释框架,把“生产形式”和“生产方式”两个概念进行调和,这实际上是在“捍卫资本主义形态的纯洁性,容不得其中有非资本主义的成分”,这致使“资本主义”概念成为时空中两个维度任意延伸的无所不包的大箩筐②。从中可以看出,一些学者实际上不同意农业的“资本主义化”,或者说,把资本主义生产方式“扩大化”。在是否属于“资本主义生产方式”上,众多学者的确存在较大分歧,但是,现代社会对应经营性农业这一点无可

① 黄宗智. 长江三角洲小农家庭与乡村发展[M]. 北京:中华书局,2006:2.

② 在《关于现代农业发展的两个理论问题》一文中,董正华指出,当代一些研究农业问题的西方马克思主义者尝试建立一种新的解释框架,其理论基础是对“生产形式”与“生产方式”的区分。他们提出,“生产形式”只是在直接的劳动过程中显示出的生产关系,同一“生产方式”内部可以有不同的“生产形式”共存。比如在资本主义结构内,“生产形式”有可能保留着“前资本主义社会结构所特有的劳动组织”。依照这种解释,农民的家庭经营这样一种反映直接劳动进程的“生产形式”,尽管保留着前资本主义的色彩,本质上仍然属于资本主义生产方式。农民家庭劳动者本质上是无产者。比如美国农民这些“拥有不动产的劳动者”,他们对土地的所有权仅代表“形式上”对生产资料的拥有关系,生产的关键性要素和产品的使用均取决于资本主义的生产与交换,取决于市场,由资本主义的行为规则所支配。农民作为直接生产者可以保留法律上的所有权,“真正的”所有权掌握在控制着农业生产的“关键性要素”和农产品市场的资本家手里。生产进程的节奏和组织均由后者决定,所以农户对生产资料的形式上的所有权只不过掩盖了直接生产者的农村无产者身份。家庭农场的再生产是资本主义的功能。

这种带有浓重的“依附论”色彩的尝试,重视农业发展中生产关系的演变,但是没有对农业生产本身做一番认真的研究分析。在对生产关系的分析中,看起来提出了资本主义生产方式和社会结构的包容性,实际上是在捍卫资本主义形态的纯洁性,容不得其中有非资本主义的成分。而在马克思主义的思想体系里,依靠(或者基本依靠)自身劳动的家庭农业经营是“小农的生产方式”,与资本主义生产方式是完全不同的。早有批评者称这种尝试是在“调和资本主义与非资本主义两种生产体系”,“使资本主义弱化为一个空洞的概念”。详见:董正华. 关于现代农业发展的两个理论问题[J]. 马克思主义与现实,2006(1).

置疑。

所谓经营性农业，实际上就是以市场为导向、以营利为目的的农业生产形式。与传统农业最大的区别就是它的市场化生产。首先，从生产资料的来源上看，它是从市场上购买；其次，从生产的目的上看，它是为市场而生产，以营利为目的；从经营逻辑上看，它更类似于资本主义生产逻辑，即 M-C-M′。不过，它确实在形式上不一定是以雇佣关系为特征的资本主义生产方式[①]。无论是否把这种商品化的生产归结为农业资本主义，但是农业的性质确实发生了质的变化。有的学者把这样的农业称为“商品化农业”，把这样的生产方式命名为“农业企业”模式，有的学者照样把这称为“小农”。不过，无论怎样称呼，农业的性质已经发生了根本性的改变。

从生计农业到经营性农业，农业性质发生了根本改变。传统社会中的生计农业实际上是以满足自身需求为主的简单商品再生产，农业的投资回报率低，无法刺激农民的积极性，同时，农业的生产技术低下，长期处于一种低水平的均衡状态。但是，现代社会的商品经济通过经济的“无声强制”，实际上把农民卷入了商品化生产中。首先，商品化的发展致使农民生活资料的商品化，农民日常的货币性支出越来越多，这必然导致农民收入增加，农民越来越无法离开市场。不仅如此，农民之间的社会交往，比如人情支出也通过货币化手段实现，于是单靠旧有的实物交换和互助帮工形式的传统村落共同体逐渐被货币化，被市场劳动力形式的雇佣关系所替代，市场嵌入与农民的“自我剥削”成为同一个过程[②]。

另一方面，农业产出的增加相对有限。首先，农业的生产性投资增加，农药、种子和化肥在农业投资中所占比例增大。以化肥为例，有评论指出，化肥对粮食增产的贡献率达到了 30%～50%，土地“化肥依赖症”

---

① 这一点也就成为政治经济学学者认定农业资本主义生产方式的分歧所在。

② 任守云. 市场嵌入与自我剥削——李村商品化过程研究[C]. 中国农业大学博士学位论文，2012.

严重，而化肥价格的飙升导致其在农业投入中所占比例越来越大[①]。其次，农业的规模有限，单位产出增加无法满足日益增大的货币性支出，这间接地使传统自给自足的生计型农业衰微，直接表现为农村“无人种地”。农村中缺乏市场劳动力的老人成为小规模家庭式农场的主力军，农业的未来成为农业部门思考的问题。如果农业的“衰落”是生计农业在农村商品化进程中的一种必然，那么农业的转型就势在必行。以营利为目的、资本密集为特征的经营性农业成为农村商品化过程中的一种必然选择。

3. 农民与农业的类型学

在农民学研究中，学者对农民，确切地说是对“小农”性质，产生了浓厚的兴趣。譬如，农民学中一个经典的学术命题“斯科特—波普金”论题，就是有关“道义经济”与“理性小农”的讨论。詹姆斯·斯科特是农民“道义经济”派的代表人，在东南亚地区考察时，他直接提出了农民的道义经济学：以安全第一的生存，作为道义承诺，在剥削与反抗中不仅是一个卡路里和收入的问题，而且是农民有关社会正义、权利、义务和互惠概念的问题[②]。主张农民具有“道义”性质的研究者不乏其人。经济人类学家卡尔·波拉尼虽然没有直接提出农民的“道义经济”，但是他反对将市场、利润和功利的理性主义等资本主义社会的形式经济学推导到前资本主义社会。他提出，经济行为嵌入于社会关系之中，应该把经济行为作为社会制度来研究，这就是他的“实体经济学”[③]。与之相反，我们可以看看有关小农“理性”性质的主张。

---

① 张梁.“化肥依赖症”伤的不只是农民[EB/OL]. 中国环境报，http://www.snzg.net/article/2011/1026/article_25937.html.

张梁. 垄断企业推高化肥价格上涨[EB/OL]. 中国环境报，http://www.snzg.net/article/2008/0505/article_10199.html.

② 詹姆斯·斯科特. 农民的道义经济学：东南亚的反叛与生存[M]. 程立显，刘建，译. 南京：译林出版社，2013.

③ 卡尔·波拉尼. 大转型：我们时代的政治与经济起源[M]. 冯钢，等，译. 杭州：浙江人民出版社，2007.

舒尔茨认为农民的经济行为并非没有理性，农民作为经济人能够非常合理地利用生产要素，使资源优化配置，比起任何资本主义企业家来毫不逊色，传统农业效率的低下并不是由于农民的落后愚昧，而是因为缺乏现代农业生产要素的引进。舒尔茨认为，“在传统农业中，生产要素配置效率低下的情况是比较少见的”①。农民和资本主义企业家一样也是趋利避害、追求利润最大化的理性行为主体。“传统农业中农民并不愚昧，他们对市场价格的变动能作出迅速而正确的反应，经常为了多赚一个便士而斤斤计较。他们多年的努力，使现有的生产要素配置达到最优，重新配置这些生产要素并不会使生产增长，外来的专家也找不出这里的生产要素配置有什么低效率之处”②，这就是舒尔茨秉持的理性小农观点。同样的，从政治行为入手，波普金进一步阐明了“理性小农”的观点。以19世纪的越南农村为考察对象，波普金主要分析殖民主义与商业化对农业社会的作用。他认为，小农主要考虑家庭福利，而不是被群体利益或道义价值观所驱使，他们是个人福利或家庭福利最大化的理性人。从经验方面来说，在前殖民时代、殖民时代和后殖民时代，越南乡村生活的经济与政治制度并不具有道义经济学家所谓的再分配作用与福利保障机制。追求最大利益、做出合理生产决策，是小农行为的核心③。

无论是从政治行为还是从经济行为来判断小农的行为选择是“理性”还是“道义”，笔者认为，这并没有根本意义。正如郭于华所讲的，“长期以来，一些研究者对二人的引述和理解时有简单化之嫌，似乎把对农民的‘道德’判断和‘理性’判断的标签分别贴在他们头上。农民的行为选择究竟是理性的还是道德的恐怕并不是一个真问题”④。农民的理性和道义，或者说对于农业经营形式的选择，很大程度上取决于农民的生存环境和所涉及的社会性质。如此，我们在社会、农民和农业之间建立了相关的框

① 舒尔茨．改造传统农业[M]．梁小民，译．北京：商务印书馆，2010：4.

② 舒尔茨．改造传统农业[M]．梁小民，译．北京：商务印书馆，2010：4.

③ 黄宗智．华北小农经济与社会变迁[M]．北京：中华书局，2000：2.

④ 郭于华．“道义经济”还是“理性小农”：重读农民学经典论题[J]．读书，2002(5)：108.

架。对此，笔者表示赞同。笔者认为，农民的“理性”和“道义”是一体两面，不是非此即彼的一种行为选择。假使农民处于水深火热之中，在温饱问题都没有解决的情况下，如何去追求劳动生产率，或进一步去追求劳动的边际产出？正如恰亚诺夫所提出的，“农民劳动者受其家庭需求的驱使而从事劳作，并随着这种需求压力的增强而开发更大的生产能力。自发开发的程度极大地取决于劳动者承受的来自于家庭消费需求的压力有多大”[①]。

笔者认为，倒不是农民的“道义”和“理性”在决定农民的行为选择，而是实际所处的环境或者说“消费需求”在决定农民的行为意向，实际上在任何时候，农民的行为选择都包含了“道义”和“理性”两面。即使在如斯科特所讲的，农民处于“长久地站在齐脖深的河水中，只要涌来一阵细浪，就会陷入灭顶之灾”的时候，农民的“安全第一”，“互惠”经济行为也不失为一种“理性”，他们不过是为了生存而结合成一种共同体，从而形成更高层次的“理性”。当然，这种“理性”不是资本主义中赤裸裸的交换或一次兑现行为，而是一种长期的互惠机制，经济的互惠延伸到社会和政治行为等方面，是一种更高的“理性”行为，郭于华把这称为“生产的智慧”。因此，我们从这个角度去理解，黄宗智所提出的华北地区和长江地区在改革开放前的“过密化”问题实际上就不是个问题。在追求基本生活保障时，农民当然追求的是不计边际成本的产出最大化原理，此时的农业不过是一种满足“生计”所需的农业，与以营利为目的的经营性农业的经营逻辑是完全不同的。此时，无资本性投入、很低程度的农业的机械化、粗放型劳动生产方式是其最大的特征。当然，这是以自给自足为目的的农业。在中国的人地关系结构中就表现为小规模的劳动密集型农业。

一旦商品经济发展，过多挤压在农业中的“隐蔽性失业”问题就会得到解决。农业人口较少，家庭的农业劳动力在各部门比较预期收益差距的驱使下“过度”转移到非农业部门，其结构性非剩余转移成为可能。一

① 恰亚诺夫. 农民经济组织[M]. 北京：中央编译出版社，1996：49.

方面，农村剩余劳动力向城市非农业产业转移。另一方面，商品化的发展必然导致农民参与市场程度越来越深，自给自足的农业体系必然被打破。从农业生产资料方面来看，“自给”完全不可能，单单依靠农业也无法“自足”，农民已经多方面地参与到市场经济体系中，对货币性的支出需求越来越多。因此，农业的封闭系统被打破，农业必然面对市场。作为一个农业劳动者，要维持家庭再生产，从事的农业就带有经营性性质，就需要面对市场进行市场交换。在经营性农业中，农业需要面对市场，农业的资本化程度较低，机械化水平提高，成本—利润的经营逻辑出现在恰亚诺夫所讲的“家庭组织”生产单位中，只是此时的劳动力成本核算不够精确罢了。此时农民不会不计成本地投入，务工的机会成本和劳动产出价值是他们农业劳动生产率的参照，农民会算计性挣钱，其“理性化”程度越来越深。

总体来讲，农民行为不再有“道义”与“理性”之分，而是更多取决于环境的选择。在商品经济不发达的传统社会中，农业经营表现为农民以劳动密集型的生计农业为主，以解决温饱的自给自足农业为特征，在当下主要表现为小农农场。随着商品化经济的发展，即工业化社会(现代社会)的到来，农民卷入市场化浪潮中，封闭的自给自足农业被打破，资本密集型的、以营利为目的的现代农业形成，在本书中表现为家庭农场和资本型农场。

(二)“阶层农业”:农业经营形式变迁的动力机制

正如前文所述，农业经营形式变迁的路径并非由小农“道义”与“理性”的性质决定，而是由农民所处的社会性质决定。这就如经济社会学中所讲的，经济行为和经济的运行不单单是市场问题，它具有嵌入性特征。“嵌入”，即社会作为一个构件切入到经济行为中，农业经营形式的变迁事实上也是嵌入在农民所构成的农业社会基础上，农民与农业的关系是典型的经济社会学中的嵌入视角。表 1-1 展现的是在理想社会中，农民与农业的类型学区分。但是在当下面临社会结构转型与农民阶层结构化的中国，在政府干预下的农业经营形式变迁的路径和动力具有明显的阶层化特征。“阶层农业”构成了本书农业经营形式变迁的社会学视角。

表 1-1 农民与农业的类型学

社会—农民	农业类型	经营形式	特点	性质
传统社会—农民	生计农业	小农农场	劳动密集型农业	传统农业
现代社会—农民	经营性农业	家庭农场	资本密集型农业，面对市场	现代农业
		资本型农场		
		其他形式		

1. 社会转型与农民分化

改革开放以来，中国的社会结构变迁或者说转型，在学界已经达成了共识，如其有以下观点：①孙立平提出“断裂社会”的观点，认为目前的分化已走向两极分化；②陆学艺等人提出“中产化现代社会”的观点，认为趋向于中产化的现代化社会结构正在出现；③李路路提出“结构化”的观点，认为边界日益分明的阶级阶层结构已然形成；④李强、李培林提出“碎片化”的观点，强调分化的多元特征，认为阶级阶层结构难以形成[①]。尽管学者们对转型的具体社会结构存在一定分歧，但是，改革开放以后对社会分化的认识是趋同的。

20 世纪 90 年代，孙立平等人对改革后的十五年作出总结，称中国社会由总体性社会向分化性社会转变。他们认为，“与改革前相比，现阶段中国社会的分化速度大大加快，分化的程度也大大加深，而且在不同地区、不同社会系统，不同社会群体在分化速度和分化程度上都有着巨大的差异”。改革开放十五年，社会结构发生了重大变迁，从总体性社会向分化性社会转变。其中有一条内容为，原有的城乡各种身份系列由一种新的、以职业身份为标志的身份系列所取代[②]。

---

① 李春玲. 断裂与碎片：当代中国社会阶层分化实证分析[M]. 北京：社会科学文献出版社，2005：1-10.

② 孙立平，王汉生，王思斌，等. 改革以来中国社会结构的变迁[J]. 中国社会科学，1994(2).

进入21世纪以来，社会结构变迁的速度不仅没有减慢，反而有加速之势。李强对30年来的中国社会结构分层做了分析。他认为，30年来中国社会发生了巨大变化，其中最重要的变化之一是社会分层结构的变化。他提出，改革开放以后，以“社会身份指标”来区分社会地位开始向以“非身份指标”来区分社会地位转变；由于市场经济的兴起，经济分层开始取代了政治分层，新的社会阶层比如个体户和私营业主开始兴起，曾经的“整体型社会聚合体”被打破①。而且，通过对“五普”数据进行分析，他进一步提出与“橄榄型”社会结构、“金字塔型”社会结构不同的倒丁字型社会结构②。不同于倒丁字型社会结构，孙立平采用了“断裂”这一概念，同时提出“底层社会”的说法。他说，20世纪80年代的资源扩散到20世纪90年代，资源开始重新积聚，中国社会伴随着贫富悬殊的两极分化而出现了一个底层社会，市场转型与底层社会的形成是同步的，同时与断裂性的社会结构有着莫大的关系③。

无论是“倒丁字型”的社会结构，还是断裂的底层社会，李强与孙立平两位学者都是在指明中国有一个庞大的下层社会。在孙立平看来，底层社会群体主要包括贫困的农民、进入城市的农民工、城市中以下岗失业者为主体的贫困阶层④。他所讲的底层社会主要还是指农村社会群体。不过，改革开放30年来，农村社会的分化也同样剧烈。

与之对应的，对农民分化和农村阶层的研究也颇为丰富。从人地关系入手，毛泽东同志对中国20世纪30年代的农村生产关系进行了深入解剖，他根据当时土地占有的多少把农民划分为大、中、小地主，富

① 李强．改革开放30年来中国社会分层结构的变迁[J]．北京社会科学，2008(5)．

② 李强．“丁字型”社会结构与“结构紧张”[J]．社会学研究，2005(2)．

③ 孙立平．资源重新积累下的底层社会形成[M]//李培林，等．中国社会分层．北京：社会科学文献出版社，2004：339-356．

④ 孙立平．资源重新积累下的底层社会形成[M]//李培林，等．中国社会分层．北京：社会科学文献出版社，2004．

农、中农、贫农，对农民不同成分的划分，对论证土地革命起到了关键作用[①]。我们可以看到，这是一种阶级划分标准，人地关系的占有反映的是经济地位的差别和农村的剥削情况，涉及相应的政治态度和革命问题。

作为20世纪初期的农村问题研究专家，陈翰笙较早地用马克思主义政治经济学来解释中国农村的阶级关系及在帝国主义渗透下中国农民所受到的影响。在《帝国主义工业资本与中国农民》一书中，他以英美烟草公司为例，通过实地调研，运用详实的数据论证了在半殖民地半封建的中国，外国资本通过买办和士绅阶级剥削中国农民的过程[②]。以同样的阶级分析法，他还在《解放前的地主与农民》一书中，以解放前广东省农民的分化为例，详尽展现了帝国主义经济渗透对农村生活和中国各阶级所产生的深远影响。根据农民对土地的占有情况，他详细分析了解放前的地主和农民在租佃关系上所表现出的阶级关系。

除此以外，李文治等著的《明清时代的农业资本主义萌芽问题》也值得关注。此书以明清时期雇佣性质的变化为描述对象，概括出封建雇佣如何发展到自由雇佣，以及雇工在法律地位上的变化，即农业雇工在法律意义上的人身隶属关系得到解放。李文治运用马克思和列宁经典作家对农业资本主义的理论，从雇佣劳动性质变化的角度证明明清时期的农业生产关系已经从封建的关系转变成具有资本主义性质的生产关系[③]。对于此书的意义，黄宗智将其评价为"无论在资料上还是在分析上，此书无疑是近三十多年来国内资本主义萌芽传统学术讨论中，关于农业的分量最重、内容也最成熟的论著"[④]。也就是说，在对农业资本主义萌芽的研

① 毛泽东. 毛泽东农村调查文集[M]. 北京：人民出版社，1982.

毛泽东. 毛泽东选集(第一卷)[M]. 北京：人民出版社，1991.

② 陈翰笙. 帝国主义工业资本与中国农民[M]. 上海：复旦大学出版社，1984.

陈翰笙. 解放前的地主与农民[M]. 北京：中国社会科学出版社，1984.

③ 李文治，魏金玉，经君健. 明清时代的农业资本主义萌芽问题[M]. 北京：中国社会科学出版社，1980.

④ 黄宗智. 华北的小农经济与社会变迁[M]. 北京：中华书局，2000：10.

究中，李文治等所著的《明清时代的农业资本主义萌芽问题》一书，对农业资本主义的问题讨论颇为深刻。

马克思的阶层(阶级)分析法在中国当代的研究中虽然运用得不是非常普遍，但是也取得了较大成果。其中首推的是黄宗智有关中国"资本主义萌芽"的考察，在《华北的小农经济与社会变迁》和《长江三角洲的小农家庭与乡村发展》两书中，黄宗智提出了一个广为人知的概念，即"内卷化"或"过密化"(没有发展的增长)[①]，不仅从生产关系的角度，而且从生产力的角度分析了中国小农经济没有走上资本型农场道路的原因。除了黄宗智，在很长的时期内，尤其是改革开放以来，鲜有人从人地关系的角度来对社会结构进行分层。这里值得一提的是华中学者对农村人地关系的讨论。

贺雪峰教授指出，取消农业税后，根据农户与土地之间的关系，农村的阶层可以划分为脱离土地的农民阶层、半工半农阶层、在乡兼业农民阶层、普通农业经营者阶层、农村贫弱阶层 5 个阶层。他指出不同阶层农民对土地的依赖程度和对土地流转的态度对乡村治理带来的影响[②]。类似的，陈柏峰从土地流转的角度讨论了农民阶层分化的影响，根据农民的经济状况和就业状况，将农民划分为外出经商阶层、半工半农阶层、小农兼业阶层、举家务工阶层、村庄贫弱阶层 5 个阶层，并指出不同阶层之间存在转化的可能性[③]。

① 黄宗智．华北的小农经济与社会变迁[M]．北京:中华书局,2000.
黄宗智．长江三角洲小农家庭与乡村发展[M]．北京:中华书局,2000.
② 贺雪峰．取消农业税后农村的阶层及其分析[J]．社会科学,2011(3).
③ 陈柏峰．土地流转对农民阶层分化的影响[J]．中国农村观察,2009(4).

不仅如此，华中学者对农村社会的“新中农”现象给予了高度关注[①]。研究指出，新中农是指“耕种二三十亩土地，所获经济收入不低于外出务工收入的中青年夫妇，有着留在农村进行农业生产的积极性”，由于新中农阶层的经济关系和社会关系留在村庄内，他们是村庄公共事务和公益事业的倡导者、参与者和有力的维护者[②]。同时多种研究指出，他们是目前劳动力流出农村社区中的“中间阶层”，是农村乡村秩序的稳定力量和乡村治理中的重要力量，是国家政权建设的根基[③]。可以看出，“新中农”是在目前劳动力外流情况下，自发土地流转而形成的小规模土地经营者，从村庄秩序和乡村治理的角度出发，华中学者给予了“新中农”颇多关注[④]。

总体来讲，马克思有关阶层的划分在农村表现为人对土地的资源占有。20世纪初期，由于中国革命意识形态的需要，马克思主义的阶级分析法比较盛行，但是在1949年之后，尤其是改革开放以来，这一理论资源

① 对“新中农”，华中学者作出了系列研究。

贺雪峰．当下中国亟待培育新中农[J]．人民论坛，2012(13)．

杨华．“中农”阶层：当前农村社会的中间阶层——“中国隐性农业革命”的社会学命题[J]．开放时代，2012(3)．

林辉煌．江汉平原的农民流动与阶层分化：1981—2010——以湖北曙光村为考察对象[J]．开放时代，2012(3)．

徐嘉鸿．农村土地流转中的中农现象——基于赣北Z村实地调查[J]．贵州社会科学，2012(4)．

韩鹏云，刘祖云．新中农阶层的兴起与农村基层党组织建设转型[J]．理论与改革，2014(1)．

② 贺雪峰．当下中国亟需培育新中农[J]．人民论坛，2012(9)：61．

③ 杨华．“中农”阶层：当前农村社会的中间阶层——“中国隐性农业革命”的社会学命题[J]．开放时代，2012(3)．

林辉煌．江汉平原的农民流动与阶层分化：1981—2010——以湖北曙光村为考察对象[J]．开放时代，2012(3)．

陈柏峰．中国农村的市场化发展与中间阶层[J]．开放时代，2012(3)．

④ 除了以上提到的中农研究，还有较多的研究也是从乡村治理的角度来谈中农现象的出现的。

韩鹏云，刘祖云．新中农阶层的兴起与农村基层党组织建设转型[J]．理论与改革，2014(1)．

夏柱智．中农阶层与发展型社会结构的形成[J]．南京农业大学学报(社会科学版)，2013(6)．

徐嘉鸿．农村土地流转中的中农现象——基于赣北Z村实地调查[J]．贵州社会科学，2012(4)．

在国内学术研究中较少出现，华中学者对现有土地自发流转的人地关系中形成的“新中农”现象的研究，可谓是对这一阶层分析法的运用。

另外，以韦伯的职业分层为主要标准，国内对农民分化的研究也取得了很大进展。陆学艺课题组根据各个阶层所拥有的组织资源、经济资源和文化资源的不同，在劳动分工、权威等级、生产资料占有和制度分割机制的基础上，提出了中国十大社会阶层①。该研究的出台具有重要意义，它成为新时期制定路线方针政策的重要依据②，同时也深刻影响了后来的研究者。比如，仇立平、王春光等研究者就直接从“职业”这一指标对阶层进行划分③。在后来的社会分层中，学者们采用了多种指标，比如一些学者认为职业虽然是经济收入的主要来源，但是由于我国的税收制度和隐形收入，从职业这一指标不能完全呈现分层情况，而通过消费分层却可以从另一个视角捕捉到社会阶层的分化④。除此以外，还有的学者从声望⑤和社会资本⑥等角度来对阶层问题进行分析。从中国主流的阶层研究来看，阶层划分的标准较为多元，学者从职业、消费、声望和社会资本等各个层次对阶层问题进行了分析。

农村阶层研究也深受中国整体阶层研究的影响，由于内容需要，研究的标准不同，得出的农村阶层种类也不同。在农村阶层研究方面，陆学艺等人根据职业的不同，在农村社会中区分出了8个阶层，分别是农业劳动者阶层、农民工阶层、雇工阶层、农村知识分子阶层、个体劳动者和个体工

① 陆学艺．当代中国社会阶层研究报告[M]．北京：社会科学文献出版社，2002．
② 李强．社会分层十讲[M]．北京：社会科学文献出版社，2008：232．
③ 仇立平．职业地位：社会分层的指示器[J]．社会学研究，2001(3)．
张翼，侯慧丽．中国各阶层的人口数量及阶层结构[J]．中国人口科学，2004(6)．
王春光．中国职业流动中的社会不平等问题研究[J]．中国人口科学，2003(2)．
④ 李培林，张翼．消费分层：启动经济的一个重要试点[J]．中国社会科学，2000(1)．
李春玲．当代中国社会的消费分层[J]．中山大学学报，2007(4)．
⑤ 李春玲．当代中国社会的声望分层[J]．社会学研究，2005(2)．
李强．转型时期冲突性的职业声望评价[J]．中国社会科学，2000(4)．
⑥ 边燕杰，等．跨体制社会资本及其收入回报[J]．中国社会科学，2012(2)．
张宛丽．非制度因素与地位获得[J]．社会学研究，1996(1)．

商户阶层、私营企业主阶层、乡镇企业管理者阶层和农村管理者阶层①。陆学艺有关农村阶层的研究适应当时的社会发展，但是随着农村社会的快速变迁，新的阶层的出现和雇工阶层的发展导致改革后的阶层关系出现理论紧张。毛丹、任强认为从多元分层理论框架中抽取职业作为分层标准存在理论紧张，并且难以顾及农村地区的村庄基础、社会发育成熟程度、社会流动等因素，因此提出把“社会资源”作为农村分层的指标②。类似的，樊平也采用了社会资本指标③。侯麟科曾尝试以家庭为单位，利用聚类分析方法分析农业税改革后农村的社会阶层分化状况，提出当前农村社会存在7类家庭，分别是：农村企业家家庭、外出打工（收入较高）家庭、个体工商户家庭、种养大户家庭、外出打工（收入较低）家庭、传统农业家庭、年老贫困家庭④。另外，还有研究者从综合职业、收入和消费几个指标出发，对农村社会阶层进行归类⑤。

无论是从马克思主义的人地关系论出发，还是以职业分层的农民分化说角度分析，研究都显示了农民作为一个身份性的群体，在中国当下已经发生了巨大分化。

2. 阶层结构与农业经营形式的多元化

无论是根据马克思以人地关系为主要标准所进行的研究，还是从韦伯的职业划分标准的角度所进行的研究，都显示在改革开放以后的农村，农民的分化是剧烈的。这种分化不仅表现为“阶层化”，而且可以被看作一种正在定型的阶层结构，这与农业经营形式的多元化是一致的。在本书中，笔者对目前的农民进行了阶层划分。在此基础上，按照他们资源禀赋的不同，对各个阶层的农民做阶层和结构的划分。从大的方面来讲，虽

① 陆学艺．农民的分化、问题及其对策[J]．农业经济问题，1990(1)．

② 毛丹，任强．中国农村社会分层研究的几个问题[J]．浙江社会科学，2003(3)．

③ 樊平．社会流动与社会资本——当代中国社会阶层分化的路径分析[J]．江苏社会科学，2004(1)．

④ 侯麟科．农村劳动力大规模转移背景下的中国农村社会分层分析[J]．中国农村观察，2010(1)．

⑤ 刘成斌，卢福林．非农化视角下的浙江省农村社会分层[J]．中国人口科学，2005(5)．

然农民分化为不同的阶层，但是在资源禀赋上他们分别从属于上、中、下三个阶层等级，这构成了小农经济分化的基础。同时，这也满足了在政府干预下新的农业经营形式的形成。表 1-2 为阶层、阶级结构与农业经营形式的关系。

表 1-2 阶层、阶级结构与农业经营形式：逻辑与类型

阶层结构	职业群体	对生计农业的依赖程度①	土地流转态度	与之对应的农业经营形式	阶层特点②	通过何种手段获得收入
精英阶层	私营企业主	弱	愿意	资本型农场	这个阶层的特点是，经济资源尤其丰富，为资本型农场的兴起提供了条件	资本
	个体工商户	弱	愿意	资本型农场		
中间阶层	村干部	弱	愿意	家庭农场	这个阶层分别拥有了组织资源、经济资源和技能，在资金、劳动力和技术方面满足了家庭农场这种经营形式	劳动力+资本
	农民工	弱	愿意	家庭农场		
	传统种田大户（部分）	强	不愿意	家庭农场		
农村底层	传统种田大户（部分）	强	不愿意	小农农场	除了不计成本的劳动力以外，这个阶层缺乏资金，也缺乏学习新技术的能力。小规模农业作为一种重要的生计模式，是一种稳妥的就业渠道	次级劳动力
	兼业户	较强	模糊	小农农场或家庭农场		
	老人	强	不愿意	小农农场		
	贫弱阶层	强	不愿意	小农农场		

① 这是规模化土地流转能够推动的原因，也是能否推动新型农业经营形式的前提。

② 这是新型农业经营形式能够兴起的资源条件。

资源禀赋又被称为要素禀赋，原指一个国家拥有的各种生产要素，包括劳动力、资本、土地和技术等资源，而且各国由于资源禀赋不同，有要素的丰裕和稀缺之分。在这里也同样适用于各个阶层，每个阶层所拥有的资源禀赋不同，资源的相对丰富程度也不同，由此决定他们在土地经营态度上、农业变迁中充当的角色不同。在传统农业向现代农业转型的过程中，土地、资本、劳动力和技术等生产要素是非常关键的，如果说对传统农业的改造还主要取决于社会底层的比例和态度的话，那么现代农业的实施则与农村社会的中间阶层和精英们的需求相符合。不同阶层的资源禀赋不同，决定了其在农业经营形式上的不同。农业经营形式具有很强的嵌入性。表 1-3 为不同社会结构、阶层的农民对经营形式的选择。

表 1-3 社会结构、阶层与经营形式的选择

社会结构	阶层结构	职业群体	经济地位	资源禀赋	经济诉求	价值实现方式
橄榄型农村社会结构形成①	精英阶层	私营企业主	高	强经济资源	高利润要求，收入大于或等于10万元/年	资本
		个体工商户	高	强经济资源	高利润要求，收入大于或等于10万元/年	资本

① 底层人数减少，中间阶层人数众多，并且开始崛起；精英阶层开始崛起，其影响越来越大。同质性的阶层结构分化越来越大，进而导致了各个阶层对土地经营方式的选择不同，生计农业的需求程度不同，这直接构成了土地规模化流转的社会基础，也成为新型农业经营形式能够兴起的根本原因。

续表

社会结构	阶层结构	职业群体	经济地位	资源禀赋	经济诉求	价值实现方式
橄榄型农村社会结构形成①	中间阶层	村干部	中	组织资源、一定的经济资源	一般利润要求，收入为(5万元～10万元)/年	劳动力＋资本
		农民工	中	较强的劳动力资源、一定的经济资源	一般利润要求，收入为(5万元～10万元)/年	劳动力＋资本
		传统种田大户(部分)	中	主要是劳动力资源	一般利润要求，收入为(5万元～10万元)/年	劳动力＋资本
	农村底层	传统种田大户(部分)	中下	主要是劳动力资源	较低利润要求，收入大于或等于10万元/年	次级劳动力
		兼业户	中下	劳动力资源，或一定的经济资源	较低利润要求，收入小于或等于3万元/年	次级劳动力
		老人	低	不计劳动成本的劳动力资源	很低收入要求，收入小于或等于3万元/年	次级劳动力
		贫弱阶层	低	不计劳动成本的劳动力资源	很低收入要求，收入小于或等于3万元/年	次级劳动力

① 底层人数减少，中间阶层人数众多，并且开始崛起；精英阶层开始崛起，其影响越来越大。同质性的阶层结构分化越来越大，进而导致了各个阶层对土地经营方式的选择不同，生计农业的需求程度不同，这直接构成了土地规模化流转的社会基础，也成为新型农业经营形式能够兴起的根本原因。

3. 阶层视角与研究的意义

阶层研究一直是社会学研究的经典命题，有关阶层的研究成果浩如烟海，但是甚少与当前农业变迁路径和动力机制结合起来。诚然，如以前文所整理的文献来分析，农业变迁的路径和动力机制主要受制于资本、组织、技术和人口。但是在人口众多的国家，人口只是一个总体变量。人口的分化，即阶层问题对农业变迁路径和农业变迁的动力有着更为深刻的影响。正如有些学者提出的，现在的"农民"是一个笼统的概念，首先要搞清楚"谁是农民"[①]，这实际上暗含的一个重大问题，就是农民的分化，如果没有用分化的视角去观察农业变迁甚至农村变迁，其结论都可能有失偏颇。从农民分化（农民阶层）的角度去解释农业变迁路径和动力机制问题，有以下几个不同点。

首先，研究进路的转换，从资源（资本、技术和人口等）和组织论转向社会关系的研究。虽然不同学科对农业变迁路径和动力机制有着不同的解释模型和理论分析，但是往往还是从资源和组织本身去解释这个问题，资源决定论和组织本身成为农业变迁的动力，而研究者对结构和制度性因素的考量较少。正如一些"三农"研究者所提出的，土地问题不仅是农业问题，更大程度上是农民问题。如果转到研究农民的问题上，那么农民的分化和阶层结构就是必须要考量的重要结构性因素。农民的分化导致了农村结构的阶层化，由此中国农业向何处去，农村各阶层对土地的态度和对农业经营的决策就成为各阶层互动和博弈的重要方面。阶层结构和各阶层之间的互动，成为新一轮土地经营和农业变迁的重大结构性因素。把农业变迁引入阶层"动力"之下，就把政治经济学、农民学和农业经济学的资本决定论、组织决定论以及技术、人口决定论等转化为一个社会学命题。

其次，研究视角的转换，从静态描述转到动态分析。以上主要从结构

① 贺雪峰. 谁是农民? [J]. 经济导刊，2014(3).

性因素对农业变迁进行了静态分析，比如马克思主义者认为资本对促进农业变迁具有决定性影响，通过对“地租”的分析而展开对农业转型的讨论。王立新提到，相对于资本，土地在很大程度上仅是资本投下的场所，地租的起源不是被归结到土地关系上，而是被归结到资本关系上[①]。再如，恰亚诺夫在家庭经济组织对农业路径的选择上坚持家庭组织，也是通过家庭生命周期和劳动消费均衡模型得出家庭经济组织所具有的超强生命力。与以上静态结构分析不同，本书从农民分化和阶层结构出发，对农业变迁过程中阶层之间的互动和博弈进行描述和分析，这就将静态的结构分析引入了动态分析中。农民的阶层分化既是一种结构性的存在，实际上也是相互之间的“关系”和互动，这被称为阶层研究的“实体论”和“关系论”[②]。笔者力图在本书中把阶层的“关系”研究呈现出来，从而在做结构的静态分析时，力图也做动态关系的研究。

再次，研究视野的拓展，从宏观分析到微观解剖。纵然农业变迁是一个较为宏观的重大变迁，但是微观的社会行动和社会结构分析拓展也有研究。除了资源禀赋对农业变迁具有决定性作用以外，在农民分化的结构性因素下，我们能够看到各个阶层资源禀赋的优劣、力量的大小，这对于他们在新的地权结构和新的农业经营形式中的位置具有决定性的影响。阶层主体的势力大小、社会经济资本的多寡与农业经营形式的变迁(农业变迁)具有密切联系，并最终取决于阶层主体所在的阶层地位。在一个乡镇场域中，以村庄为单位，我们可以看清各个阶层所拥有的经济资源、政治资源和社会资本等因素不同，使得农业经营形式的变迁和地权的配置由阶层结构位置所决定，这也决定了其农业变迁的路径和方向。

概言之，从农民分化和阶层结构视角来看农业变迁，着眼点和落脚点在于社会阶层结构对农业变迁的巨大影响。对农业变迁路径和动力机制

① 王立新. 印度绿色革命的政治经济学：发展、停滞和转变[M]. 北京：社会科学文献出版社，2011：32.

② 杨华. 农村阶层关系研究：兼论党在农村的阶层基础和群众基础[D]. 华中科技大学博士后研究工作报告，2012.

的解释可以从资本、组织、技术和人口等资源禀赋和组织结构方面去解释。在当前中国的土地问题上，农民分化问题成为新的地权配置和农业变迁的根本动力机制，这不仅拓展了学者的研究进路，而且结合了静态和宏观的分析，将阶层结构和行动者博弈的微观、动态视角纳入了其中。

四、表述框架与核心概念

（一）表述框架

本书以皖南萍镇农业经营形式变迁为例，利用社会分层理论，对当地农业经营形式变迁的动力进行社会学分析。笔者认为，在政府干预下，小农农场被分解为小农农场、家庭农场和资本型农场等多元化的农业经营形式，这有其深厚的社会基础。尽管从传统—现代农业的二元框架出发，农业经营形式在土地生产率、劳动生产率和资本投入方面有较大差异，但是，农业经营效率本身对农业经营形式演化的路径并非起决定性作用。农业经营形式的变迁深深地嵌入在农业所处的社会结构土壤中。农民的分化和农业社会结构的阶层化，导致不同阶层由于资源禀赋不同，对农业经营形式偏好也不同。从微观角度来看，以往理论所认为的资本、技术、人口等生产要素和组织变量对农业经营形式的变迁并非起决定性作用。政府干预下的土地流转与“阶层农业”的契合，构成了当前农业经营形式变迁的动力。

具体地讲，本书一共分为七个部分，见图 1-1 所示。具体内容如下。

第一章：导论。这一章提出研究问题，并对已有文献进行梳理。在此基础上，本书通过阶层结构对农业经营形式的变迁提出社会学的解释框架。除此之外，本章还系统性地介绍了本书的研究方法和调查点的情况。

第二章：农民分化与农业经营形式变迁。这一章首先介绍萍镇当地村庄的性质、生态结构；其次，对当地的土地耕作制度和人地关系格局进

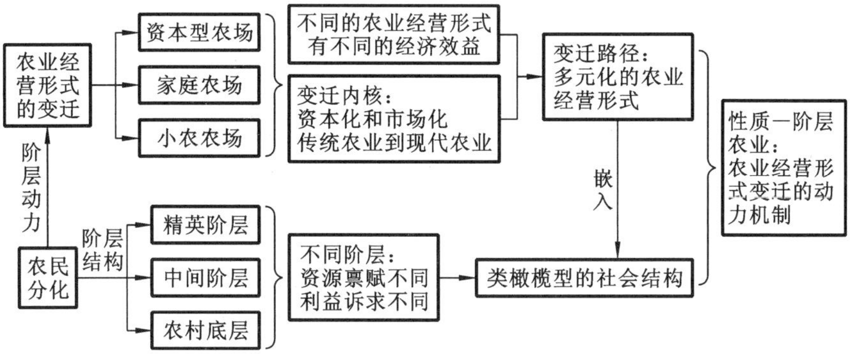

图 1-1 表述框架与逻辑

行历史回顾；最后，对农业经营形式变迁前的小农经济进行客观描述，同时对当地现有的人地关系格局进行考察。

第三章：资本型农场的兴起。本章对萍镇资本型农场的兴起情况进行了详细描述和分析，并对当地资本型农场的发展现状进行考察。在政府的干预下，萍镇资本型农场得到了较快发展。当地资本型农场出现了经营上的困境，但是在政府扶持下，还是得以持续。从组织结构上讲，资本型农场有其结构性困境，但当地的资本型农场并不会因此难以生存。

第四章：家庭农场的发展。本章详细地呈现了萍镇家庭农场的现状、类型和家庭农场兴起的历史轨迹。在对家庭农场经营效率进行详细考察的基础上，对家庭农场这种新型农业经营形式的性质作出判断。最后，对家庭农场兴起的社会动力有较为详细的分析，以村干部、农民工和部分种田大户组成的农村中间阶层构成家庭农场兴起的阶层力量。

第五章：小农农场的持续。本章描述了小农农场的一般概况，对小农农场的特点和农业性质进行了判断。以贫弱者、老人、兼业户和部分传统种田大户所组成的农村社会底层构成了小农农场存在的阶层基础。同时，笔者提出，这样的留守经济具有脆弱性和长期性的特点。

第六章：农业经营形式变迁的阶层动力。本章详细地展现了农村社会底层、中间阶层和精英阶层与三种农业经营形式之间的关系。从阶层—资源禀赋的角度，对三个等级阶层的资源禀赋进行详细的分析。由于各个阶层所拥有的资本、劳动力和土地（政府提供给各个阶层的契机，通过阶层所拥有的资本进行着再分配）不同，因此对于农业经营形式有着不同的经营能力。同时，多元化的经营形式与阶层所拥有的资源禀赋在回报中形成耦合，进而，在政府推动规模化经营的背景下，以阶层为内生动力机制的社会结构推动了农业经营形式的变迁。

第七章：总结和思考。在本章，笔者首先对农业经营形式的变迁进行了梳理和回顾。其次，本书试图从理论上回应农业经营形式变迁的路径和动力问题。从经济社会学的嵌入理论出发，提出农业经营形式变迁的“阶层农业”性质，对理论中所提及的农业经营形式变迁的“一元性”和资本、组织、技术和人口动力论进行了回应。另外，针对农村社会结构的转型给出了笔者的想法。最后，本书对农业经营形式变迁的路径进行了政策讨论。

（二）核心概念

1. 农业经营形式

具体地讲，农业经营形式是在组织生产单位的基础上，根据土地、资本和技术等生产资料而形成的组织生产方式。不过，这并非一般意义上因生产要素比例不同而产生的性质上的类分，它具有质的不同，最为直观地体现在传统农业走向现代农业的农业转型过程中。

在传统理论中，根据组织形态的划分，农业经营形式只有两种——以家庭为组织单位的农场和资本型农场。这种传统划分方法以马克思对雇佣农场和小农农场的划分标准最为典型。但是，在后来的研究中，学者们发现，组织因素并不是决定农业经营形式性质的唯一变量，即使在资本型农场内部和家庭组织中也会分化出各种农业经营形式。比如，当代农政专家范德普勒格根据社会与物质资料不同的组织方式，把传统上的资本型农场再细分为农业企业和公司农业或食品帝国农业[①]。新加坡学者张谦在对农业经营形式进行类型分类时，在组织基础上再加入市场和资本化程度等变量，划分出七种经营形式下的经营主体：自给自足式农民、商业化农业生产者、企业化农业生产者、合同式农业生产者、中国特色的半无产农场工人、半无产农场工人和无产农场工人[②]。由此可见，在理论上，农业经营形式的类分并不完全一致。

在政策层面上，农业经营形式也常常被作为表述重点。在重要政策文件中，很少直接提到“农业经营形式”这一说法，主要提出的是“农业经营体系”这一说法。比如，在十八届三中全会有关农业政策的表述中，第二十条最醒目的一句是“加快构建新型农业经营体系”；2013 年中央一号文件也指出 2013 年农业农村工作有一条是“着力构建集约化、专业化、组织化、社会化相结合的新型农业经营体系”。在最近的重要文件表述中，大致与“农业经营形式”相近的是十八届三中全会的文件中提出的“坚持家庭经营在农业中的基础性地位，推进家庭经营、集体经营、合作经营、企业经营等共同发展的农业经营方式创新”(第二十条)，文中提到的是“农业经营方式”。在该文件后文中还提出，“鼓励承包经营权在公开市场上向专业大户、家庭农场、农民合作社、农业企业流转，发展多种形式规模经营”(第二十条)，采用“多种形式”这一说法。同样，在 2013 年的中央一号文件中，其实也使用了“形式”这一提法，“鼓励和支持承包土地向专业大户、家庭农场、农民合作社流转，发展多种形式的适度规模经营”。

根据理论描述和文件提法，农业经营形式呈现出多种形式。但是笔者在农村实际调研中发现，具有实体性(合作社常常为虚构的)的农业经营形式仅被划分为三个类型。根据组织生产形式和各种农业经营形式在要素配置方面的不同，尤其是因为它们在经营效益上具有质的差异，笔者

① 范德普勒格. 新小农阶级：帝国和全球化时代为了自主性和可持续性的斗争[M]. 潘璐，等，译. 北京：社会科学文献出版社，2013：1-3.

② 张谦，杜强. 终结的开始？——当代中国的农业现代化和农民阶层的分化[J]. 中国研究(2008 年春秋季合卷)，2008(7-8)：188-211.

把农业经营的形式划分为小农农场、家庭农场和资本型农场三种类型，一定程度上与传统理论相接，同时也参考了政策上有关“家庭农场”的提法。

2. 阶层

阶层是指一个社会内部由于经济收入状况、社会地位、权力资源等方面的差异而形成的社会层次，它是社会结构的有机组成部分，代表着不同的经济、政治、文化需求层次和不同利益。阶层本质上是一个不平等体系，即人们把社会的组织方式理解为以多少属于上下连续的等级秩序安排起来的各个层级，这就像地质学意义上的地层组织方式①。

“分层”一词是社会学家从地理学领域借用过来的词汇，在社会学中，“社会分层”一词是指社会上各类物质性和象征性资源在不同人群当中的分布情况。实际上，社会分层研究就是试图解释和理解社会上各种形式的不平等和差异②。从历史上来看，社会分层的标准比较多元，但是影响最大的是马克思和韦伯有关阶层（阶级）划分的两大传统，即马克思的阶级理论和韦伯的三位一体分层论。马克思和韦伯对阶层的划分深刻影响着中国阶层研究，当然也包括农村阶层（阶级）研究。

在社会学家用来描述和解释社会结构或社会关系的所有概念之中，阶级与阶层可能是最模糊、最不确切的。由于定义与术语的不确切，而且阶级与阶层在概念的内涵上存在着一定的类似性，两者又经常被视为是可互换的。正是由于阶级与阶层在概念内涵上的一致性，当前中国社会分化的问题应当用阶级分析还是阶层分析这一问题，引起众多学者的争论。在本书中比较倾向于用阶层的概念。不同社会阶层之间的身份位置并不是固定不变的，在一定的条件下，阶层之间可以实现地位与身份的相互转换。

阶层存在的前提是阶层分化。阶层分化指的是原有社会阶层结构的

---

① 马尔科姆·沃特斯. 现代社会学理论[M]. 北京：华夏出版社，2000.

② 李春玲，吕鹏. 社会分层理论[M]. 北京：中国社会科学出版社，2008：1-2.

变化，它是社会成员在社会阶层之间的移动现象，这种移动现象包括垂直和水平线两种运动方式。在垂直方向上表现为社会成员在原有阶层之间的纵向流动，其实质是社会地位的上升或下降运动；在水平方向上表现为社会成员从已有的阶层分化出来进入新的阶层，或从原有阶层中分化出新的阶层，其实质是社会原有阶层的多样化和细密化。阶层分化的后果，从社会结构的角度看，是原有生活阶层结构各组成部分比例的变化，从社会个体的角度看，表现为对资源占有情况的变化，也就是个体社会地位的变迁。

3. 资本型农场

经典作家马克思、恰亚诺夫等把农业经营组织只分为两种主要的形式，一是家庭农场组织，二是以雇佣关系为重要特征的资本型农场。列宁研究区分简单商品经济和资本主义的主要表现是对自由雇佣劳动的使用①。当代农政专家范德普勒格根据社会与物质资料的不同组织方式，把传统上的资本主义雇工农业划分为农业企业和公司农业或食品帝国农业，于是在当代农业模式中出现了小农农业模式、农业企业模式和公司农业模式②。在本书中，资本型农场既包含了农业企业，同时也涵盖了公司农业。总之，它是与以家庭为单位的组织生产形式相对的雇佣农场。

与小农农场和家庭农场相比，资本型农场有明显的不同。列宁对农业资本主义的看法有一个经典的判别指标，即“雇佣劳动的多少”③。受此影响，很长时间以来，我们都以“雇佣”的多少来看待我国农业资本主义

① 列宁. 俄国资本主义的发展[M]//列宁全集(第 3 卷). 北京：人民出版社，1984：21，207.

② 范德普勒格. 新小农阶级：帝国和全球化时代为了自主性和可持续性的斗争[M]. 潘璐，等，译. 北京：社会科学文献出版社，2013：1-3.

③ 列宁. 列宁全集(第 22 卷)[M]. 中共中央马克思恩格斯列宁斯大林著作编译局，编译. 北京：人民出版社，1963：34.

的发展[①]。如果我们以伯恩斯坦的四个标准来判断，可以得出四个结论：①土地这一生产资料完全来自于市场租赁，而且种植规模很大；②在劳动力上，完全是市场雇工，必要时会请专门的技术人员对农场进行管理；③在劳动成果的分配上，资本型农场的利润分配不在家庭内完成，而在企业内部实现，并且需要支付大量雇工工资；④在积累和再生产关系上，资本型农场完全是为了利润和扩大再生产。由于劳动力不受家庭的限制，规模大小差异很大，扩大再生产是扩大利润的重要手段。

从生产要素、土地、劳动力、资金和技术等投入上分析，资本型农场资本投入化程度最高，主要依靠机械代替人力的方式进行农业生产，生产的目的就是为了交换以获取利润，因此在经营逻辑上与小农农场和家庭农场都有差异。尽管家庭农场的目的也是为了利润，但扩大再生产却受限于家庭劳动力结构，这也是两者根本的区别之一。在具体类型上，资本型农场有多种表现形式，比如专业大户、龙头公司等。在范德普勒格的书中，他也对资本型农场进行了分类：一种是生产高度专门化的、通过扩大规模进行持续扩张的农业方式，被称为企业农业；另一种由一张延伸极广、易于流动的农业企业网构成，其组织和生产是为了实现利润最大化，它的主要形式是“食品帝国”，被称为“公司农业”[②]。可以看出，公司农业是企业农业的更高形式，垄断性更强。虽然呈现形式不同，但它们都属于资本型农场。本书中的资本型农场处于初级阶段，因此本书中采用学术上的通用概念，没有再做具体划分。

4. 家庭农场

虽然在学术上“家庭农场”常常与农民家庭组织等混同，但是在中国，

① 李文治明确提出雇佣劳动就是区分资本主义和封建主义生产关系的基本指标，雇佣劳动的性质分为非自由的和自由的，包括了法律地位、人身隶属关系和非等级性的雇佣等，由此来看，不计雇佣劳动的多少、雇佣的性质、是否是市场“自由”雇佣，都是资本主义农业的重要方面。参见：李文治，魏金玉，等．明清时代的农业资本主义萌芽问题[M]．北京：中国社会科学文献出版社，1983.

② 范德普勒格．新小农阶级：帝国和全球化时代为了自主性和可持续性的斗争[M]．潘璐，等，译．北京：社会科学文献出版社，2013：12-16.

目前有了较为明确的内涵，这在 2013 年的中央一号文件提出后受到各方关注，并且会对以后农业的经营形式产生重要影响，因此在本书中“家庭农场”作为一种重要的农业经营形式被提出。

在学术脉络中，“家庭农场”是相对于资本型农场而言的，但是，后来的研究者也指出“家庭农场”包含了多个层面的内涵，涉及“家庭所拥有的农场，家庭管理或由家庭劳动力耕作的农场”①。

按照伯恩斯坦的划分标准，笔者从生产要素的角度对“家庭农场”这种农业经营形式做出界定：①土地这一生产资料主要来自于市场租赁；②在劳动力分工上，主要是家庭劳动力，一部分辅助劳动力来自扩大家庭范围或者市场；③在劳动成果的分配上，主要是供家庭内部使用，或支付一定的工资；④在积累和再生产关系上，除了满足家庭所需，生产的主要目的是为了交换进而追求利润。另外，在技术投入方面，家庭农场的生产对技术更新有强烈的兴趣；从经营逻辑上看，家庭农场不再是过密型的传统农业，强调劳动生产率和资本回报率；从土地、劳动力、技术、生产资料、流动资本和机械等固定资本投入上看，家庭农场比小农农场投入更多，市场化程度更深，经营的理念发生了根本变化。虽然同为“家庭”组织生产单位，但是在性质上小农农场与家庭农场有重大差别，前者属于传统农业范畴，后者是现代农业的重要部分。

家庭农场首先以家庭为组织生产单位，从大的范围来看，它仍然是恰亚诺夫笔下的“农民农场”。但是与传统的小农农场不同，新型的家庭农场主要是面向市场的农业经营组织。从有关的研究来看，有关这一概念的历史可以追溯到国营农场中的职工家庭农场，直到 2013 年中央一号文件中提出，家庭农场是“商品化、集约化和专业化”的新型农业经营主体。本书中所说的家庭农场主要还是指面向市场的、以家庭劳动力为主的农业经营形式。

① 伯恩斯坦．农政变迁的阶级动力[M]．汪淳玉，译．北京：社会科学文献出版社，2011：7.

5. 小农农场

小农农场,是指以小农为农业经营主体、以家庭为组织生产单位的农业经营形式。在农业生产率上典型的表现就是很低的劳动生产率与颇高的土地生产率并存,是使用传统生产工具,从事简单再生产的传统生产方式。在一定压力(比如人口)下,小农农场可能为了追求生产最大化而导致劳动边际产出降低,成为没有发展的增长的生产方式。

按照伯恩斯坦的政治经济学理论,小农农场有四个指标:①谁拥有什么(who owns what? 实际上涉及生产与再生产资料的分配,在这里就是土地的来源);②谁从事什么(who does what? 涉及社会生产中谁从事什么活动的社会分工问题,在这里实际就是劳动力的使用问题);③谁得到什么(who gets what? 就是劳动成果的分配问题,在这里就是利润的分配问题);④用获得物做了什么(what do they do with it? 实际上就是消费、再生产和积累的社会关系,就是有关生产的目的问题)。按照以上四个指标来看,小农农场主要利用自有土地(或是通过互惠关系以低租金从亲戚朋友处得来),以自己家庭劳动力为主,在农业生产中,资金投入少、科技投入程度低,是以满足家庭所需和维持家庭生计再生产为主要目的的生计农业。以资本化和市场化程度来看,小农农场是资本化程度低、市场化程度低的简单再生产,属于劳动密集型的传统农业。在当前中国农村集体所有制的土地分配格局中,大多是以几亩或数十亩的土地规模进行生产的,在资金、技术和机械化使用程度方面,表现出小农农场的特征。

对小农农场的研究必然会涉及学术上对其经营主体——小农的研究。从政治、经济、社会和文化等方面出发,针对小农行为的研究浩瀚如海。比如经典作家马克思、恩格斯对小农的界定带有权力视角,认为小农除经济属性以外,还带有阶级上的压迫性和被剥削性;沙宁(T. Shanin)和埃里克·沃尔夫(Eric Wolf)对小农的界定呈现出了社会文化特征;农业经济学家弗兰克·艾利思对小农的界定关注到了小农与市场的关系[①]。如当代农政大师伯恩斯坦所言，从农业政治经济学角度对小农进行界定：小农是“为了简单再生产，而且显然是为了满足自身食物的需要（维持生存）而从事家庭农业的农民”。此外，小农还常常被附加一些假定的特质，如村庄的团结、互惠和平等，以及对以家庭、社区、血缘和地缘为基础的生活方式及其价值观的认同[②]。在本书中，“小农”并非指所有的“农民”，主要指代的是目前在农村从事小规模土地生产的农业劳动者。

① 从权利的视角分析，马克思认为小农具有落后性和压迫性，他在“大农—小农”的二元框架下对小农（自耕农）进行界定，“耕者不管是一个自由的土地所有者，还是一个隶属农民，总是独立地，作为单独的劳动者，同他的家人一起生产自己的生存资料”。（参见：马克思．资本论（第三卷）[M]．中共中央马克思恩格斯列宁斯大林著作编译局，译．北京：人民出版社，2004：912．）可见，马克思对小农的界定是基于家庭成员为农业生产劳动力的经营方式，它与使用雇佣劳动的资本主义农业具有本质上的差异。是否是雇佣劳动成为一个明显的指标。

恩格斯指出，小农是“小块土地的所有者或租佃者——尤其是所有者，这块土地既不大于他以自己全家的力量通常所能耕种的限度，也不小于足以养活他家人口的限度”。在马克思和恩格斯看来，没有权力、生产效率低下是小农生产的主要特征。（恩格斯．法德农民问题[M]//马克思恩格斯选集（第4卷）．北京：人民出版社，1995：486-487．）

沙宁对小农的界定关注到了文化属性，针对小农的定义指出了四个特征：①家庭农场是社会组织的基本特征；②耕作是谋生的主要手段；③基于小型乡村社区的传统的文化导向；④本身缺乏政治权力，这具体表现为其他阶层通过政治上的征服或经济上的剥削而获得对农民阶层主导的地位。其中第一个标准是家庭农场最重要的特征，立足于经济上对小农的认定。沙宁也提到了小农与社区的关系，以及小农所具有的政治权。（T. Shanin. Peasantry：Delineation of a Sociological Concept and a Field of Study [J]. European Journal of Sociology, 1971（Ⅻ）：289-300.）

埃里克·沃尔夫在界定拉丁美洲的“小农”时得出三个重要特征：第一，小农是农业生产者；第二，小农拥有有效的土地使用权，以此区别于佃农；第三，小农的目的是生存，而不是投资。小农生产活动的出发点是由他所处的文化决定的，也就是说，沙宁与埃里克·沃尔夫两位学者关注到了小农的文化属性。农业经济学家弗兰克·艾利思对农民（小农）的研究主要是从经济学意义上展开的，他提出：“农民是主要从农业生产中获得生活资料、在农业生产中主要利用家庭劳动的农户。农民部分地参与常常是不完全或不全面地投入和产出市场。”他认为，这个定义能够把“农民和非农业生产的社会集团区别开来，而且能够把农民和其他农业生产者，如种植园、大地产、资本主义农业或商业化家庭农业区别开来”。（Eric Wolf. Types of Latin American Peasantry：A Preliminary Discussion[J]. American Anthropologist，1955（57）：452-471.）

② Bernstein H. From Peasant Studies to Agrarian Change [J]. Journal of Agrarian Change，2001，1（1）：1-56.

五、研究方法与调查点介绍

（一）研究方法

本书将采用社会人类学中的个案研究方法对农业经营形式变迁的路径和动力做案例研究。个案研究在社会科学中有着悠久的历史，从事乡村研究的人类学、社会学、政治学等方面的诸多作品都被冠以个案研究的头衔。中国乡村研究常用的基本单位是村落，如费孝通先生所指出的："无论出于什么原因，中国乡土社区的单位是村落，从三家村起可以到几千户的大村"[①]。这一学派最先缘于马林诺夫斯基所倡导的"民族志"的研究方法——"微观社区研究法"。马林诺夫斯基的《西太平洋的航海者》成为人类学个案研究的成功典范以后，不断有人类学家和社会学家从村落个案出发，讨论宏观问题。

受海外研究影响，国内大量的研究也从村落社区入手表现宏大主题。代表性的研究有王铭铭对溪村的研究：《社区的历程：溪村汉人家族的个案研究》[②]；折晓叶对超级村庄万丰村的研究：《村庄的再造——一个"超级村庄"的社会变迁》[③]；毛丹对浙江尖山下村的研究：《一个村落共同体的变迁：关于尖山下村的单位化的观察与阐释》[④]。沿着毛泽东对湖南农民运动考察的路线，于建嵘对农民的村庄政治进行了很好的描述，写成了《岳村政治》一书[⑤]。另外，吴毅的川东双村研究也代表了个案研究的新

① 费孝通. 乡土中国 生育制度[M]. 北京：北京大学出版社，1998：9.

② 王铭铭. 社区的历程：溪村汉人家族的个案研究[M]. 天津：天津人民出版社，1997.

③ 折晓叶. 村庄的再造——一个"超级村庄"的社会变迁[M]. 北京：中国社会科学文献出版社，1997.

④ 毛丹. 一个村落共同体的变迁：关于尖山下村的单位化的观察与阐释[M]. 上海：学林出版社，2000.

⑤ 于建嵘. 岳村政治[M]. 北京：商务印书馆，2001.

的学术高度，被认为是村庄政治研究中的“双子星座”之一[①]。可以说个案研究有其内在的生命力。由于它发生在一定场域中，而且能够充分地展示个案的复杂性和发展机制，对于理解社会的复杂性和多样性有很大助益。有学者就直接指出个案研究的方法论优势——“衡量个案研究的价值，并不在于要以个案来寻求对于社会代表性和普遍性的理解，而是要以个案来展示影响一定社会内部运动变化的因素、张力、机制与逻辑”[②]。

个案研究方法也遭到一些学者的诘问，比如个案研究如何处理特殊性与普遍性、微观与宏观之间的关系问题[③]。比如利奇提出，在中国这样一个复杂的、多样化的文明社会，个案研究能否代表整体状况？为此很多学者都试图回答和解决这一问题。吴毅认为，衡量个案研究的价值，并不在于要以个案来寻求对于社会代表性和普遍性的理解，而是要以个案来展示影响一定社会内部运动变化的因素、张力、机制与逻辑，通过偶然性揭示被科学—实证化研究所轻易遮蔽和排除掉的随机性对事件—过程的影响[④]。在这个方面，费孝通对于利奇有关个案研究方法论的质疑做出了正面回应，他认为“比较方法”在某种程度上能够让个案无限接近真实。通过对不同类型的村庄的调查，“用比较方法逐步从局部走向整体”，就能“逐步接近我想了解的‘中国社会’的全貌”[⑤]。

在方法论上，对于“如何走出个案”，避免个案中普遍与特殊、微观与宏观的问题，学者有专门的讨论。卢晖临等人在《如何走出个案》一文中对如何走出个案做了类型学的划分，分别为“超越个案的概括、个案中的概括、分析性概括以及扩展个案方法”四种类型[⑥]。在四种方法中，卢晖

① 吴毅. 村治变迁中的权威与秩序:20 世纪川东双村的表达[M]. 北京:中国社会科学出版社,2002.

“双子星座”是学者徐勇对于该书的评价,原文为:“在我看来,《岳村政治》和《村治变迁中的权威与秩序》是 20 世纪末研究村庄政治的双子星座。”

② 吴毅. 何以个案 为何叙述[J]. 探索与争鸣,2007(4).

③ 王铭铭. 社会人类学与中国研究[M]. 桂林:广西师范大学出版社,2005.

④ 吴毅. 何以个案 为何叙述[J]. 探索与争鸣,2007(4).

⑤ 费孝通. 学术自述与反思[M]. 上海:三联书店,1996:34-35.

⑥ 卢晖临,李雪. 如何走出个案[J]. 中国社会科学,2007(1).

临和李雪比较推崇布洛维的扩展个案方法，认为它能够连接宏观与微观、特殊与一般、局部与整体。他们认为传统的个案研究通常将研究结论局限在所研究的日常世界的范围内，无力或无心顾及广泛的历史模式和宏观结构，而扩展个案方法则追求将田野“扩展出去”，它将反思科学运用于民族志，旨在从独特中抽取一般、从微观走向宏观。在研究的立足点上，扩展个案方法表现出和传统个案研究的根本区别——传统个案研究虽然不排斥对外在宏观因素的考察，但却是站在微观个案的基础上理解宏观因素对微观生活的影响，可以称之为一种建立宏观社会学之微观基础的努力。布洛维赋予扩展个案方法的创见，在于立足点的方向转移——从个别个案转移到宏观权力①。

总体来讲，个案研究法有自身独特的优势，对于代表性、普遍与特殊，也诚如上文所述，通过一定的方式可以进行弥补。本书将沿着个案研究方法，通过对微观的理解来深化对事物的理解和内在机制的把握。

（二）研究单位选择：乡域

本书的研究在汲取前人研究成果的基础上，结合自身研究主题，拟选定皖南的一个乡镇为研究单位，深入考察该地各种农业经营形式变迁的路径和动力运行逻辑。

在20世纪30年代，吴文藻、费孝通等学者将马林诺夫斯基等人类学家从对初民社会的研究中提炼出来的民族志方法应用于中国村落研究，并发展出农村研究中著名的“社区范式”，这被当时人类学领军人物马林诺夫斯基称为“人类学实地调查和理论工作发展中的一个里程碑”②。这一“社区范式”对以后的中国农村研究产生了极大影响，并为下一批的乡村研究积累了可供借鉴的丰富资源。按照马林诺夫斯基的说法，“通过熟

---

① 卢晖临．社区研究：起源、问题与新生[J]．开放时代，2005(4)．

② 费孝通．江村经济：中国农民的生活[M]．北京：商务印书馆，1997．

悉一个小村落的生活，我们犹如在显微镜下看到了整个中国的缩影"①。对此，英国汉学家弗里德曼和里奇针对费孝通提出的"中国这样广大的国家，个别社区的微观研究能否概括中国的国情"的质疑，实质上就涉及社区研究的代表性问题。据此，费孝通认为可以通过分类型对各种村庄进行细致的调研，并在此基础上形成对整个中国的认识。这样就有了费孝通从"社区研究"到村庄"类型比较"的转向。

个案村庄研究这个主流范式，也存在一个超越问题。为克服村庄这一微观社区研究的局限，一部分学者开始沿着村—乡（镇）—县这样的路径将研究单位由村向乡镇和县级抬升，进行乡镇和县级研究，这在一定程度上弥补了村庄研究的局限。但是随着研究单位向上抬升，研究面临着操作性困难，尤其是对县域的研究，很多时候都演变成了县级行政研究，或者退回到传统的制度研究的老路上去，而且这种以行政区划为主要研究空间的乡村研究，也因为行政区划的刚性而湮没掉了不少东西。一些学者致力于寻找村庄以外的替代性研究范式，例如美国人类学家施坚雅主要通过对四川集市的研究，以及借鉴杨懋春对山东集市系统的研究，提出了"基层集市社区模式"。

由于本书主要考察农业经营形式的变迁，若以村庄为单位，则太小，而以县域为单位，则可能面临操作上的难题。以一个农业型乡镇为单位，则能够很好地窥探到农业经营形式变迁的逻辑。一方面，这对于村庄"社区"单位会有所提升，另一方面，用一个乡镇完全能够充分展现本书的主题。在调研实施方面，这也有利于笔者进行深入挖掘。

（三）文本资料与访谈资料的获取

在个案研究中，一般采用访谈法、参与观察法、问卷调查法以及文献研究等方法来搜集资料。具体到本书，主要运用到了非结构型访谈法、参与观察法以及文献研究三种形式。为了保证研究的进行，笔者拟对一个

① 马林诺夫斯基．江村经济（序）[M]//费孝通．江村经济．北京：商务印书馆，1997：16．

乡镇进行长期的跟踪，对于具体单位的选择有偶然性。2010 年笔者单位受萍镇当地政府的邀请，于国庆期间首次对该地的农地规模经营情况进行了专题调查，并就此发表了一系列的成果。陆续地，乡村治理研究中心的有关人员在此进行跟踪调查，并对该镇出现的新型农业经营形式给予了关注。笔者第一次到萍镇是在 2012 年年底，在首次调查中，笔者对国家主导下的大规模土地流转所带来的影响产生了浓厚的兴趣，而资本型农场的经营效率成为笔者关注的焦点之一。资本下乡冲击了原有的生产关系结构，同时也在一定程度上改变了村庄原有的秩序和社会结构。这些现象令笔者深思，国家动员下的传统农业为何在较短时间内会分为多种农业经营形式，而且这种经营形式还可能会长期存在？中国农业到底向何处去？面临这些问题，笔者决定在此做调研。

在对象考察上，萍镇是本书研究的“理想类型”。研究单位的选择还有其他方面的原因。首先，农业具有很强的时空特点，以县为单位观察，一个人之力恐不能及，而以村为单位则很难较好地刻画农业经营形式演变的多重面向，因此笔者选择一个乡镇作为调研的范围。其次，笔者所在团队对本镇已有前期的基础性研究，已有关系提供了深入调研的机会，因此笔者最后确认萍镇为长期调研点。笔者在 2012 年年底进入萍镇调研，到 2013 年暑期结束调查，前后调查时间为半年多。

萍镇隶属于番县，在 2003 年之前，有 19 个村民委员会，346 个村民组，1 个居委会。2003 年，全县实行乡镇区划调整，将原新乡并入萍镇，全镇总面积为 91.61 平方千米，辖 13 个村民委员会，共 337 个村民组，1 个居委会。现有人口 31587，其中农村人口为 30324；总户数为 9486 户，其中农村家庭有 8774 户。萍镇山水交错，自然资源丰富，有山场 3086 公顷、水面 1100 公顷、耕地 2230 公顷、特色经果林基地 475 公顷、无公害农产品基地 3250 公顷。该镇有骨干绿色农产品加工企业 5 家，9 家大规模工业企业。境内有石灰石、煤、铁、铜等矿产资源，各类家禽、家畜及水产品等远销江浙沪等大市场，于 2000 年被县政府发展定位为全县农副产品集散地。萍镇位于县城的东部圩区，境内有绵延起伏的山岭，同时田园平整、沟渠纵横、湖泊镶嵌，可谓有山有水之地。从13个行政村的地形来看，纯圩区有3个，即旧塘村、麻仁村和隆岗村；半山半圩区有6个，即果仁村、菜铺村、旧林村、杉河村、萍铺村和旧牌村；山区有4个，即观塘村、茬冲村、伍华村和韩塘村。萍镇13个行政村概况如表1-4所示。

表1-4 萍镇村庄概况

序号	村 庄	地 形	人口/人	村民小组/个	耕地面积/亩	林地面积/亩	水面面积/亩
①	旧林村	半山半圩	2749	30	3200	12000	—
②	旧塘村	纯圩区	2300	20	3982	—	1500
③	杉河村	半山半圩	2299	29	3100	172	—
④	麻仁村	纯圩区	2533	18	2284	—	1400
⑤	隆岗村	纯圩区	2410	22	3058	—	—
⑥	萍铺村	半山半圩	1810	16	2160	2160	—
⑦	旧牌村	半山半圩	2758	23	3500	3200	—
⑧	韩塘村	山区	1870	14	1924	9000	—
⑨	伍华村	山区	2449	24	3120	8310	—
⑩	茬冲村	山区	1988	13	1479	8800	—
⑪	菜铺村	半山半圩	1825	13	1800	2000	1500
⑫	果仁村	半山半圩	1968	12	2156	4800	1000
⑬	观塘村	山区	2857	24	2237	—	—
合计	—	—	29636	258	34000	50444	5400

2003年，番县进行了行政区划调整，由原来的9镇11乡合并为6镇1乡，新乡与萍镇合并为萍镇，共有19个行政村，2004年合村并组之后，还有13个行政村，258个村民小组，直到今日。对于13个行政村，笔者都进行了调研，虽然各村调研时间长短不一，但是基本做到了以点带面，突出了重点村的调查，同时兼顾到其他村。首先，笔者重点调查有项目进入的行政村，尤其是2007年和2008年政府开始重点推动土地流转的村，比如旧林村、杉河村等。其次，关注第二批大规模土地流转的行政村，这

些村农业经营的形式不同于以前，有了新的经营形态，比如隆岗村、萍铺村和麻仁村等。最后，对于一般的村，即国家（具体指涉农项目）较少渗入的村，笔者也进行了重点关注，比如茬冲村、观塘村和菜铺村等。总之，笔者在调研中对具有代表性和典型性的村庄进行了重点关注，对于一般性的村庄也进行了面上走访，以便收集到尽可能多的材料，进而对各种不同的农业经营形式做出全面的分析。萍镇各村大致分布位置如图1-2所示。

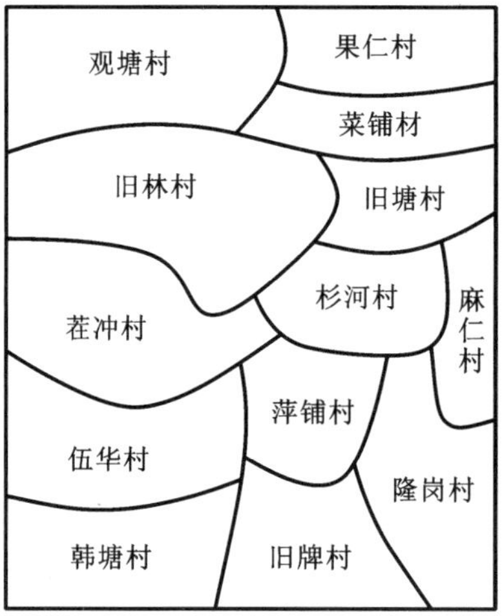

图1-2　萍镇各村分布图

笔者的调研分为两个层面，第一个是在村庄层面的调查，第二个是在乡县层面的调查。这是因为虽然对村庄的调查是重点，但是由于对农业本身的关注不仅是"自下而上"的，同时也是"自上而下"的，并且在很大程度上，"自上而下"（既包括中央政府也包括地方政府）的作用可能更大。整村推动的土地流转和新的农业经营形式的出现带有较强的政府干预性，让笔者不得不加强对乡镇乃至对县的关注。县、乡镇和村庄纵向的调研是一体的，要从上到下，再从下到上，才能更好地理解农地规模化流转和农业经营形式变迁的机制。在县域层面上，笔者多次走访县农村工作委员会、农业经济局，甚至包括县领导班子的主要负责人。在乡镇层面上，笔者走访了几乎所有涉农部门和相关职能部门，对主要的负责人进行了多次深入访谈。涉及的职能部门包括土地流转中心、农村工作委员会（下辖包括农村经济管理站、农业站、畜牧站、国土资源管理所、信访办和司法所，以及粮站的相关负责人）。

本书的资料主要由以下几个部分构成。

第一，县、乡镇、行政村相关职能部门现有涉及农业经营的相关资料。在乡镇的土地流转中心和县农业经济部门存有大量关于近年来萍镇土地流转和涉农项目的有关材料，这足以让笔者掌握萍镇近年来农地经营情况的变迁和现状。另外，在各个行政村有农地流转的备案材料，同时还有土地规模化流转以来关于村庄治理的系统记载。乡镇司法所、信访办有一些关于土地流转和农业经营中所出现问题的资料。

第二，《番县县志》关于当地相关情况的叙述。对农业问题的关注，尤其离不开对当地生态环境的了解，县志是我们了解该地农业生态、历史变迁等最好的文本。番县历史久远，建制于西汉，有关县志的编撰时间也较为久远，现存的就有康熙版县志、道光版县志以及 1949 年以后的修订版县志。由于研究需要，笔者参考了最新两次修订的县志，即 1993 年版的《番县县志》和 2006 年版的《番县县志》，这些材料大大地加深了笔者对当地基本情况的了解。

第三，田野调查所获得的人物访谈资料。访谈涉及普通农民、农业经营者、村干部、乡镇干部、县干部和相关职能部门人员，不同访谈群体所提供的材料有些许出入，但是笔者力求综合多位访谈者信息，以最为客观的材料反映事物本来样态。

有一点需要作出说明，就是村和乡村所提供的数据可能有一定的偏差，这主要有几个方面原因。第一，由于萍镇的土地平整项目还在持续，土地发包正在进行中，乡镇所登记的农地流转具有一定的滞后性；第二，由于镇土地流转中心备案的是正式合同，流转人和流转时间不能变更，而实际经营过程中经营形式和经营者均已发生变化，从村里访谈得到的数据与土地流转中心所得到数据有一定偏差；第三，乡镇所登记的面积不一定是经营的实际面积，存在登记面积和实际耕种面积的差异[①]。流转土地的流入方，往往不是实际的农地经营者，而且流转的面积可能也发生了变更，由此导致访谈所得数据与镇流转中心备案数据不同。这里客观方面的数据偏差，也是由于统计口径（一是来自于官方——镇土地流转中心，二是来自于乡镇干部、农地经营者和农民口述）不同造成的。因此，笔者自己对数据进行了适当的处理，结合了两种统计口径，应更加接近农地经营的实际情况。

① 耕种面积与上报面积不同的情况已经有很长的历史。农业税费时期，为了逃避税费，政府为农民漏报田亩数，这使得实际耕种面积可能往往是上报面积的1.5～2倍。这种现象不仅出现在萍镇，在全国各地都普遍存在。近年来，萍镇进行了国土整治，对土地进行了重新测量，但由于历史原因，农地流转过程中还是会存在农地流转面积上的偏差。

第二章 农民分化与经营形式变迁

在我国，小农经济有其漫长的历史，对当下农业经营形式的变迁研究应该纳入农业经济具体的时空背景中。农业所处的地域社会和土地基本制度的历史沿革，既是农业变迁的背景，同时也是当下农业经营形式变迁的社会土壤。随着改革开放，同质化的农民开始分化，以致部分农民走出小农经济，与市场紧密结合。在国家干预下，项目下乡为农业经营形式变迁提供了契机。在分化农民的基础上，新的多元化的农业经营形式迅速形成。

一、地域社会

（一）村庄性质

萍镇所在的番县历史悠久，据记载，西汉武帝时便有历史记载，东晋元帝元年 318 年立番县。唐代起，该县的行政区划就有书面记载。相比而言，萍镇的建制比较晚。据记载，民国时期的行政区划上无萍镇，在新中国成立后，萍镇所辖的村庄仍属于其他行政设置，直到 1978 年生产大队时期，萍镇被设为人民公社。此时，番县共有 20 个人民公社和 2 个乡镇，共计 205 个生产大队和 2611 个生产队①。1984 年，番县人民公社更改为乡镇建制，1986 年番县有 5 镇 16 乡，期间经过了多次行政调整。于 2003 年，萍镇与旧林乡进行合并，共有 19 个行政村，1 个居民委员会，在 2004 年的合村并组中，萍镇所有行政村裁减为 13 个②，至此，萍镇的行政建制开始沿用至今。目前全镇总面积为 91.61 平方千米，辖 13 个村民委员会、1 个居委会，共有 258 个村民组。现有人口 31587，其中农村人口为 30324，总户数为 9486 户，其中农村家庭有 8774 户。萍镇山水交错，自然资源丰富，有山场 3086 公顷，水面 1100 公顷，耕地 2230 公顷。

① 番县人民政府．番县县志[M]．内部稿，1993.

② 番县人民政府．番县县志[M]．内部稿，1993.

虽然番县的行政建制较早，但是由于历史上人口迁移较为频繁，当地村庄以杂姓散居为主，没有形成以家族为特征的宗族性社会。据记载，东晋初，有随司马氏集团渡江迁居于此者；唐末五代时，北方战乱频发，有南徙到此地落户者；靖康以后，北宋覆亡，有南渡来此避难者。清光绪年间，由于仇、古、姚和佘四大家族有人在朝为官而被人记住。历经明清及民国，本县的姓氏随人口的增加而增加。这之后，人员变动更为频繁，该县千人以上的大姓有41个，共7.4万余人，仅占总人口的18%，见表2-1。

表2-1 番县千人以上各姓氏分布(1986年)①

姓氏	人口	迁入时间、地点	分布情况
扬	5185	宋朝末年来自河北	中沟杨村、高岗村等
高	3900	明朝万历年间来自某县	衡山镇神山村、铜山村等
鲁	3500	南宋来自江北华阳池	浮山乡龟山村、白湾村等
强	3500	不详	浮山乡大桥村、丰裕村等
桂	3090	江西迁至青阳，元朝再入番县	峨桥乡桂港村、岳山村等
张	2090	明朝来自江西婺源县	峨桥乡浮城村、岳山村等 新淮乡石谷村等
俞	2959	晚唐来自江西婺源县	孙村乡金岭村、长寿村等
佘	2554	明朝来自铜陵	新淮乡佘村、风桥村等
姚	2500	元末明初铜陵嵌入	三山镇磨山村、老街村等
万	2234	明朝来自江西	卢南乡笔架村、褚阳村等
徐	2200	北宋来自江苏徐州	浮山乡农庄村、大桥村、丰裕村等
章	2161	南宋初来自泾县	黄浒乡前村等
滕	2002	明末清初来自江西婺源县	高安乡义合村、高安桥村等
刘	1990	元朝末年来自徽州	中沟乡南湖村、中沟村等
胡	1926	宋朝来自江西婺源县	中沟乡固堤村、东升村、鲁巷村等
潘	1920	明朝初来自南京	中沟乡潘村等
徐	1800	元末明初来自徽州	峨山乡象形文村、童月村等

① 番县人民政府．番县县志[M]．内部稿，1993:81-82.

续表

姓氏	人口	迁入时间、地点	分布情况
李	1850	汉朝来自甘肃陇西	新港镇磕山村等
马	1784	明朝来自徽州	孙村乡九连村、梨山村等
胡	1603	明朝来自定远	新港镇磕里村等
徐	1590	南宋绍兴年间来自浙江辛桐	赤沙乡中分村、八分村等
江	1552	汉朝来自河北	萍镇隆岗村、旧牌村等
王	1515	明朝万历年间来自江西	衡山镇街道、衡东村等
吴	1489	宋末来自徽州	孙村乡水口村、龙华村等
艾	1466	明朝来自江西东乡县	衡山镇枣园村、衡东村等
骆	1465	明朝初来自徽州	中沟乡洪村、大福村等
谷	1429	明末清初来自徽州	高安乡河西村、狮山村等
俞	1400	不详	浮山乡农庄、 大桥峨山乡沙园村等
固	1217	清初来自河南	黄浒乡感定村、大冲村等
程	1155	明崇祯年间来自徽州	峨桥乡梅山村、茶亭村等
孙	1138	元末来自徽州	衡山镇街道、衡东村等
陶	1113	明洪武年间自长湖白马山迁入	高安乡象山村、老圩村等
艾	1103	明朝成华年间来自江西东乡	孙村乡梅冲村、九连村等
徐	1091	南宋绍兴年间来自浙江辛桐	高安乡草山村、狮山村等
赵	1037	元末来自徽州	狄港镇桃冲村等
从	1026	南宋来自山东	旧林乡果仁村等
刘	1025	明朝来自江西彭泽	环城乡闸口村、孙村、龙华村等
周	1019	南宋末年湖南道县迁至无为， 元朝中期再迁至番县	峨桥乡茶亭村等
俞	1016	明朝万历年间来自徽州	黄浒乡顺风村、大冲村、黄浒村等
李	1050	唐代迁入	峨山乡东岛村等
马	1006	清康熙年间来自徽州	马坝乡马厂村、潘桥村、大阳村等

注：姓氏排序按其人数排序。

从表 2-1 我们可以看出，整个县域的人口历史上曾多次迁移，而且分布较散，41 个上千人的大姓只占总人口的 18%，其他均为杂姓。我们重点看看调查点萍镇所在的人口结构分布:萍镇现有人口3.1万有余,与1986年时的人口数量无太大偏差,根据1986年统计的千人以上番县姓氏分布表来看,只有萍镇的隆岗村、旧牌村和果仁村(1986年时,果仁村属于旧林乡,2003年旧林乡并入萍镇)有2个千人以上的大姓,江姓和从姓,两姓人口总数不到3000,占总人口10%以下。可见,杂姓散居是当地的一大特点。

萍镇历史久远,但是人口迁徙频繁,村庄杂姓散居,宗族性不强,以自然村为行动单位,社会结构呈现原子化特征。除了上面提到的有2个千人以上的大姓,13个行政村中大多数并没有主导姓氏。大致在清朝中期的道光年间,该地区发生了瘟疫,无数原住民死亡,大量土地被抛荒,随后该地区又经历了太平天国运动的洗礼,直至战乱结束,众多移民从湖北、湖南以及安徽江北地区迁来,该地区才重新焕发了生机。在访谈中,我们直观感受到有不少人有湖北口音,老人们都讲,1949年以前不少人从鄂西北迁移至此,自己的前辈都生活在中部地区。在笔者访谈的村庄中,来自湖北等地的较多,以杉河村为例,该村历史尚不足150年。据说太平天国时湖北发生瘟疫,许多人从湖北孝感、随县等地逃荒迁徙至此,在此繁衍生息。许多村里人现在还自称湖北人,语言中还残留着一些湖北文化的元素。在杉河村,主要姓氏有陈、魏、洪、李、许、佘、方、刘、从、韩等,姓氏较杂,且散居在19个自然村中。

由于萍镇位于长江之边,水系颇为发达,平原与丘陵交错,从整个县来讲,它位于县域内的东部圩区,境内有绵延起伏的山岭,同时田园平整、沟渠纵横、湖泊镶嵌,可谓有山有水。由于地形地貌特征、人口迁徙及其社会文化等诸多因素的影响,散居成了农户主要的居住模式①。村民们以"湾子"为单位,自然村构成了村民熟人社会的单位。萍镇村庄由于多

① 黄宗智也提出,不同于华北等地的集中居住模式,在成都等川西平原和长江流域,农户主要是散居式格局。参见:黄宗智. 华北的小农经济与社会变迁[M]. 北京:中华书局,2000:62-63.

次行政变更，村庄内人与人之间不甚熟悉，广阔的地域和散居的居住结构决定了村民主要还是以熟悉的“湾子”为基本单位的。

萍镇的村庄可以归结为一种“分散型”的原子化社会结构①，与南方宗族性地区和华北等地的小亲族结构不同，该地区宗族发育不足，人与人的交往具有很强的建构性，这与两湖平原和川西平原比较类似。一个村庄很难有主导姓氏，因此姻亲关系在这里显得非常重要，由此形成的关系，在当地被形象地称为“拉拉子亲”②。通过村庄婚姻，一方面容易形成村庄中的“互惠”关系，另一方面也不断冲破以血缘为基础的宗亲关系，使村庄进一步原子化。一种弱关系的社会网络替代了基于血缘关系的强关系结构，这使当地的人形成了一种开放、乐于相处、不争辩、不走极端的性格特点。这些特点也深刻地影响了当地的村庄治理和风土人情。比如，在人情上，萍镇村民显得非常“人性化”，他们不会被没有弹性的人情交往所累，人情的名目可以自己调整而不必大肆铺张。

（二）生态结构

要了解萍镇农业的生态环境，我们应该先了解萍镇所在番县的整个生态结构。

1. 地形地貌

番县位于皖南地区的北部，长江南岸，东西纵横约 36 千米，面积为 917 平方千米，其中平原面积为 390 平方千米，占总面积的 42.5%；丘陵、山地面积为 346 平方千米，占总面积的 37.7%；水面面积为 181 平方千米，占总面积的 19.8%。丘陵、山地主要分布在西部、南部和东南部，海拔一般在 400 米以下；北部和东部为平原，海拔为 7～30 米。在地形上，

① 桂华，贺雪峰. 再论中国农村区域差异[J]. 开发时代，2013(4).

② “拉拉子亲”，是当地的俗语，指村里的人就近在本村里实现婚姻的流动，即通婚圈在村庄范围内实现。另一种说法是媳妇都是“门口讨的”。“拉拉子亲”在当地相当普遍，当地一个 60 来岁的老人讲，他 10 个姑姑中有 6 个嫁给了本村人。由此可以看出，杂姓居住的村庄里很容易实现婚姻的流动。

为西南方向多山，东北圩区、州地沟塘交错的格局。萍镇位于番县东南地区，其属于番县的东北部圩区，也是番县主要的商品粮基地。

“圩”，在当地是一种重要说法，随处都能听到，这也可以看出当地地形特征。在字典上，“圩”有几种解释，但是在江淮地区，“圩”的意思主要是指“低洼地区周围防水的堤”，“圩区”当然就是处于低洼的地区，即相对平坦和水资源丰富的地区。在萍镇，也有很大部分山地面积，从萍镇村庄的地名，我们便可以得知此地山水皆有，水利资源丰富。比如，杉河村中的“杉”字代表了该村树木多，而且有很多“河”，是半山半圩村；旧塘村，属纯圩区，“塘”字突出了当地丰富的水利资源；旧林村，“林”字反映了当地丰富的山林资源，该村的林地面积是耕地面积的近 4 倍；萍铺村，“萍”字也突出了该村地势平坦的地形特征。因此，以山和“圩”为边界，当地人根据地形特征区分出了三种不同类型的村庄，纯圩区、半山半圩区和山区。在国家农业政策推动下，我们可以看出特有地形地貌对不同的行政村的影响。

2. 水利条件

县内东北部的地表水发育最为显著，其中长江水面即占约 45 平方千米，河流、湖泊水面约为 40 平方千米，圩区沟、塘水面约为 56 平方千米，山区水库、塘坝水面约为 14 平方千米，其他水面约为 26 平方千米。境内地表水系均属长江水系，主要河流有漳河、峨溪河、小江、黄浒河等，还有大龙窝、虬湖等重要地表水系。整个县依山傍水，有山区、圩区、州区，州区易涝，山区易旱。明代有 5 年大旱、1 年大水；清代有 9 年大旱、24 年大水。民国时期圩堤失修，水灾更是频繁。1949 年以后，政府重视水利设施建设，1986 年与 1949 年相比，有效灌溉面积由 15.2 万亩提高到 29.2 万亩，旱涝保收面积由 0.6 万亩提高到 22.02 万亩。在萍镇范围内，万亩圩口有 2 个，河流主要为漳河。排涝站有 10 座，总装机容量为 1341 千瓦。镇内拥有小(2)型水库 2 座和小(1)水库 2 座，另外还有一条岔河——南北山杉河埂。萍镇虽有绵延起伏的山岭，但沟渠纵横，湖泊镶嵌，水利系统极为发达。

各行政村处于不同的地理位置，水资源的分布不均。农田用水方面，除了依靠水库、河流等自然水资源以外，还大量地依赖塘坝，尤其是位于山区的村庄，大量依靠塘坝等人工水利设施。比如，在萍镇的行政村中，有很多村，无论是自然水资源丰富的圩区村，还是山林面积覆盖广大的山区村，地名中都带有一个“塘”字，如圩区的旧塘村，有一个“塘”字；山区面积广大的观塘村和韩塘村，地名中突出的不是与山有关，就是与“塘”有关，突出了水塘这一种农田设施在村民生产生活中的重要作用。据统计，直到农田整改以前，蓄水为 1 万～10 万立方米较大的塘坝数量有 19 个，蓄水量是 57 万立方米，灌溉面积为 3000 亩。

3. 气候特征

萍镇位于亚热带季风气候区，全年气候温和，四季分明，冬夏长、春秋短，雨量适中，无霜期较长，湿度大，光照充足。1987 年至 2006 年的 20 年间，年平均气温为 16.145 ℃，1 月、2 月和 12 月最冷，年平均极端最低气温为－7.7 ℃。6 月、7 月和 8 月最热，年平均极端最高气温为 38.2 ℃，地面温度在一年中变化很大，昼夜温差随季节变化而变化。20 年间年平均地面温度为 18.7 ℃。20 年间，年平均降水量为 1280.7 毫米，降水量年际变化大，年平均降水日为 172 天。降雨季节分布不均，夏季降雨约占年降雨量的一半，春季次之，秋冬偏少。全年有 3 个明显雨期：4—5 月春雨，6—7 月梅雨，9—10 月秋雨，其中梅雨更为集中，日降雨量为 100 毫米以上的大暴雨多集中在六七月份。20 年间，年平均日照时数为 1912.8 小时，年日照百分率为 43%。8 月为全年日照时间最多的月份，月平均日照时数为 228.9 小时，2 月为全年日照时间最少的月份，月平均日照时数为 121.3 小时。大雾年平均日数为 10.4 天，多发生在春季。雷暴发生年平均为 31.9 天，多集中在七八月份，雷击事故偶有发生。冰雹发生的概率小，1988 年 3 月连续出现两次小冰雹，未出现雹灾。历年降雪日数平均为 8.8 天，积雪日数年平均为 8.1 天。霜冻年平均日数为 39.9天，初霜日多出现在 11 月上旬，终霜日为 3 月中旬。

4. 自然灾害

本区域内，主要的灾害性天气有旱灾、涝灾、低温和冰雹。连续30天降水小于或等于30毫米即为“干旱”，对农作物影响较大的有6—8月的伏旱和9—10月的秋旱，小旱约两年一遇，大旱四年一遇。暴雨天气一般是在4—9月，以七八月最多，日降水量大于或等于100毫米的大暴雨约三年一遇，这容易形成涝灾。春季长达几日或半月之久的阴雨，会影响农作物的生长，夏季的阴雨容易导致农作物霉烂。低温出现在春寒和秋寒，春寒多在3月下旬至4月下旬，表现为连续三天温度低于10 ℃，春寒容易影响春耕或导致夏季农作物收割推迟；秋寒一般在10月初，表现为连续三天以上日平均气温低于或等于20 ℃，秋季低温主要影响晚稻生长，导致减产，寒潮平均1.5年出现一次，有时甚至伴有雨雪，导致大面积的粮食倒伏，危害农作物。冰雹一般出现在春末夏初，大致三年一遇。

由于萍镇所处区域特有的地形地貌和气候等自然因素的影响，自家庭联产承包责任制以来，在全县范围内，主要重大的自然灾害性天气如下文所述。

(1) 水灾5次：①1982年7月，连降暴雨，圩区受灾面积达7.3万亩；②1983年6月份以后，暴雨、特大暴雨频繁，全县总受灾面积达25.1万亩，毁坏房屋500余间；③1991年入夏以后，县内连遭暴雨袭击，全县受灾面积达13.8万亩，成灾面积达11.25万亩，受灾人口为22.6万人；④1998年，此年1—6月降雨量达到了全年降雨量的73.8%，农业经济损失约为5900万元；⑤1999年，从6月开始连续遭受5次暴雨强袭，造成农业重大经济损失。

(2) 旱灾3次：①1978年特大旱灾一次，5月初旱，7月伏旱，9月秋旱，受灾面积达15.4万亩，其中5万亩无收；②1994年旱灾，7—10月遭遇了持续四十多天的高温，全县1.95万亩农作物严重受灾，因干旱所造成的流行病患者达1.48万人，死亡牲畜46头；③2000年旱灾，春旱连夏旱，再接秋旱，干旱少雨导致全县农作物受灾面积达13.5万亩，受灾人口为15.8万人，7950亩的双晚稻无水插秧，全县有38个行政村，共1.6万人、7500头牲畜饮水困难。

(3) 风灾1次：1983年4月，本县部分乡镇遭遇风灾，平均风力为7～9级，局部地区兼有冰雹，房屋受损数量较多，不少人受伤。

(4) 虫灾1次：1986年，沿江一些乡镇双晚稻有粘虫危害，虫灾面积近万亩。

根据记录，1978年以来，水灾、旱灾和风灾累计共9次，也就是说3年左右[①]就会发生一次较大的自然灾害性天气。可以看出，虽然当地的水资源丰富，光照条件较好，但是较为频繁的旱涝灾害对农作物的生产会产生较大影响。在2007年逐渐推动资本农业以后，农业因自然灾害产生的风险也成为大户们考量的重要因素之一。

（三）耕作制度

萍镇一直是番县的农业镇，是番县主要的商品粮基地。就番县而言，在20世纪80年代中期以前，当地主要都是以粮食生产为主，20世纪80年代中后期，由于调整农业产业结构，经济作物的种植面积大大提高，单一的粮食生产模式得到了改变，如表2-2所示。

表2-2　几个年份主要农作物播种面积比较一览表[②]　　单位：亩

年份	粮食、经济作物总面积	粮食		棉花		油料		蔬菜	
		面积	占比/(%)	面积	占比/(%)	面积	占比/(%)	面积	占比/(%)
1978年	616590	519300	84.2	45270	7.3	39255	6.4	12765	2.1
1985年	672945	469695	69.8	42495	6.3	129885	19.3	30870	4.6
1987年	705726	459731	65.1	42623	6.0	151877	21.5	51495	7.3
1990年	705639	447702	63.4	43337	6.1	139360	19.7	75240	10.8

① 统计时间只是截至2006年。

② 以上是《番县县志》2006年的统计数据，见2006年版《番县县志》，第310页。

续表

年份	粮食、经济作物总面积	粮食		棉花		油料		蔬菜	
		面积	占比/(%)	面积	占比/(%)	面积	占比/(%)	面积	占比/(%)
1995年	709684	371442	52.3	58477	8.2	169485	23.9	110280	15.6
2000年	641044	308132	48.1	32870	5.1	164055	25.6	135990	21.2
2005年	599641	268287	44.7	27814	4.7	160185	26.7	143355	23.9
2006年	350578	190609	54.3	12562	3.6	93446	26.7	53961	15.4

表2-2表明，该地的粮食作物在近30年来发生了一些变化，即粮食作物比例有所下降，但是大部分播种面积依然在一半以上，经济作物比例有所提高，但是较粮食作物偏低。由于产业布局的原因，萍镇被作为了番县的商品粮基地，粮食作物播种面积的比例更大，估计能占80%左右。粮食作物主要是水稻，麦类及薯、豆、玉米等杂粮较少。相关数据显示，截至2006年，水稻占粮食播种面积的90%以上，其他粮食作物种植较少。但是，萍镇自2008年农业经营形式发生变化以后，农业的种植结构发生了较大的变化，由双季稻为主的种植结构转变为了稻—麦种植结构。据估计，占地100亩以上的规模化经营中，双季稻与小麦种植的比例已经由原来的9∶1变为现在的6∶4。

自20世纪50年代农业合作社以来，当地农耕制度经历了以下主要变革，下面就以主要粮食作物水稻为例进行说明。

(1) 20世纪50年代初期，沿袭传统的耕作制度，主要是一年一熟或一年两熟的“中稻—再生稻”或“中稻—麦类、中稻—油菜”，1955年首次大面积种植双季稻，扩大马铃薯等作物的种植面积，扩大复种指数。

(2) 20世纪60年代中期，推行“两改”(改水田种绿肥，改一季中稻为双季稻)。1996年，双季稻已占水稻播种面积的55%，形成了一年两熟为主的轮作复种耕作制度。

(3) 20世纪70年代，推行“两扩大(扩大复种面积、扩大双季稻)，缩小单晚、消灭老中稻”的复种轮作模式。

(4) 20 世纪 80 年代以后，水田以“肥稻稻”为主要形式的连作复种制逐渐被“油稻稻”所取代。

(5) 到了 20 世纪 90 年代以后，以“肥稻稻”“油稻稻”为主的双季稻，逐渐被“一油一稻”为主的单季稻种植形式所取代。2000 年左右，双季稻的种植面积开始下降。从番县统计材料来看，1999—2001 年尤甚，每年递减 3 万亩以上，此后下降速度趋缓，但是由于各种因素的影响，有的农民改种双季稻为单季稻。项目下乡以前，萍镇大多数农户还是以种植双季稻为主，主要种植的是早稻和晚稻两个品种。

以占粮食种植面积 90%以上的水稻为例，粮食产量自 1949 年之后得到了大幅度提高。数据显示，粮食从 1949 年的亩产 149 千克，到 1978 年，亩产提高到 303 千克，到 2006 年粮食亩均产量已经达到了 507 千克①，与 1978 年相比，30 年时间里，粮食产量增加了 200 千克左右。再以小麦粮食作物为例，1949 年小麦的亩均产值为 39 千克，1978 年提高到 144 千克，2006 年亩产均值为 237 千克，每 30 年的增长幅度大概是 100 千克。这一方面当然与粮食作物的品种有关系，另一方面也与农业投资增长、农业技术的提高密切关联。种子、农药、化肥在农业生产中的作用不可低估，农业技术对农业生产效率具有重要影响。

结合气候资源和农田水利资源，在当地，农民按照节气来组织农业生产。他们在清明节左右开始插秧，然后进行耙田、灌溉、施肥、除草、打药等生产过程，七月初开始收割。如果种植双季稻，那么要在半个月的时间内完成收割，并且种下晚稻，否则就会影响晚稻的生产。七月下旬再经历 110 多天的水稻生长期，重复耙田、灌溉、施肥、除草、打药等劳动过程，进行更加精细化的农业作业生产，这是农民一年的全部农业生产。

(四) 土地制度

1949 年以前，番县是以粮食生产为主的农业县，全县 80%以上人口

① 《番县县志》，1993 年版，第 173 页；《番县县志》，2006 年版，第 318 页。

分布在农村。据《番县县志》记载，1949 年之前的土地占有情况相对集中，1951 年界定的阶级成分中，本县地主有 1293 户，共 6791 人，占全县人口的 2.9%，其土地占全县总数的 29.3%；富农有 1263 户，共 7600 人，占全县总人口的 3.4%，其土地占总数的 9.1%；公堂庙宇有 953 个，其土地占总数的 15.6%；小土地出租、工商业者有 3998 户，共 15828 人，占全县人口的 6.9%，其土地占总数的 6.9%；中农有 18510 户，共 91593 人，占全县总人口的 38.9%，其土地占总数的 28.8%；贫、雇农有 25635 户，共 102505 人，占全县人口的 44.6%，其土地仅占总数的 10.7%；其他阶层有 1790 户，共 5423 人，占全县总人口的 2.4%，其土地占总数的 0.3%①，见表 2-3。

表 2-3　1951 年番县各阶层土地占有状况

阶　　层	户　　数	占总人口比例	占总面积比例
地主	1293 户	2.9%	29.3%
富农	1263 户	3.4%	9.1%
中农	18510 户	38.9%	28.8%
贫、雇农	25635 户	44.6%	10.7%
公堂庙宇	953 个	—	15.6%
小土地出租、工商业者	3998 户	6.9%	6.9%
其他阶层	1790 户	2.4%	0.3%

1949 年之前，毛泽东同志对人地结构关系的判断是，“地主与富农只占农村户数的 8% 左右，其所占有的土地则达到全部土地的 70%～80%”②，从表 2-3 显示的结果来看，显然番县的人地关系集中程度并没有如此之高。当地人地关系的分布上，地主和富农约占总人口的 6%，占地面积为整个耕地面积的 40%左右，不过相较贫农所占的人均耕地面积而言，当地也存在着较为集中的土地占有情况，从雇佣关系来看，这一比例也不低。《番县县志》第 164 页记载，地主土地的 90%、富农土地的

① 番县人民政府. 番县县志[M]. 内部稿，1993:165.

② 毛泽东. 毛泽东选集(一卷本). 北京:人民出版社，1991:1250.

48.7%、中农土地的10%、公堂庙宇土地的97.7%，均出租给贫雇农，1919年，佃种土地占总耕地的59.7%。次年，番县雇佣为主的劳动力有1.23万人，占农民人口的17.9%。也就是说，从生产关系来讲，当地的雇佣比例较高，达到了60%左右。另外，人地结构关系中土地的集中程度也不低。

20世纪50年代的土地改革中，主要依据的就是两个标准：第一，占有土地的数量；第二，雇佣情况的比例，即剥削是否存在。地主和富农由于人口不多，在当地的土地改革中，只保留了分别2.3%和5.4%的比例，中农和贫雇农的土地占了86.5%。这样的土地改革措施，实现了“耕者有其田”。

在家庭联产承包责任制以前，土地制度历经了20世纪50年代时期的农业互助合作社道路。从临时农业生产互助组、初级农业生产合作社到高级农业生产合作社，农业合作化的程度越来越高，虽然粮食产量有所提高，但是少数农民的实际收入在下降，贫富分化也在拉大。1958年起，番县开始推行人民公社制度，这一制度在20世纪60年代初期在当地遭遇了较大挫折。粮食产量下降，因饥饿患病等，大量劳动力外流[①]。

1979年，番县开始有少部分地区实施以生产队为基础、三级所有的家庭联产承包责任制，这一制度在1981年全面实行。家庭联产承包责任制的实行，实际上是土地向“小农”的回归。土地“三级所有”，村和组并没有退出土地的控制权，在土地的使用权层面上，人均面积小、户均面积不多并且细碎分散。由于农业合作社和和人民公社不能有效激发农民的生产积极性，家庭联产承包责任制的实施带动了生产力的解放。从番县得到的数据显示，虽然1981—1985年相较于1977年，五年平均粮食播种面积下降了9.8%，但是总产量增长了9.2%，农业总产值增长了34.3%，人均生产粮食量增长了11.9%。从制度设计上来讲，家庭联产承包责任制

① 番县人民政府.番县县志[M].内部稿，1993：168.

取得了显著成效。

二、改革开放与农民分化

家庭联产承包责任制的实施，在农村引发了重要影响，对解放生产力、提高农民生产积极性有很大作用。但是，与此同时，改革开放带来的非农就业机会增多，使得大量人口向城市流动。尤其是到20世纪90年代中后期，农村人口流动的速度加快，同时，农民的生产积极性下降，农村自发土地流转频繁。税费改革以后，这一现象不断持续发展，这导致农民分化的显性化，职业上的农民开始向身份上的农民转化，农民越来越分属于不同职业。

（一）改革开放与农民流动

毫无疑问，家庭联产承包责任制把农民重新拉回到"小农经济"时代。按照徐勇老师的话讲："从组织规模来看，当今的农民当然属于'小农'，而且这种'小型化'的趋势更加突出。"[①]一方面，家庭联产承包责任制把土地使用权划分到个人，分田到户以后的粮食产量得到大幅提升，但与此同时，土地规模较小，在市场侵入下，农民仅仅依靠土地收入已难以维持家庭生活支出。改革开放以后，市场取代政治因素成为社会分层标准。20世纪80年代初，分田到户以后的农民，大多数还固守在农村。但是随着务工经济的兴起和工资性收入的增长，粮食生产效益相对下降，大量人口开始向城市流动，而且这一流动趋势从20世纪80年代初到20世纪90年代一直在持续。

根据卢锋描述，1985年至20世纪90年代中期，本地农民工从5900万人增长到9700万人，20世纪90年代中晚期有所回落，2002年时降到

① 徐勇．"再识农户"与社会化小农的建构[J]．华中师范大学学报（人文社会科学版），2006(3):3.

6070万人。进入21世纪以来，本地农民工数量又开始回升，2009年达到8450万人。和本地农民工相比，外出农民工数量一直持续上升，最快时期是从1999年的5240万人增长到2002年的1.047亿人，三年的时间增加了一倍[①]。根据国家统计局的数据，2011年，全国农民工总量达到25278万人，比上年增加1055万人，增长了4.4%。2011年，外出农民工达到15863万人，举家外出的农民工有3279万人，本地农民工有9415万人[②]。2009年的《中国农民工现状及其发展趋势总报告》称，农民工已经达到我国工人总数的三分之二以上[③]。可以说，"农民工"已经成为区别于农民，同时又脱胎于农民的一个庞大群体。

伴随着农民工数量的增长，务工性工资收入相比于务农经营性收入所占比重越来越高，对工资性收入的依赖程度也越来越深。根据国家统计局《2011年我国农民工调查监测报告》，自20世纪90年代后期以来，工资性收入占农村居民纯收入的比率呈快速上升态势，2010年，该比率达到41.07%；2011年进一步升至43.09%。另一方面，农民家庭经营收入所占比重则呈现长期下降的趋势。

农村劳动力大量涌入城市，首先是由农业收入相对低决定的。从1985年开始，国家改变了粮食统购统销的收购政策，降低了超额部分粮食的最低保护价。在20世纪90年代，粮食价格放开，根据我们在农村调查的情况可以看出，20世纪90年代末直到税费改革之前，粮食价格不稳，导致了粮农收入不稳，甚至一度出现亏损的局面。与此同时，农业生产的物质生产资料却进一步商品化，化肥、农药、种子等农资投入，从改革初期供销社官方定价逐步过渡到市场定价，进一步由公司尤其是具有国

① 卢锋．中国农民工工资定量评估(1979—2010)[C]．北京大学中国经济研究中心工作论文．

② 国家统计局．2011年我国农民工调查监测报告[EB/OL]．中华人民共和国国家统计局网站，http://www.stats.gov.cn/tjfx/fxbg/t20120427_402801903.htm.

③ 《中国农民工战略问题研究》课题组．中国农民工现状及其发展趋势总报告[J]．改革，2009(2):11.

际背景的垄断性公司掌控，价格持续增长，造成了农民在农业生产中现金支出的持续增加。粮食价格的持续低迷①(直到2003年以后粮食价格稳定)和农业生产投入的增加，无形中挤压了农民家庭的收入。

另外，农民其他方面的现金支出也开始持续增加，比如在教育、医疗、养老、娶媳妇和建房等方面，必须靠货币现金支出。相关研究指出，现金支出占农村居民总支出的比例，除1987—1989年略有波动外，自1980年起呈逐年上升的趋势，从改革开放初的54%上升至2009年的90%②。后果就是，在农民依靠种地等家庭经营性收入增长逐步递减的情况下，工资性收入日益成为家庭获得货币收入的主要来源。

因此，改革开放实际上为农民提供了更为多元化的就业渠道，从而使“身份”意义上的农民发生了职业上的分化。农民工成为改革开放以后中国社会结构的一个新名词，同时这个群体的庞大，对中国农村社会结构，甚至整个城乡结构都产生了重要影响。原本依附在土地上均值的农民，分化为不同的职业群体。

(二) 农民分化和阶层结构

“分层”一词是社会学家从地理学借用过来的词汇。在社会学中，“社会分层”一词指社会上各类物质性和象征性的资源在不同的人群当中的分布情况。实际上，社会分层研究就是试图解释和理解社会上各种形式的不平等和差异③。从历史上来看，社会分层的标准比较多元，但是影响最大的是马克思和韦伯有关阶层(阶级)划分的两大传统理论，即马克思的阶级理论和韦伯的三位一体分层论。马克思和韦伯对阶层的划分深刻

① 需要说明的是，2003年以后粮食价格企稳，并以每年7%～8%的速度增长(陈锡文．农村土地改革不能突破三条底线[EB/OL]．凤凰大学问，http://news.ifeng.com/exclusive/lecture/special/chenxiwen2/,2014-02-17.)。但是，粮食价格的增长也很难抵消农业投入成本的上涨，尤其是现金支出的巨大压力，比起务工收入，种粮的收入依旧相对不高。

② 孟捷，李怡乐．改革以来劳动力商品化和雇佣关系的发展——波兰尼和马克思的视角[J]．开放时代，2013(5):9.

③ 李春玲，吕鹏．社会分层理论[M]．北京:中国社会科学出版社，2008:1-2.

影响了中国阶层研究，当然也包括农村阶层（阶级）研究。

马克思对阶层的划分，强调“阶级性”，强调对生产资料的占有。他认为，阶级“由于它们在一定社会经济结构中所处的地位不同，其中一个集团能够占有另一个集团的劳动”。划分阶级的标准是经济地位，特别是对生产资料的占有①。在资本主义国家中，就表现为资本家对土地和厂房等的占有；在农村的社会关系中就表现为人对地（生产资料）的占有。马克思的阶层分析中，把土地这一生产资料作为划分阶层的标准，这应该是本书承接的学术资源，但是，如果仅仅考察把土地作为阶层划分的标准也是不够的。

一方面，社会流动和就业机会的增加导致马克思一元分析模式缺乏足够的解释力。在传统的封闭社会中，社会流动较少，农民的生计来源仅仅或主要来自土地，而当前阶层分化的标准出现了重大变化。在一个较为封闭的社会，土地是农民唯一的生产资料，将土地作为阶层划分的主要标准当然是最可靠的指标。比如，在解放初期，陈翰笙就根据对土地这一生产资料的占有划分出了农民和地主阶级，同时又将农民划分为中农、富农和贫农②。另外，毛泽东同志也是根据对土地生产资料的占有形式对农民和地主进行了区分，为中国的革命找到了突破口③。不同于就业机会很少的传统社会，也不同于流动性极少的集体化时代，改革开放以后，市场因素的作用不可忽视。李强说：“如果将社会经济地位很高的受雇的高级经理、律师、医生、教授与社会经济地位较低的酒吧饭店招待、收集垃圾工人、街道清洁工看成是同一个雇佣阶级，这样的分类对于社会现象、社会问题并没有什么解释力。”④的确，如果生硬地按照生产资料的占有来划分阶层关系不能合理地对阶层进行分类。

① 郑杭生．社会学概论新修［M］．北京：中国人民大学出版社，2003：223．

② 陈翰笙．解放前的地主与农民：华南农村危机研究［M］．北京：社会科学文献出版社．

③ 毛泽东．毛泽东农村调查文集［M］．北京：人民出版社，1982．

毛泽东．毛泽东选集（第一卷）［M］．北京：人民出版社，1991．

④ 李强．“丁字形”社会结构与“结构紧张”［J］．社会学研究，2005（2）：56．

另一方面，如果把韦伯经济、声望和多元分层标准作为划分阶层的标准，是否会更科学呢？韦伯的多元分层标准在形式上更为复杂，且能体现高度分工下的复杂性，看似更具合理性，但由于其采用了多种指标和参数，使人很难从中离析出分化过程中各变量之间的关系，以致于各种不同的分层形式叠加起来之后看不出明显的分层。毛丹等人曾指出多元分层理论“对社会结构稳定性的承认与社会流动的开放性之间的紧张，各种资源的相对独立性与资源相互转换的现实之间的紧张，是多元论者始终无法摆脱的梦魇。[①]”在市场经济、稳定的社会结构和政治经济知识资源相对分离这三个条件中，本身多元分层理论存在理论紧张。可以看出，多元分层标准的韦伯范式也不是广泛适用的。

通过上文对阶层标准划分的讨论，本书将综合运用马克思和韦伯的阶层分析法，将土地和“市场机会”作为本书阶层划分的主要标准。首先，本书考察的对象是农业经营形式变迁、人与地的关系、对土地这一生产资料的占有，其中后者是本书考察的重中之重。但是，如果仅仅把土地作为划分阶层的标准，显然是不合时宜的，这就需要以其他标准作为补充。除了土地是首要考虑的标准外，“市场机会”是最重要的指标。以下我们主要根据这两个标准对农村的主要阶层进行划分。

1. 离农户阶层

离农户阶层主要包括经济精英阶层和基层政治精英阶层。

(1) 经济精英阶层。

这里的经济精英主要包括私营企业主和个体工商户，在农村中，俗称“老板”。私营企业主和个体工商户比较类似，不同的是，前者具有雇佣性质，而且雇佣人数较多。陆学艺先生把两者的区别理解为，前者拥有雇工人数在 7 人以上。在农村中的私营企业主和个体工商户，既有外出经营者，也有在本地社区经营活动者，无论是外出和在本地经营，这些私营企

---

① 毛丹，任强．中国农村社会分层研究的几个问题[J]．浙江社会科学，2003(3):90.

业主的活动范围和社会关系都是超社区的。并且，他们很少居住在农村，在外几乎都有房产，与农村社区的关联性较弱，但是他们在身份上有的还属于农民，即使不属于农民，也依然和农村社区有强大的社会关联，在农村社区中发挥显性和潜在的强大作用。这批人在农村的绝对数量不多，但其拥有雄厚的经济资源和强大的超社区关系，从而成为农村社会区中的超级精英。正如陆学艺所指出的，改革开放以后，私营企业主成为我国社会阶层结构的重要组成部分，目前其已经成为一个相对独立的社会阶层①。时隔多年，可以说，私营企业主阶层在中国阶层结构中已经非常突出了，在农村，这批人已经成为村庄中的绝对精英。与土地关系方面，私营企业主阶层获取经济资源的方式不依靠土地，甚至社会关系网络也是超社区的，早已摆脱了生计型农业，因此，他们不再依靠农村土地。

(2) 基层政治精英阶层。

这里的基层政治精英阶层包括乡与村两级的农村干部，即地方政府官员和村干部②。在经济资源上，这个阶层不及私营企业主阶层，但是他们属于国家体制内精英，在公共事务中具有分配资源的权力，而且这种资源通常具有独断性，因此他们在农村的社会地位较高。陆学艺在其书中，把这个阶层称为“农村管理者阶层”。毛丹等人也指出，就这些政治精英而言，他们获得了超社区国家力量的支持，他们的社会关系网的质量较高③。一定程度上，这种权力与经济资源的获得之间具有内在关联性，使这些政治精英在经济资源不及私营企业主阶层的情况下，也在经济资源排序中占据前列。乡村干部的角色对资源分布具有重要影响，在后面的叙述中我们可以看到，基层政治精英在农业经营形式变迁过程中是如何突显并行使国家权力的。与土地的关系而言，这部分基层政治精英与土地的

---

① 陆学艺．私营企业主是中国社会阶层结构的重要组成部分：当代中国社会阶层研究报告[M]．北京：社会科学文献出版社，2002.

② 基层政治精英中的乡镇干部不属于“农民身份”。但是，作为国家“代理人”，他们在推动农业经营形式变迁的过程中起到重大的推动作用，因此，在此被纳入讨论。

③ 毛丹，任强．中国农村社会分层研究的几个问题[J]．浙江社会科学，2003(3)：95.

关联性较弱，村基层干部由于工作的需要还与社区保持了较强的关联，部分人成为“兼业农”，但是，对于传统农业的改造，他们也持较为积极的态度。

2. 半离农户阶层

这里的半离农户阶层实际上指代的是农村中的外出务工群体，他们是长时期从事非农产业，不再从事或短时期内不再从事农业的农户，简而言之就是农民工阶层。这部分农户在农村占有非常大的比例。从形式上看，农民工阶层也可以分为两种：第一种是在城市获得稳定的就业与收入，在城市基本可以立足的；第二种是举家进城务工只是为了获取比在农村更好的收入，维持家庭再生产，但不能在城市立足的。无论是前者还是后者，实际上都是“半”离农户，因为诚如李强所指出的：“该群体既不同于城市居民，又不同于农村居民”，他们游走在城市与农村之间，成为城乡二元结构以外的第“三元结构”①。他们表现为一种“半城市化”状态，介于回归农村与彻底城市化之间，与城市和农村的各系统之间都不衔接，与社会生活和行动层面不融合，并且在社会认同上“内卷”②。虽然农民工暂时离开了土地，或因其没有完全融入城市，或因其本就无法在城市立足，也成了“半”离农户。在与土地的关系问题上，他们比较模糊，倾向于推动农业变迁。

3. 兼业户阶层

兼业户阶层主要指未离开农村，但是绝大部分收入来自非农业生产的农民阶层。在这个阶层中，土地收入只构成了兼业性收入，充当口粮田性质。理论上，兼业户包括以农为主的兼业Ⅰ阶层和以务工为主的兼业Ⅱ阶层，在此，笔者把兼业Ⅰ阶层单独列出，称之为传统大户阶层。这里主要研究的是以务工为主的兼业Ⅱ阶层，这个阶层占了农村中的绝大部分，诸如乡村医生、商贩、工匠和手工业者等几乎都是兼业农。这些人不同于进城务工的农户，由于他们社会关系在村庄，他们的利益一定程度上还依附于土地，但是由于土地收入有限，这个阶层对土地的态度比较暧

① 李强．农民工与中国社会分层[M]．北京：社会科学文献出版社，2012：338.

② 王春光．农村流动人口的“半城市化”问题研究[J]．社会学研究，2006(5).

昧，自己对于种地还是不种地并没有明确的态度。这个阶层在村庄中占绝大多数，他们拥有一定的经济资源和社会关系网，是在村农户中的多数，黄宗智所讲的“半工半耕”阶层就是这个群体中的一部分。

4. 纯农户阶层

顾名思义，纯农户阶层是指主要或全部以种田为主要收入来源的农民群体。陆学艺在其书中把这部分农户称为“农业劳动者阶层”，这个阶层包括四部分人：农业专业户或承包户、比较富裕的农业劳动者、温饱型的农业劳动者和贫困农户。在本书中，纯农户阶层主要包括了三种群体：①传统种田大户阶层，这个阶层成员的年龄一般在四五十岁，谓之“小老人”阶层，他们在村庄社会通过熟人流入土地，耕种二三十亩以上面积的土地，从而能够维持基本的生存和家庭再生产①；②五六十岁以上的老人群体，这部分老人群体由于缺乏相应的市场就业机会而赋闲在家，同时能够为外出务工阶层提供缓冲空间；③贫弱阶层，这些农户由于身体条件较差或年岁已高，不具备外出务工的基本条件，因此在家务农，这部分人很少，但是对土地的需求强度很大。需要指出的是，贫弱阶层构成了当下“小农”的主体。农村社会阶层分类见表2-4。

表2-4　农村社会阶层分类表

阶层类型	离农户		半离农户	兼业户	纯农户		
	经济精英	基层政治精英阶层	半离农户（农民工）阶层	兼业户阶层	传统种田大户阶层	种田老人阶层	贫弱阶层
阶层地位	上层	上层	中层	中层	中层	下层	下层

① 针对（新）中农，华中学者做出了系列研究：

贺雪峰. 当下中国亟待培育新中农[J]. 人民论坛，2012(13).

杨华. “中农”阶层：当前农村社会的中间阶层——“中国隐性农业革命”的社会学命题[J]. 开放时代，2012(3).

林辉煌. 江汉平原的农民流动与阶层分化：1981—2010——以湖北曙光村为考察对象[J]. 开放时代，2012(3).

徐嘉鸿. 农村土地流转中的中农现象——基于赣北Z村实地调查[J]. 贵州社会科学，2012(4).

韩鹏云，刘祖云. 新中农阶层的兴起与农村基层党组织建设转型[J]. 理论与改革，2014(1).

续表

阶层类型	离农户		半离农户	兼业户	纯农户		
	经济精英	基层政治精英阶层	半离农户（农民工）阶层	兼业户阶层	传统种田大户阶层	种田老人阶层	贫弱阶层
与土地之间的关系	极弱	弱	弱	一般	极强	强	强
土地性质	抛荒户	抛荒户	抛荒户	口粮田户	口粮田户	口粮田户	口粮田户
对传统农业改造的态度	支持	支持	支持	模糊	坚决反对	反对	反对
主要活动空间	城市	城市	城市	乡村	村	村	村
社会关系	超社区	超社区	超社区	社区	社区	社区	社区

如果我们以经济作为分层指标，对以上的阶层进行类分，可以得出表2-5。

表 2-5　萍镇各阶层经济分化情况

阶层地位	上　层	中上层	中　层	中下层	下　层
经济地位	富裕阶层	较富裕阶层	一般家庭	较次家庭	底层
阶层比例	5%	20%	35%	30%	10%
年收入/年	大于或等于10万元（资产100万～1000万元）	10万元（资产7万～12万元）	5万元（资产3万～7万元）	3万元（资产2万～5万元）	小于或等于1万元
阶层类型	私营企业主	个体工商户、村干部、农民工	农民工、村干部等	兼业户、传统种田大户等	老人、贫弱者

续表

阶层地位	上　　层	中　上　层	中　　层	中　下　层	下　　层
外在表征	县城以上购房、购车。有工人或有厂矿	在外购房。有较为稳定的收入	在农村社区有较好的住房,生活体面	在村农民的主体,能够维持家庭再生产	生活存在一定的困难,需要一定的接济

从表 2-5 中可知,萍镇各阶层经济分化的情况如下。

1. 上层:富裕阶层

这个阶层人口在农村的比例占 5%左右,年收入在 10 万元以上,由于经商,很难计算其年收入,而资产是较为稳定的标准。他们的总资产在 100 万～1000 万元。在当地,这个阶层的主要构成群体为外出包工程的大老板和私营企业主,他们是村庄中绝对的富裕阶层。其外在表征是,这个阶层在县城以上地区购房、购车,少数超级富裕的人有工人和厂矿。在本地,这个阶层的构成中主要是从事建筑行业的"双包"和"单包"大老板,另外就是分散于各行各业的私营企业主和个体工商业户,与本书相关的从事粮食加工的老板,大多也属于这个阶层。虽然年收入不好计算,但是由于拥有较多的固定资产,他们属于农村富裕阶层行列。

2. 中上层:较富裕阶层

这个阶层的人口占本地总人口的 20%左右,年收入在 10 万元上下,一般为 7 万～12 万元。在本地,最主要的两个职业——"跑江湖"[①]的和建筑行业中的瓦工、木工和钢筋工等"大工"(建筑行业中的技术型工人)是集中人群。另外,还有一般个体工商户、司机等也属于这个阶层。这个阶层在当地是较富裕的阶层,他们中大部分的人都在乡镇以上地区购房,除了"跑江湖"这个群体以外,收入也较为稳定。最后,还有一个群体,农村的政治精英——乡镇干部也属于这个阶层,他们收入稳定,有固定保

① 当地青年人热衷的一个行当,就是游走于外地乡村,以销售各种消费品为主业。其经济收入来得快,相当于商贩,构成了本书中的个体工商户阶层。

障，而且政治地位高，掌握了国家的政治资源，在资源分配中享有一定优势，是农村中的体面人。

3. 中层：一般家庭

这个阶层在农村属于“小康家庭”，占总人口的35%左右，年收入为5万元，一般在3万～7万元，事实上，这个阶层构成了农村人群的中坚力量。在其他地区，这个阶层的人数是最多的。他们是普通的外出务工人群，即所谓的农民工阶层。这些人或外出进厂，或有其他一些生存技能，做一些小买卖，比如卖米、卖菜和开饭馆等。这个群体有一定的经济资源，是主要依靠自己的劳动力优势而获得的。这个阶层属于在城市与农村两地徘徊的“两栖动物”，但是他们在农村中能够体面生活，有较好的住房，把外在的资源回馈到农村，维持家庭再生产。另外，村干部也属于这个阶层，他们有稳定的收入，而且还掌握了一定的政治资源，在阶层地位上稍高于一般外出务工人员。

4. 中下层：较次家庭

这个阶层在农村的比例大致是30%，属于目前农村在村人口的主体，主要构成人员是农村的兼业户家庭和传统种田大户。他们年收入在3万～5万元，平均年收入在3万元，基本上能维持家庭再生产，在农村生活较为稳定，生活重心完全在村庄，最多就是在乡镇地带打小工。兼业农户一般以务工收入为主，同时把土地作为口粮田，很好地利用了劳动力资源和村庄社会资源。此外，传统种田大户以务农为主，耕种上十亩土地，有的甚至近百亩，间或做零工，年收入也在3万～5万元，这样的一个家庭能够维持家庭再生产。与上面三个阶层不同的是，这个阶层的年龄较大，一般在50岁以上，少数40多岁。

5. 下层：农村的底层

这个阶层主要构成群体为劳动力较弱的老人和农村中的伤残人员、五保户等。这个阶层年收入在1万元以下，占总人口的10%左右，他们的活动范围小，劳动和生活完全在村内。由于年龄较大或身体存在明显缺陷,这个阶层完全丧失了非农就业机会,只有依靠自己的几亩薄田生存糊口,很多时候需要家庭支持和国家的资助。

根据以上阶层所拥有的经济资源、组织资源和文化资源的整体情况,我们可以对各个阶层进行等级上的划分,从而得出一个更清楚的阶层结构,如图 2-1 所示。

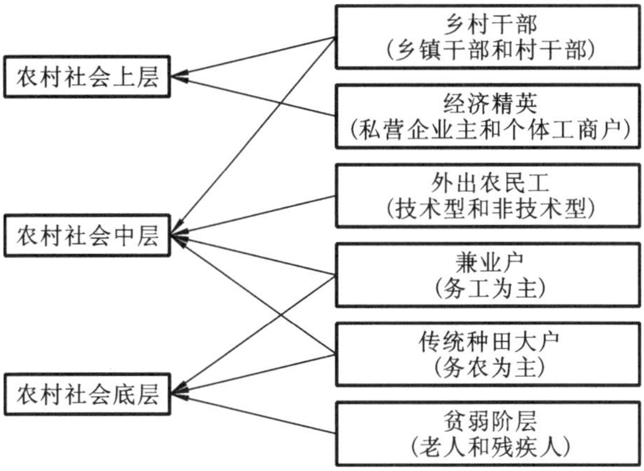

图 2-1　三个社会等级

三、项目下乡与农业经营形式变迁

(一) 项目下乡与土地整理

对小规模的小农农场经营,不同的农民表现出巨大的差异。传统农业的瓦解虽然有其社会基础,但是土地如果无法“流动”,农业经营形式的调整就无法实施。萍镇农业经营形式的变迁也是在国家对土地进行综合整治的情况下顺势推开的,项目下乡开启了农业经营形式变迁的前奏。

农村税费的改革对农村基层政治生态和治理带来革命性的意义,它不仅改变了基层的财政体系,而且从根本上改变了基层的运作逻辑。农业治理体系也随着这一过程的变迁而调整、转型。在资源下乡的情况下,农业治理也由“集体制”的“块块”治理走向以项目制为主的“新条块”治理。农村税费改革前，农业治理主要是面对分散小农的治理，在财政收入上是向农民汲取资金，并且由农民出工出力，有人称之为“集体制”治理。所谓“集体制”治理，其实可以理解为“块块”治理，即由乡村两级政府向农民收取“费”，包括“三提五统”和各种集资收费来获取基本的财政收入，用于乡村道路、农田水利和其他公共服务设施的提供。农民是服务的对象，同时又是酬劳筹资的主体，在乡村组织财政紧张的情况下，农民的摊派增多，农民负担太重，“乱摊派、乱收费、乱集资”现象泛滥，于是带来了 20 世纪与 21 世纪之交“农民真苦、农村真穷、农业真危险”的国家农民关系紧张和乡村治理危机。在此情况之下，国家启动了税费改革计划，2006 年在全国范围内取消了农业税，其他“费”也随之取消。

随着税费改革，农业治理体系也开始发生深刻变革。原先完全由乡村两级向农民收取费用的财政体系开始变成由国家通过财政转移支付的方式补足财政窟窿，“工业支持农业，城市反哺农村”成为政策，被真正落实。在农业治理方面，与之相随的是“集体制”下的小农治理，被“项目制”的“块块”治理取代。为承接上面不断发包的项目资源，地方各级政府开始“招商引资”。资源下乡与“项目治国”成为新时期地方基层政府主要的财政资源，“跑部钱进”“大跑大项目大发展，小跑小项目小发展，不跑没项目没发展”成为税费改革后空壳化乡镇政府的救命稻草。依靠“条条”的项目资源成为拉动地方经济和公共投资与服务的重要手段，对于中西部的农村基层政府尤其如此。

在农地问题上，地方政府不断地诱导有资金实力的工商企业、老板和地方社会精英进入项目整治后的土地经营中。规模化流转成为地方政府承接国家支农政策后的一种选择。这种选择既是主动的，也是被动的。作为主动选择是因为规模化流转和新型农业经营主体的构建已经成为中央政府即国家的重要战略决策，已经在历次的中央一号文件和各种重要会议中被表述，能够在规模化浪潮的政治运动中有一番作为，能够在政治上加分。作为被动选择是因为从农民身上汲取资源的税费时代一去不复返，地方政府在财政压力下，必须依靠中央和上级政府的财政转移支付，而且越来越多地依靠专项资金和准专项资金来弥补财政的不足和壮大地方经济，为地方公共事业服务。

从表2-6中可以清晰地看出土地整治、土地流转和农业经营形式变迁的关系，实际上，土地项目整治与农业经营形式变迁是一个连续的谱系。萍镇土地整治从2007年旧林村开始，截至2013年9月，据不完全统计，萍镇土地整治涉及国土面积达到43800亩，涉农资金达到11486万元，涉及的村庄包括了13个行政村中的11个(主要的是4个，有4个村基本无平整)。与此同时，土地整治以后就是推动土地的流转和新的农业经营主体。

表2-6　萍镇土地整治项目与农业经营形式变迁[①]

年份	项目	覆盖的行政村	整治面积	项目资金	土地流转方式	农业经营主体
2007年	土地综合整治	旧林村、旧塘村和杉河村	18800亩	2587万元	政府主导	资本型农场
2010年	农业综合开发	隆岗村、麻仁村	1500亩	1300万元	政府主导	资本型农场、家庭农场
2011年	农业综合开发	萍铺村、旧牌村	3500亩	2400万元	政府主导	家庭农场
2012年	农业综合开发	韩塘村、旧牌村、萍铺村、杉河村、隆岗村、伍华村	6000亩	2345万元	政府主导	家庭农场
2012年	土地综合整治	隆岗村、麻仁村	14000亩	2854万元	政府主导	家庭农场

① 以上土地整治项目截止时间为2013年9月。截至此时，茬冲村、菜铺村、观塘村和果仁村四个村，土地整治项目还未启动，而且由于地形限制，整治面积有限，这四个村仍然以包括传统种田大户在内的传统农业为主。

续表

年份	项目	覆盖的行政村	整治面积	项目资金	土地流转方式	农业经营主体
2013 年	农业综合开发	莱铺村、果仁村	下半年动工	—	政府主导	家庭农场
总计	涉农项目	11 个村	43800 亩[①]	11486 万元		

旧林村是萍镇第一个实施土地整治项目的行政村。土地整治[②]是"在一定的区域内，按照土地利用总体规划确定的目标和用途，以土地整理、复垦、开发和城乡建设用地增减挂钩为平台，推动田、水、路、林、村综合整治，改善农村生产、生活条件和生态环境，促进农业规模经营、人口集中居住、产业聚集发展，推进城乡一体化进程的一项系统工程"[③]。可以看到，土地综合整治是涉及"田、水、路、林、村"等方方面面的工程。对于当地的土地整治，政府有一个明确的指导方针，即"田成块、路相连、渠相通、林成网、旱能灌、涝能排，具备适度规模经营条件的现代农田"。项目下乡进村，项目从不同的方面满足了县、乡镇和村级组织的利益要求，但是，实施完项目的后果也是当地县、乡、村政府部门始料未及的。旧林村作为番县土地整治的第一个试点村，在田改后却遭遇了困境。

① 这里的整治面积不单指耕地面积，不过重点是耕地面积。萍镇耕地面积在 3.4 万亩左右，其他山林面积和水面面积合计是耕地面积的两倍左右。实际上，萍镇三分之二以上的耕地都得到了平整。

② 虽然土地综合整治涉及方方面面，但是最主要的还是在农田改革这块，笔者简称为"田改"。

③ [EB/OL]. http://baike.baidu.com/link?url=gem_gzxnOu1KGuhr2Mm4ll5HKLZ5HDEU7Q-G31ggkmzWm7KWBYrNMyky3PnQUsixhzXJeRQPqqzJfW8yuFcD5K.

这里对"农田开发项目"也做简单的介绍。农业综合开发是指中央政府为保护、支持农业发展，改善农业生产基本条件，优化农业和农村经济结构，提高农业综合生产能力和综合效益，设立专项资金对农业资源进行综合开发利用的活动。农业综合开发的任务是加强农业基础设施和生态建设，提高农业综合生产能力，保证国家粮食安全；推进农业和农村经济结构的战略性调整，推进农业产业化经营，提高农业综合效益，促进农民增收。参见：[EB/OL]. http://baike.baidu.com/link?url=12RMW5BoDdATzqvu4uqc7y5A5iM4-uvZgasDA2010Ci1uuYzGRE89YClUG1MKM0MUBZgvxOQupI5nYbdmWfy1_.

案例 2-1　我当时肯定不愿流转，种那么多田，我种我收，还不交租金。如果流转，我就只有 10 亩田了，家里那么多人，给的口粮刚够吃的，就没钱花了。

他（指政府）搞了农田改造，你都搞不清楚田在哪儿了，而且推平以后，沟渠是统一的，如果再分开种，沟渠跟原来不一样了，不方便，如果是大户的话，就他一家，用水好办。

他们来做我工作，说大多数人都愿意流转，你少数人不同意，就把你一笔勾销了。而且，小块的田他也不可能给你，即使给了，田也不好种，放水怎么办？

一级级的找我，镇干部也来了。他们一心要把田流转出去，毕竟是为大多数人办事情。

如果坚决不流转，村里同意在大块农田的边缘流出部分土地，分给想种地的农户。曾经当过村主任的老姜就没有流转，他的几亩田在靠近大路的地方，连成了一块。老姜今年 60 多岁，身体很好，我们调查时几次看到他在精心地侍弄自己的土地，他种了几十年的田，对土地怀着深厚的感情。

不管怎么说，目前绝大多数的新林村农民已经不种地了。

吉登斯认为，权力具有双重性，一方面是权力的转换能力，另一方面是权力的支配能力①，不过这一切都取决于资源的关系，权力与资源联系密切，资源也成为了国家或政府巩固权力的基础。资源与权力之间有着千丝万缕的联系，可以说没有资源权力就无法实施，同样，政府也需要资源来巩固自身的发展。在新的时代下，在央地关系中，项目成为了地方政府盘活地方经济、增加政府收入的重要来源，因此，争资跑项、跑部钱进就成为了地方政府的重要工作。皖南萍镇规模化土地流转的实施正是以此

① 吉登斯. 民族-国家与暴力[M]. 胡宗泽，赵力涛，译. 北京：三联书店，1998.

为契机进行的。旧林村的干部也直白地提出了土地整治后政府工作的难处:“我们村,2007年开始进行土地综合整治。2007年7月开始启动,截至2008年5月土地整理完毕。当时都5月份(2008年)了,没有人种。这里的没人种,就会耽误农季。如果没有流转出去,就说明土地整治和规模化的失败,政府需要赔上几十万元甚至上百万元,政府赔不起啊!如此,以争取项目为主要动因的后果就是推动规模化土地流转。

(二)分化的农民与规模化土地流转

面对如此困境,政府决定实施规模化的土地流转政策,一方面可以化解当前分田中产生的矛盾,另一方面,这也与规模化农业和现代农业战略相吻合。但是,针对政府推动的规模化流转,不同的农民在态度上表现出较大的差异。

以经济作为分层指标,各个阶层对土地整治和传统小农改造的态度大致如下。各个阶层所从事的职业和主要收入来源不同,导致了其与土地的关联度不同,即使同一阶层,所从事职业不同,其态度也存在一定的差异。为了更清晰化地表述各个群体对土地整治和传统小农改造态度上的差异,笔者将以各个群体的职业划分作为主要的表述对象。在土地整治和实施规模化流转的态度上,大致有五种分类:积极推动者、不反对或潜在支持者、态度模糊者、反对者和坚决反对者。

(1)积极推动者:乡村干部。乡村干部作为国家在地方的代理人,扮演着“守夜人”和“撞钟者”[①]的角色。他们一方面要执行上级所给出的指示,处于被动的角色之中。另一方面,在具体政策的执行上,他们也有自身的利益诉求,因此会积极地“迎合”政策,使自身利益得到最大化的实现。在此过程中,乡与村两级并不是完全的被动者,有时候他们还是政策落实的主动者。在萍镇,土地整治和对小农经营体系的改造工作的发起者实际上主要来自于县、乡两级,村级作为主动的执行者也起了很大的推

① 吴毅.“双重角色”、“经纪模式”与“守夜人”和“撞钟者”[J].开放时代,2001(12).

动作用。乡镇干部没有土地，因此根本不涉及其自身利益，故对土地整治和实施规模化流转有着积极的动力。另外，与乡镇干部不同，对于村干部而言，他们在村的多，而且有的村干部是兼业农，甚至是种植规模达数十亩的传统种田大户，但是作为国家代理人的角色，决定了他们是这场农业改造的排头兵。

（2）不反对或潜在支持者：私营企业主阶层、个体工商户和处于中上层的技术性务工者。这些群体在农村都拥有承包经营权，但是由于他们拥有较好的市场就业机会，他们的收入来源发生了根本性的改变，由“职业”农民，变成了“身份”农民。其中最富裕的私营企业主阶层在收入来源、社会关系、居住空间甚至生活方式上都与农民不同，因此仅仅是身份上的农民。技术型务工者或者说收入处于中上层的务工家庭，由于有较高的收入，对小规模的土地种植缺乏兴趣，与之类似的一般外出经商家庭（个体工商户）也是如此。这三个职业群体由于在农村拥有较多的经济收入，他们在政府主导的土地整治和规模化流转中，并不持反对意见。相反，由于能够获得较以前高的地租，他们对于传统农业的改造和新型农业经营主体的出现持支持态度。

（3）态度模糊者：一般外出务工者和部分兼业户家庭。一般外出务工者的年经济收入在 3 万～5 万元，这部分收入不足以在城市立足，农村成为他们退守的后方。他们往往通过代际传递把土地转交给留守农村的父母和亲戚耕种，并且在经济不稳定时期或务工生涯结束后退回农村，因此，他们对土地整治和正在推行的农业经营形式变迁持模糊和担忧的态度。但是，由于在短期内不耕种土地，他们也较少成为反对者。另外，对于兼业户家庭，即务农兼务工的部分农户家庭，也持模糊态度。兼业户家庭耕种了面积不多的土地，以务工收入为主，务农收入为辅，对土地还有一定的需求，但是由于部分家庭主要收入不是来自于土地，对土地整治和传统农业的改造并没有持强烈的反对态度。总体来看，一般外出务工者和部分兼业户家庭对于土地整治和规模化土地流转持反对态度的少。

(4) 反对者:部分兼业户和纯农户(小规模种植户)家庭。以"半工半耕"为基础的兼业农内部也存在态度上的差异,有的兼业农由于家庭经济基础好,对土地的依赖程度不深;有的家庭由于"上有老,下有小",家庭代际责任重,对土地的依赖性重;还有的家庭由于劳动力本身的条件所限,难以在市场中寻求到较佳的工作机会,土地在其生存和社会保障方面扮演着重要的角色。也因此,有的兼业农对于土地整治和规模化土地流转并不持反对态度,但是也有相当一部分的兼业农反对。小规模的纯农户(耕种土地面积≤15 亩)主要是由老人和村庄的贫弱家庭组成的,他们对土地的依赖性较大,因此成为土地流转的反对者。但是表现很明显的一点就是,对于耕种面积不大的纯农户,由于耕种者本身年龄较大(几乎都是 60 岁以上,有的甚至达到七八十岁)或身体欠佳(很多贫弱户如此),他们从事农业生产也存在一定的困难,而且不久之后都面临身体更加"老化"的问题,若给予足够高的土地租金,来自他们的反对的声音将会大大减少。

(5) 坚决反对者:传统种田大户。对于土地整治,尤其是对于传统农业改造,反对力度最大的是传统种田大户。在村群体中,这个群体人数不多,占全村人数的 20%～30%,大多年龄在 45～60 岁,是目前农村的"中坚力量",是农村的主力军。这个群体通过自发的土地流转的形式从亲戚、朋友和邻居等农户手中获得大量土地,以代耕的形式耕种 20～50 亩的土地,每年收入在两三万元。在这部分家庭中,虽然劳动力还相对壮实,但是由于需要赡养老人、抚育后代等家庭原因,也难以外出打工。在农村耕种数十亩的土地,可减少社会风险和家庭的货币支出,因此,他们的家计模式完全建立在土地收入上,而这样的家计模式依托于自发的流转土地,依托于低廉的人情地租,依托于传统农业的耕作方式。如果土地整治后要进行规模化流转,将打破既有的土地流转格局,他们的利益将会严重受损,故他们成为最为强烈的反对者。

在各阶层对于土地整治和农业改造的态度上,同意的人占 30%,不同意的人占 20%,中间有 50%的人在摇摆,因此,争取"中间"成为胜利的关键。

从表 2-7 我们可以清晰地看出，对于土地整治和农业改造有五种态度，即积极的推动者、不反对或潜在支持者、态度模糊者、反对者和坚决反对者。既然这五种声音都存在，那么农业变迁能否顺利进行，就取决于这五类态度中支持者的人数比例和推动力量的大小[①]。通过我们对几个小组的随机抽样调查[②]发现，在萍镇的家户经济收入分类中，种地和不种地的分布基本均衡，都在 50%左右。进一步分析发现，村庄贫弱阶层所占比例是 13%，以务工为主的兼业户家庭是 15.8%，传统种田大户是 23.2%，外出务工阶层(包括一般外出务工和技术型收入较高务工者)占到 28.7%，一般外出经商和较富裕的经商家庭是 21.3%。从中可以看出目前不种地的群体是后两者——外出务工者和外出经商者，他们共占到了总人口数的 50%。种地农户包括村庄贫弱者、以务工为主的兼业户家庭和传统种田大户，他们的总比例在 50%左右。

表 2-7 各阶层对土地整治、小农改造的态度(按态度进行类分)

态度	积极推动者	不反对或潜在支持者	态度模糊者	反对者	坚决反对者
阶级	乡村干部	私营企业主阶层、处于中上层的技术性务工者和一般外出经商家庭	一般外出务工者和部分兼业户家庭	部分兼业户家庭和纯农户	传统种田大户

诚如上文所述，对于小规模的小农农场农业，不同的农民就出现了如此大的分化。在土地整治后，土地面临了诸如大块并小块和质量欠佳的问题。对于农民中“态度模糊者”“反对者”和“坚决反对者”来讲，愿意土

① 在《土地使用规则的不确定：一个解释框架》一文中，张静已经指出，在土地纠纷中，不存在确定性原则和限定性的合法性声称。在纠纷过程中，土地使用规则随着利益、力量的变动而不确定，即通过“力量”竞争而采用“备用”规则。在此，本书借助于张静对土地使用规则的不确定性来说明此问题。

张静. 土地使用规则的不确定：一个解释框架[J]. 中国社会科学，2003(1).

② 此处的随机调查数据，是笔者通过访谈得到的，里面包含了 3 个小组的家户经济情况和人地分布格局。

地流转的人越来越多。除了项目整治改变了原有的小农生产体系以外，政府继续通过两种方式对土地集中流转中持摇摆态度和反对态度的农民进行分化：其一，通过给予"高租金"诱惑不愿流转土地的农户；其二，通过"做工作"的方式分化不愿流转土地的农户。

第一，通过"高租金"诱惑。在无政府干预下，获得市场就业机会的农民向外流动，承担家庭责任或无市场就业机会的农民留在农村耕种土地，这样便形成了自发土地流转中的秩序。在自发的土地流转中，农民以代耕的方式，以低租金或零租金的方式流转土地。比如在萍镇，代耕性质的流转的基本价格是每亩地每年 100 元。但是在项目整治之后，在政府进行的土地发包中，地租价格是每亩地每年 400 斤稻子，折合人民币是 500 多元，这是从前地租的 5 倍。对于不种地的农民来讲，他们乐意以这种地租价格流出土地。对于处于摇摆状态、态度模糊的农民，此时开始再次分化，他们由于年纪太大或身体欠佳等，都开始让出土地。

第二，在客观条件(项目整治已改变了小农生产体系，高地租分化了农民)已经改变的基础上，政府开始通过"做工作"的方式对不愿流转土地的农户进一步进行分化。所谓的"做工作"，就是政府通过一户户动员农民，从而进行土地流转，首先是发动积极分子；其次是通过高租金的方式对态度模糊者进行分化；最后对不愿流转土地的农户进行安置。在某种程度上讲，土地流转具有被流转的性质[①]。

项目整治改变了原有的生产格局，甚至改变了小农生产体系，导致本来已经分化了的农民在土地租金加高的情况下进一步瓦解。从此，政府主导的规模化流转在萍镇大面积展开。从 2007 年开始，旧林村、旧塘村和杉河村推动了土地整治项目，三个村的土地最先开始对外发包，最先实现农业转型。这三个村均以政府推动的规模化流转为主，在农业经营形式变迁中均以资本型农场为主导模式。在后来陆续进行的土地整治项目

① 余练. 被流转：规模化土地流转中的政府动员与策略——基于皖南萍镇和鄂中龙村的实证调研[J]. 江苏大学学报(社会科学版),2017.

中，按照各村的地形条件分别进行了土地整治。从地形条件看，萍镇各个行政村可以分为三种地形，纯圩区、半山半圩区和山区。其中纯圩区有3个，即旧塘村、麻仁村和隆岗村；半山半圩区有6个，即果仁村、菜铺村、旧林村、杉河村、萍铺村和旧牌村；山区有4个，即观塘村、茬冲村、伍华村和韩塘村。除了茬冲村和观塘村以外，土地整治项目已经覆盖到了其他的行政村。通过土地整治，萍镇农业经营形式的变迁随之而来。

（三）农业经营形式变迁

通过土地整治项目，萍镇快速地推动整村土地的规模化流转，农业经营形式变迁随之而来。以小农农场为主体的农业经营形式开始分化为三种不同的农业经营形式。全镇共有耕地面积3.4万亩，共计9000多户，户均耕地面积不到4亩，属于以传统耕作方式为主、户均耕地较小、以家庭劳动力为主的小农经济。但是，2007年土地整治以后，萍镇很多村都开始推动整村式的土地流转，而且将土地发包给拥有资本的经济精英，从而完全改变了原来以小农为主体的农业经营形式。在接下来的五六年中，整个萍镇以小农为主体的农业经营形式得到了全面转变，大规模的资本型农场和100～500亩的家庭农场在萍镇大面积铺开发展。

从表2-8我们可以清楚地看出，在萍镇，小农农场的绝对数量仍然较大，但是很难说其在萍镇农业经营形式中占据优势。因为，第一，从户均面积和总量看，小农农场并不占优势，因为小农农场的户均耕地面积较小[①]（考虑到农村劳动力的转移，实际上户均面积在10亩左右）。由此可见，规模在一定条件下束缚了劳动生产率的提高，同时小规模耕作在耕作方式上也难以充分地利用现代生产技术。相反，虽然家庭农场和资本型

① 这里是统计意义上的数据，比实际户均耕地面积要小。第一，由于农村劳动力向城镇转移和部分外出务工人员不种地，这里的户数并不是现在种地农民的实际户数。第二，萍镇各村的人均耕地面积差异较大，有的村是山林面积和水面面积较多，而耕地面积较少，人均耕地面积不足一亩，比如茬冲村和观塘村，而有的村人均耕地面积较大，故其户均耕地面积被拉平，也因此出现了户均耕地面积偏小的情况。

农场总的户数不多，共计不到 50 户，但是户均耕地面积分别为 202.5 亩和 1113 亩，作为一种新型的农业经营主体，这两种农业经营形式所占的耕地面积为 56%。也就是说，家庭农场和资本型农场这两种农业经营形式在户均面积和总量上已经占据了优势。

表 2-8　萍镇各种农业经营形式分布比例[1]

农业经营形式	小农农场	家庭农场	资本型农场		总计
规模	100 亩以下	100～500 亩	1000 亩以上	500～1000 亩	—
户数/户	9438[2]	38	6	4	9486
面积/亩	15172	8075	11130		34377
百分比/(%)	44	24	32		100
平均值/亩	1.61	212.5	1113		3.62
主要村庄	茬冲村、莱铺村、观塘村和果仁村	萍铺村、隆岗村、麻仁村、旧牌村、韩塘村、伍华村	旧林村、旧塘村、杉河村		—

第二，从影响和发展趋势来看，家庭农场和资本型农场对当地的影响

① 在家庭农场的数据统计上存在一定的偏差。数据来源有两部分：第一部分数据来自于官方(当地土地流转中心)的"大户"统计数据；第二部分数据是对全镇所有村的实地考察和访谈。这两份数据之间有一定的偏差，主要的原因在于官方统计的是土地首次流转转包时的数据，但是在实际经营中，土地流入方再次转包土地，而且土地几经易手，如此，目前的经营者与官方统计的数据有一定偏差。另外，一些家庭农场经营者并没有被官方统计在内。但是，从总体情况来看，这两者之间总体数据差异不大(分别为 7698 亩和 8075 亩)，基本反映了整体情况。以下对萍镇家庭农场的分析，以笔者实地调查得到的数据为分析样本(此样本才能真实的反映情况，当然很多情况下两种统计口径中的家庭农场经营者实际上是一致的)。

② 这只是土地分到户后统计的户数。由于允许土地自发流转，耕种户并没有如此之多。

较大，具有较强的发展趋势。一方面，从影响上来讲，不仅从农业生产角度，而且从农村的发展、村庄社会结构等角度分析，新的农业经营形式对当地具有多重影响。另一方面，单从农业生产中的劳动生产率和土地生产率来看，新型农业经营主体有一定的优势，在当地甚至全国都有进一步发展的潜力。从这两个方面来看，以传统小农为主体的农业经营形式走向了小农农场、家庭农场和资本型农场等多元化的农业经营形式。

(1) 小农农场。从分田到户到2007年土地平整以前，萍镇与全国大多数的农村地区一样，都是以“人均不过一亩三分地，户均不过十亩”的小农生产为主。虽然随着市场就业机会的增加，很多农村劳动力开始向城镇转移，如外出务工，但是对于众多的农村人口来说，户均耕地面积仍然无法让他们发挥出最佳的劳动生产率[①]。萍镇一共有耕地面积3.4万余亩，政府主导的土地流转面积达到了18828亩，占总耕地面积的55%，也就是说截至2013年3月，只有45%的耕地面积是传统小农在耕种。由于地形条件限制、部分农民仍然有种地意愿等原因，小农农场在绝对量中仍然占多数。但是，从户均耕地面积来讲，小农农场的户均耕地很小。考虑到人口大量流出现状和少数村庄山林面积和水面面积较多等原因，根据笔者对几个自然村的随机统计，户均耕地面积应该在10亩左右(当然由于家庭人数不一，农户之间自发进行的土地流转等因素，有些农户的户均耕地面积有大几十亩地)。由于耕作方式、土地来源、劳动力使用情况、资金投入、与市场的关系和经营逻辑等方面原因，即使是规模较大的传统耕作大户，其耕作面积也较为有限，故仍然属于传统小农。

在萍镇，由于土地整治范围有限，特别是由于地形条件的限制，规模化农业的条件并不完全具备。更重要的是，萍镇虽然经济发展水平稍好

① 根据目前生产力条件下劳动生产率发挥的水平，笔者把小农农场生产规模界定在拥有100亩以下土地。拥有100～500亩土地的属于家庭农场，500亩以上的属于资本型农场。这个标准的界定并不是完全按规模来进行的，主要还是看生产要素配置、与市场的关系和经营逻辑等。本书中把两个规模在80～100亩的传统种田大户也划为了家庭农场，主要是由于他们的性质与小农农场产生了差异。

于一般中西部地区，但是相比沿海发达农村，萍镇农业劳动力人口转移有限，而且相当部分的老人还得依靠土地为生，因此小农农场在当地不仅是一种事实存在，而且也是值得研究的一个重要问题。在本书第三章中，就小农农场的概况、经营效率以及小农农场的阶层动力和未来发展进行的描述和分析，也是为我们小农经济的未来发展进一步明晰方向和思路。

(2) 家庭农场。作为一种新型农业经营主体，尤其是 2013 年的中央一号文件明确提出要创造良好的政策和法律环境，采取奖励补助等多种手段，扶持家庭农场等新型农业经营主体，家庭农场在全国的发展呈井喷态势。在本书中，考虑到土地、劳动力、资金投入、耕作方式和当地的地形、生产力发展条件，笔者把 100～500 亩的土地规模界定为家庭农场。经过初步统计，萍镇以家庭农场为经营形式的经营者有 38 户(实际数量要多，这基本上只是乡镇土地流转中心所统计的数据)，经营总面积为 8075 亩，平均经营面积是 212.5 亩。在整个萍镇，大多数村庄都有家庭农场的出现，尤其是在进行了土地整治后的村庄，家庭农场的发展较快，未进行土地整治的村庄，一些传统的种田大户也在开始向家庭农场逐步转化。

萍镇家庭农场的发展经历了一个探索时期。2007 年，旧林村土地整治以来，都是以大规模的以雇佣为主要特征的资本型农场为主。经过两三年的探索，政府开始推动面积在 100～500 亩(以 100～300 亩为主)的家庭农场。家庭农场不仅规模面积比小农农场有所扩大，而且在使用劳动力、资金投入、市场关系和经营逻辑等方面也发生了较大变化。从各种经营情况来看，家庭农场完全有别于传统小农，甚至有别于传统小农中已经发生改变的传统种田大户。与以雇佣为主体特征的资本型农场相比，家庭农场在劳动生产率、土地生产率方面更加接近于小农农场。对于萍镇家庭农场发展的概况、经营效率、性质及其阶层动力等方面内容，本书将在第四章进行详细的描述分析。

(3) 资本型农场。在一般的语境之下，资本型农场被统称为大规模农场，但是，何为“大”，是一个较为模糊的词汇。同样，适度规模经营中的“适度”，也是一个模糊词汇。在这里，使用资本型农场对大农场做出界定。按照经典的马克思主义政治经济学研究来分析，资本型农场实际上就是以雇佣为主要特征、以农业资本家和农业产业工人两大阶级的出现为特征的农业经营形式。萍镇资本型农场主要形成于 2008 年到 2010 年，即土地整治以后的初始阶段。据不完全统计，全镇共有资本型农场经营者 10 户，面积在 500～1000 亩的有 4 户，1000 亩以上的有 6 户，总计经营面积达 11130 亩，占到了全镇耕地面积的 1/3。这对当地的农业转型或者说农业变迁具有重大作用。

萍镇资本型农场集中在三个行政村，旧林村、旧塘村和杉河村。这三个村是最先进行土地整治的，其按照现代农业的要求对农业生产进行了设计，是对小农生产体系进行全面改造的村庄。改造后的农业生产体系确实大大有利于规模化农业的发展，但是，对于以雇佣为主要特征的资本型农场，最大的挑战还是来自组织本身。不再依托于家庭这一组织生产单位，再加上农业天然的一些特征，导致了资本型农场经营上的困境，或者说其与以家庭为组织生产单位的小农农场和适度规模的家庭农场在土地生产率上难以媲美，导致了资本型农场向家庭农场的转型。尽管如此，资本型农场由于规模大、有政府扶持，而且大户对资本型农场的管理策略进行了转换，这使得资本型农场仍然具有强大生命力。本书第五章将对萍镇资本型农场的兴起、经营效率和组织问题进行讨论，同时对资本型农场构成的阶层动力做出重点分析。

在中国的历史发展长河中，以小农经济主导的农业文明不仅影响了中国的经济结构，而且还影响着中国的政治结构和中华文明。从这一点上来讲，从小农农场向家庭农场和资本型农场的转变，具有重大的历史意义。萍镇只是一个个案，以个案为分析对象本身具有较大的局限性，但是，纵观中国农业发展和当前的农村形势，农业的转型已经成为一个热点议题。与其说萍镇走在全国农业变迁的前列，还不如说它正好代表中国农业发展的态势。以农业经营形式变迁为突破口而启动的农业转型，不仅涉及农业，也事关农民和农村的发展，甚至对于城镇化建设和整个中国的现代化建设都有重要的影响。也因此，在这里以萍镇为个案，从阶层的角度讨论萍镇的农业变迁具有了管中窥豹之效。

第三章　资本型农场的兴起

商品经济的发展最终会导致拥有生产资料的资产阶级和与之对立的无产阶级的形成，即资本主义生产关系的形成。家庭农场或被资本型农场所替代，或被消解；农民则最终会被转化为资本型农场和资本主义工业所需的廉价劳动力。

农业资本主义即农业由资本家经营。它以农业劳动者土地被剥夺并从属于经营农业的资本家为前提，谈论“农业资本主义”不能忘记这一前提条件①。

——卡尔・马克思《资本论》

早在百年前，革命导师马克思就指出，随着商品经济的发展，将形成拥有生产资料的资产阶级和与之对立的无产阶级，家庭农场必将被资本型农场所取代。这一观点得到不少经济学家的认同。比如古典经济学家亚当・斯密指出，自由的市场竞争和个人致富追求带来劳动分工、资本积累和社会变革，资本主义的发展必然导致农民小生产被资本主义大工业所吞没②。且不论资本型农场是否一定会在世界范围内取代以家庭为组织生产单位的农场，就是资本型农场本身作为一种重要的农业经营形式

① 马克思. 资本论[M]. 中共中央马克思恩格斯列宁斯大林著作编译局，译. 北京：人民出版社，2004.

② 黄宗智. 长江三角洲小农家庭与农村发展[M]. 北京：中华书局，2000：118.

后来的马克思主义者虽然对该问题有所修正，但是对于资本主义农场取代家庭农场小生产的结论是一致的。比如考茨基就提出农业资本主义的发展要远比工业资本主义的发展复杂，由于农业生产中的小生产者比雇工更加拼命干活，而且能接受更低的生活水平，资本主义大农场并不能迅速地把小农生产者消灭，现代农业仍然和家庭经济紧密联系，但是大生产必将战胜并取代小生产，农业的无产阶级化使得资本家和无产者两大阶级形成。参见：考茨基. 土地问题[M]. 上海：商务印书馆，1937：231-234.

另一马克思主义者列宁对家庭小农场的消失也作了系统的论述。他认为实现农业资本主义的路径可以有两条，即所谓的美国式道路（以19世纪后半期的美国最为典型，特点是在小农经济两极分化的基础上建立起资本主义大农场，具有国有化特征）和普鲁士道路（把农奴主—地主经济转变为容克—资产阶级经济，是国家与地主阶级联手用暴力掠夺农民来完成的“地主资本主义”发展，实质就是容克地主利用政治力量把自己转换成资本家的过程，具有土地权贵私有化特征）。无论是具有国有特征的美国式道路，还是具有权贵私有化特征的普鲁士道路，对于资本主义演进途径的认识虽然不是特别清晰，但是列宁始终认为，农业资本主义的到来是必然的，小农家庭农场的消失是注定的。参见：列宁. 列宁全集（第3卷）[M]. 北京：人民出版社，1984：145-159.

要在现实土壤中生发，也离不开诸如政治和社会力量的支持①。作为一种涉及国家粮食安全与社会问题的重要产业，农业一直以来与政府的关系都甚为密切②。尤其对于发展中国家而言，农业在推动经济增长、减少贫困与饥饿，以及提供公共品方面具有多重功能③，采取何种农业措施，是政府慎之又慎的重要决策。

对于小规模、细碎化的小农农场经营，我国农业部门的领导人早已经旗帜鲜明地指出这种农业形式的弊端④。早在20世纪90年代中后期，政府就开始对产业化农业予以提倡和扶持。1996年的《国民经济和社会发展"九五"计划和2010年远景目标纲要》提出，"鼓励发展多种形式的合作与联合，发展联结农户的中介组织，大力发展贸工农一体化，积极发展农业产业化经营"。十五大报告提出，"积极发展农业产业化经营，形成生产、加工、销售有机结合和相互促进的机制，推进农业向商品化、专业化、现代化转变"。1998年的《中共中央关于农业和农村工作若干重大问题的决议》提出，农业产业化经营是"我国农业逐步走向现代化的现实途径之一"。2001年政府所做的《关于国民经济和社会发展第十个五年计划

---

① 这类似于波兰尼所讲的嵌入观点。

② 彼得·蒂默提出，国家对于农业的干预一直存在。"政府在农业发展中究竟起什么作用，一致的看法相当广泛，从基本法律规则的制定，到对几乎所有的农业商品日常运营进行直接控制"。由此可见作者不仅承认政府对农业的干预，而且还强调政府对农业都有强干预的特征。参见：彼得·蒂默. 国家在农业发展中的作用[M]//何增科，周凡. 农业的政治经济分析. 重庆：重庆出版社，2008：318.

③ 法布里齐奥·布雷夏尼，等. 发展中国家农业的多重作用[M]//何增科，周凡. 农业的政治经济分析. 重庆：重庆出版社，2008：318.

④ 中央农村工作领导小组办公室主任陈锡文指出："当前农业农村，最突出的就是三个问题：第一，农业的生产成本不断上升，土地租金、劳动力价格、投入品价格、农村购买服务的价格都在节节上升，成本上升就会导致(农产品)价格不断上升。(农产品)价格上升就会面临第二个问题，主要大宗农产品价格现在已经高于国际市场，这就构成了很大压力。第三，长期以来，人多地少为了吃饱饭不得不追求粮食产量，对于农业资源给予了太大压力，各种各样的农产品对农村环境又造成了问题。解决这三个问题才能保持农村农业发展，所以必须要转变农业发展方式。"

韩俊指出，邓小平同志认为，中国社会主义农业的改革与发展有两个飞跃，第一个飞跃是实行了家庭联产承包责任制；第二个飞跃是"适应科学种田和生产社会化的需要，发展适度规模经营，发展集体经济"。参见：韩俊. 关于中国农业两个飞跃若干理论认识问题[J]. 理论视野，2002(1)：8.

纲要的报告》中指出："大力发展农业产业化经营，扶持龙头企业；推广公司加农户、订单农业等多种形式，发展农产品加工、储运、保鲜等产业，提高农业的后续效益。"此后，政府出台一系列支持农业产业化，尤其是针对农业龙头企业的优惠政策，涵盖财政、投资、税收、金融、出口等各个方面。农业政策扶持农业产业化和龙头企业的过程，实际上也就是资本大规模进入农业领域的过程。

虽然关于农业产业化方面的政策早有出台，但资本向农业的"大肆进军"，尤其是资本渗透到粮食的生产环节，主要还是要通过集中农民土地来实现。在中国调整农业经营形式的过程中，最为重要的障碍就是土地的承包经营权。假使没有土地承包经营权的放开，资本型农场的兴起是绝无可能的，土地承包经营权的放开离不开政府对于土地承包经营权的调整。

一、项目下乡：资本型农场的兴起

每一种农业经营形式的兴起，都需要土地、资本、劳动力和技术等几大生产要素共同发展。土地作为一种生产资料，是所有农业经营形式中最为核心的生产要素。尤其在中国现阶段的国情下，资本型农场的兴起首先要解决土地问题。如何把土地从农民手上集中起来，并且流转到大户手中，这是资本型农场兴起的关键。在萍镇，涉农项目的引进对农业经营形式的转变具有重大的推动作用。

表 3-1 清楚地展示了萍镇涉农项目的实施与农业经营形式转变之间的关系。在萍镇，农业经营形式的变迁与土地整治项目和政府推动土地流转构成了一个连续的谱系。2007 年，旧林村、旧塘村和杉河村三个行政村在推动土地综合整治项目以后，政府主导了规模化的土地流转，推动资本型大农场发展，而在随后几年的涉农项目推进中，推行以家庭农场为主导的农业经营形式。这表明农业经营形式的变迁与涉农项目的引进的

确存在一定的关联，但是是否一定是资本型农场兴起的原因，那却未必。那么在这之中，决定性的因素是什么？政府、农民在涉农项目的引进中是如何行动的？政府是如何通过项目集中农民土地，又是通过何种手段引进大户，推动资本型农场的？这些构成了本节关注的话题。

表 3-1　萍镇涉农项目与农业经营形式变迁①

年份	项　目	覆盖的行政村	整治面积/亩	项目资金/万元	土地流转方式	农业经营主体
2007 年	土地综合整治	旧林村、旧塘村和杉河村	18800	2587	政府主导	资本型农场
2010 年	农业综合开发	隆岗村、麻仁村	1500	1300	政府主导	资本型农场 家庭农场
2011 年	农业综合开发	萍铺村、旧牌村	3500	2400	政府主导	家庭农场
2012 年	农业综合开发	韩塘村、旧牌村、萍铺村、杉河村、隆岗村、伍华村	6000	2345	政府主导	家庭农场
2012 年	土地综合整治	隆岗村、麻仁村	14000	2854	政府主导	家庭农场
总计			43800②	11486		
2013 年	农业综合开发	菜铺村、果仁村	下半年动工	—	政府主导	家庭农场
	无	茬冲村③、观塘村、伍华村	—	—	自发土地流转	小农农场

① 以上土地整治项目截止时间为 2013 年 9 月。截至此时，茬冲村、菜铺村、观塘村和果仁村四个村的土地整治项目还未启动，而且由于地形限制，整治面积有限，这四个村仍然以包括传统种田大户在内的传统农业为主。

② 这里的整治面积不单指耕地面积，不过重点是耕地面积。萍镇耕地面积在 3.4 万亩左右，其他山林面积和水面面积合计是耕地面积的两倍左右。实际上，平镇三分之二以上的耕地都得到了平整。

③ 茬冲村相对特殊，虽然其未进行土地项目整治，但是由于自然生态良好，有外来大户到该村流转土地 1400 亩，种植有机稻。

（一）项目争取与萍镇农业“发展”

农村公共品供给一直都是困扰基层政府的治理难题，不过在税费改革以后，随着国家财政的转移支付和对“三农”问题的关注，对农村的扶持项目与日俱增。以税费改革为标志，改革以前的农村公共品所需资金基本是由乡镇府从农民那里收取的“三提五统”中筹得的。随着“三农”问题的日渐突出，2006年国家彻底取消了农业税，并且加大对农村的财政转移支付，实现从向农村“吸取”到向农村“反哺”的农业政策。在新的分税制的财政体系下，公共品供给资金通过两个渠道解决，一是中央下达，地方“专款专用”，直接到账，比如教育款项、粮食直补、新农保、新农合等；二是通过中央到地方的“转移支付”，最主要的形式就是通过项目——“条条”的形式下达至村组。其中前者是直接给予个人，对地方政府的行为和治理不构成直接影响，而项目则成为地方获取资源的最主要形式。

目前，项目不仅是提供农村公共品资金的主要渠道，同时也是国家实现从总体性支配到“技术治理”的主要手段，这样的一种新的国家治理体制，“旨在通过财政的转向转移支付等项目手段，突破以单位制为代表的原有科层体制的束缚，遏止市场体制所造成的分化效应，加大民生工程和公共服务的有效投入”①。通过国家出资、地方配套和社会自筹等渠道，国家欲达到“四两拨千斤”的效果。它不仅“使体制积极运转起来，而且构成了国家、社会集团和个人的建构决策和行动的战略和策略”②。“项目治国”可谓是对项目制在治理体制中高度作用的概括。

对于地方政府而言，“抓项目”“打包项目”，通过项目拉动地方经济，整合地方资源，成为“地方政府尤其是中西部地区地方政府的主要工作机制之一”，正所谓“大跑大项目大发展，小跑小项目小发展，不跑没项目没发展”。对于萍镇这样一个历来以农业为主的贫困镇而言，对项目资源的

① 渠敬东．项目制：一种新的国家治理体制[J]．中国社会科学，2012(5)．

② 渠敬东．项目制：一种新的国家治理体制[J]．中国社会科学，2012(5)：114．

需求是可想而知的。以下是萍镇土地流转中心负责人和村一级的村干部对于项目下乡和项目进村的描述。

案例 3-1 土地流转中心负责人:谈到我们镇里得到这么多的项目,这也是个偶然,很多地方的项目都是“跑出来”的,我们运气好,没怎么跑。2007 年搞第一个项目时,是县里为我们争取来的。当时那个项目本是给陵县(隔壁县)的,但是为了平衡,就给到了我们县里。大家都知道啊,在我们县,只有我们是唯一的农业镇,是本市的“后花园”,是纯农业。从财政收入来看,全县有 25 亿元,其他乡镇的收入都是 1 亿~2 亿元,我们的财政收入只有 1700 万元。我们一个镇的年收入抵不过其他乡镇的月收入!村干部们讲,1997 年萍镇的财政收入只有 20 多万元。曾经的萍镇“交通全部靠走,通讯全部靠吼,安全全部靠狗”,在萍镇当书记都是向上面“讨钱”的。不过,旧林村进行土地综合整治以后,试验效果不错,陆续的项目都来了。

现在我们萍镇所有的(农业)项目都有,县里全部的农业项目都给到了萍镇。要把我们打造成为安徽省的农业现代化示范区,目前关于发展番县萍镇现代农业示范区的相关文件都出台了,里面有很多的项目规划,土地流转只是其中一步,还有特殊农业、农业产业化等很多的项目。在土地整理上,目前的项目资金都上亿元了,还有四个村没有项目,不过下半年菜铺村和果仁村也开始动工了,主要是因为在山区,受地形限制,项目不好搞(动工)。目前县里也给我们配套资金,从 2013 年开始,县里每年给萍镇 400 万元发展现代农业。

主管农业的领导很有些想法,对农业蛮擅长,我们有时候都不叫他县长,都叫他“教授”。后来又争取到很多项目,他一直很支持我们。

从土地流转中心负责人的描述来看,不同于其他地方,萍镇获得如此多的涉农项目并没有那么困难,颇有“无心插柳柳成荫”的偶然性。不过详细来看,萍镇项目的获得与以下几个因素紧密相关:第一,萍镇是番县唯一的农业镇,传统农业基础好,符合涉农项目的投放,这是第一批项目入驻萍镇的重要原因;第二,有一个懂农业、善于发展农业的县长,这是萍镇能够持续获得项目的次要原因。不过,最主要的原因恐怕与项目制本身的特点有重要关联。

正如有些研究者提出的,就项目的发包而言,一般由国家部委进行,但是真正处于关键地位的却是县(市),县(市)不仅是项目的“中转站”,而且是项目进行再组织的制度空间和平台,能够为单个的项目进行“打包”,从而实现“集中力量办大事”的效果。因此,我们常常可以看到一系列的项目都出现在一个镇或村,所谓“开发、扶贫、农林、水利、交通、能源等转向资金,集中投向村建村(或镇)”①。打造亮点,不撒胡椒面,其实是新时期政府治理逻辑的常态,所有涉农项目最后都集中于萍镇,这与项目制本身运作的特点密切相关,即捆绑项目,把项目打包,有利于“钱往一处花,劲往一处使”,“树典型”、打造亮点,使萍镇成为当地的示范镇,有利于盘活地方资源,搞出成绩,搞出政绩②。

把资源“打包”处理,把“条条”的资源“块块”化,县级政府强化对项目的控制,使得项目投放投在了“该投”的地方。这样做既满足了政府获得政绩、地方获得发展的需要,也间接地方便了地方政府官员通过项目获得寻租的空间。项目从县到镇如此,从镇到村亦是如此。作为萍镇第一个获得土地整治项目的村庄,旧林村的书记和会计谈到了该村被政府选择为项目投放实验村的缘由。

案例 3-2 旧林村村会计:萍镇首批项目给到我们旧林村主要原因有几点:第一,旧林村历来是本镇的先进村,领导班子比较得力,我们村以前是旧林乡,是从乡转化而来的,经济基础也比较好;第二,旧林村的土地比较集中,面积不大,只有3000亩,平整土地的时间不会拉得太长;第三,很

① 折晓叶,陈婴婴. 项目制的分级运作机制和治理逻辑——对“项目进村”案例的社会学分析[J]. 中国社会科学,2011(4):130.

② 据了解,在笔者完成对萍镇的调研一年后,由于萍镇创建的现代示范园区成绩突出,该镇的镇委书记已经调至该市的宣传部。

重要的一点是，本村农户的人均耕地面积比其他圩区要少①，只有1亩多，有的村是2亩多，不种地的农户较多，这非常有利于发展规模化的土地流转，而且大多数农户种植单季稻，搞土地平整对农户的影响较小，有利于为土地整治争取更多的时间。

镇里对项目村投放项目的逻辑与县里对项目镇投放项目的逻辑相似，都是以"示范村(镇)"作为项目投放的重点。从旧林村村会计的描述来看，旧林村成为首个项目投放的重点村，具备了三个基础。第一，政治基础。旧林村"领导班子比较得力"说明了本村具有良好的政缘关系和组织基础，即使要"跑项目"，能力也不差。第二，财力基础。旧林村是从原来的乡转化而来的，是萍镇财力最为雄厚的村庄，能够为项目的实施提供配套资金，保证项目的顺利完成。第三，社会基础。从会计的描述中可以看出，该村的土地适合萍镇的涉农项目，社会阻力较小，项目实施相对容易。

可以看出，旧林村是完全具备项目调动的具有"行动能力的村庄"②，符合以"示范村"打造"政绩""亮点"的要求，同时能够在最大程度上避免项目风险和项目失败。于是，有关项目下乡和土地整治的农田改造(后文称之为"田改")运动首先得以在旧林村推开。

(二) 谁来种地:田改后的困境

从项目发包、争取项目到项目下乡进村，项目从不同方面满足县、乡镇和村级组织的利益要求，但是，实施完项目的后果也是当地县、乡、村政府部门始料未及的。旧林村作为番县土地整治的第一个试点村，在田改后却遭遇了困境。

案例 3-3　旧林村村会计：我们村2007年开始进行土地综合整治。

① 前面已经指出，该镇的农业生态分布是按照圩区、半山半圩区和山区三种类型进行的。

② 折晓叶，陈婴婴．项目制的分级运作机制和治理逻辑——对"项目进村"案例的社会学分析[J]．中国社会科学，2011(4)：137.

2007年7月项目启动，截至2008年5月，土地整理完毕。当时都5月份(2008年)了，没有人种(地)。这时没人种地，就会耽误农季。如果土地没有流转出去，就说明土地整治和规模化的失败，政府需要赔上几十万上百万元，政府赔不起啊！

“没有人种(地)”，令乡村一级有点始料未及。为什么政府花了那么多的资金整治了农田，农民却不愿意要，分田怎么如此困难呢？这得从项目制本身的特点讲起。

“项目”作为一种新的治国措施，是国家实现资源向下转移的重要手段，但是，对于项目专项资金的使用和实施有严格的规定，所谓“戴帽”资金不好用。这一切与项目的“技术治理”①特征相关，在项目相关部委发布的项目指南中，就提出了项目意图、建设内容、支持对象、立项条件、申报和下达程序、资金规模、额度分配、分级责任、组织实施办法等要求。也就是说，项目是自上而下导入的，项目制以项目评估和项目管理为中心，带有很强的专家治国和技术治国特征。这就导致项目实施中带有技术性特点：按照理性的制度设计进行操作，而作为项目的承受方——农民却常常被排除在项目运作外。“治理的技术化和专家化过程的一个明显特点是提供指向单一问题和单一目标的理性设计方案，而非扎根于具体的社会经验”②。

案例3-4 杉河村农民翟立虎：土地平整啊，就是“土改”，土地改革！土地平整以后，土地变少了，塘和田埂少了，但是路多了，田的面积还变少了。塘改田(有的田是用塘填的)，小型的拖拉机都要陷下去，不好种。塘被埋了，水利也不大方便。以前的水是从塘里直接放到田里，现在要从河里抽水到沟里，再引到田里。由于地势高，从河里直接(抽水)到田里费事。现在，大田不给割(分割)，要(田)就是一丘(约10亩)。4亩、6～7

① 渠敬东，周飞舟，应星．从总体支配到技术治理：基于中国30年改革经验的社会学分析[J]．中国社会科学，2009(6)．

② 渠敬东．项目制：一种新的国家治理体制[J]．中国社会科学，2012(5)：126．

亩、10 亩、25 亩的都有。田改之后，刚开始大家都怕(种田)，(田)高的高、低的低、洼的洼，土地很是不平整。老百姓不敢种，害怕呀！堆得高的有的像山，洼得低的像塘。

案例 3-5 杉河村老书记：现在种田用小型机械，跟不上形势了。没有平整之前，田块小，小机械还可以。现在没有大型机械不好搞。老早的田块(访谈时间为 2012 年，距离土地平整已经有 4 年多)高低不平，一两百亩买大型机械又不划算。2600 多万元的项目，税都有几百万元，项目就是"层层剥皮"。国家有很多钱都浪费了，应该设置一些监督机构！

案例 3-6 麻仁村民兵连长汪国栋：村里面对于土地平整项目的进行也有监督，多大的作用不敢讲，但是小的作用能发挥，能尽量把百姓的意见反映上去，比如加条沟、改条路，至于最终效果不好说，施工方都是按照图纸来施工的，改图纸要经过县设计院。农户们反映的都是实际情况，比图纸强太多，但是多数小的能改，大的不能改，图纸的设计理念有偏差，设计的初衷就是给大户种植的，但是没想到普通农户也在种植，所以有些服务设施不配套，百姓的意见很大。而且土地平整的时候，扒了老百姓好多坟，老百姓比较反感这一点，祖坟对于他们的意义还是很重大的，后来以 500 元一个棺木的价格补偿百姓，总共拆了不下 600 座坟，农民看到村里的干部像看到仇人一样。

项目设计的初衷就是为现代农田(也就是规模化农业)而设计，再加上项目在实施的过程中，村民参与较少，项目的施工方和政府之间又存在各自的利益指向，这导致了项目的实施效果较差。田改项目实施后，分田过程中农民的抵制情绪是不言自明的。案例中农户反映的问题是实实在在的。田改实际上从两方面倒逼小农退出农业生产：第一，田改中的设计问题；第二，田改后的质量问题。

第一，田改中的设计问题，这是项目制本身所带来的。项目由专家制订并以国家相关部门的理念进行设计，较少考虑项目承受对象。当地农田改造的目标就是"田成块、路相连、渠相通、林成网、旱能灌、涝能排，具备适度规模经营条件的现代农田”。在当地的项目改造方案中就明确提出了这几条：①项目是为了更好地改善农业生产条件，更加适合大规模生产，农田水利的水系改造必须统一；②因田间生产道路（涵管）为两田块共用一个，所以所有田块不得进行分割。按照现代农田的要求，细碎和零散的农田格局本来就应该被去除，因此，需要推行全方位的农田、水利系统和道路改造。因此，农田被改造为3～5亩、5～10亩和10～12亩，甚至20亩左右的田块。同时，原来的灌溉系统被改造，原来的水塘被填，改造后，主要的灌溉系统是河、水库和坝等中小型水利灌溉设施。另外，农田田埂被打破，小的机耕道被改为能通小型机械的道路。但更为重要的是田改后的质量问题。

第二，田改后的质量问题。对于项目制高度理性化和程序化的制度弊端，已经早有学者指出[①]。由于发包方（政府）、施工方（企业）和项目受用方（农户）之间并没有形成较好的监督机制，项目的实施效用问题就非常堪忧。案例3-5中的村干部就直接指出了项目资金的滥用问题。更为重要的是，田改导致改造后的农田很难立即投入使用，或者说，改造后的农田会导致生产投入成本急剧增加，并且粮食产量严重下滑的双重局面。

田改导致了农业生产投入成本增加和粮食产量下滑，这种局面的产生，既有客观的原因，也有主观的原因（制度的原因）。从客观方面来讲，在短期内，田改使土地的“质量”发生改变，比如很多农民都提到，熟土变成了生土，粮食产量不高，不知道几年之后才能种。这对于农民来讲确实是一个风险，这也是项目制所无法克服的问题。不过，诸如农田改造以后水利设施不好用、田高低不平、工程粗糙等问题，却是项目制中的供给偏差造成的。

农民诟病的问题有真伪之分。“真问题”有几个方面：第一，田改之

① 周飞舟指出，“项目治国”会带来专项化的“意味后果”：“项目体系越完备、审计体系越严格、专项资金的管理和控制越规范，这些资金就越难以深入到乡村基层”。参见：周飞舟．财政资金的专项化及其问题：兼论“项目治国”[J]．社会，2012(1)：35.

后，生产的投入成本的确有所增加，比如耕牛用不上，没有平整好的土地需要农户进行再平整和再投入；第二，农田质量不过关，关不住水就无法进行耕种，而且又会加大农民的投入；第三，短期内，粮食产量下滑状况无法避免，田改改变了土壤质量。以上几个方面既是在实施土地整治项目中客观存在的问题，也是项目制带来的影响[①]。

当然，田改后分田难的原因并非仅有这几个。农田改造虽然因为没有与小规模的农户对接而出现了设计和质量问题，但是，小块田改成大块田、建设畅通道路和先进的灌溉系统，从整体上和长远来看，对农民还是有利的。关键的问题在于，田改导致出现了好田、差田和一般的田三种田块。所谓好田就是土地平整得好、灌溉条件方便、交通位置方便或离家门口近的田。反之就是差田，尤其是土地坑坑洼洼、灌溉条件不好的，老百姓对此深恶痛绝。于是对好田的争夺、农民不愿接受整改的土地等事实摆在了政府面前。

（三）政府干预：推动资本型农场的发展

在中国的政治体制中，流行“以点代面”，先试验再推广，这是中国运动式治理的一种重要方法和手段[②]。对于旧林村田改后的棘手局面，县、乡、村三级政府有些意外，但似乎也在他们的预料之中。土地流转中心的负责人告诉我们：“有一个乡镇，土地整治后老百姓都不要土地，一年就亏了几百万元！我们整治的过程中也在考虑，整治之后的土地老百姓不要怎么办？所以，我们拿一个村先试验一下，结果，分不下去！”从土地流转中心负责人的话中我们可以看出，政府颇有“边打边想”的意思。虽然有风险，但是先在示范村做“试验”，试验成功了就推广，试验失败了也不

① 对于项目制下乡之后带来项目实施效果不达标和工程质量不达标的问题，在项目制的众多研究中已经有人指出。参见：龚为纲．农业治理转型：基于一个全国产粮大县财政补贴政策实践的分析[D]．武汉：华中科技大学博士学位论文，2014．

李祖佩．论农村项目化公共品供给的组织困境及其逻辑[J]．南京农业大学学报（社会科学版），2012(6)．

② 李元珍．联系点制度的运作及其内卷化[D]．武汉：华中科技大学博士学位论文，2014．

会有太大的后果，至少后果可控[①]。在与多个干部的交流中，我们了解到，田改后的分田困境，他们一开始也想到过。这也可以看出，政府的行为逻辑不仅限于消极的"不出事"逻辑[②]，在大量的财政转移支付中，政府行为被充分激励：一方面可以通过项目资金带动地方经济发展；另一方面在"压力型体制"[③]中，地方政府会充分利用项目资源，达成自身的行政目标和利益诉求。

不过，田改后的"危机"处理成为政府的当务之急。在当前维稳成为"红线"的压力型体制中，及时化解问题方为政府的上上之策。访谈时，番县副县长提出："没有这个规划就没有这个项目，实施土地平整就是为大户设计的。要实施现代农业、要机械化，就要打破田埂，但农民不愿打破田埂怎么办?"面对项目的治理难题，继续进行下一个项目[④]，恐怕是解决危机的一种好措施。解决的办法就是推动大规模的资本型农场发展，搞现代农业。

案例 3-7　旧林村村会计：当时（2008 年）都 5 月份了，没有人种（地）。这时没人种地，就会耽误农季。如果土地没有流转出去，就说明土地整治和规模化的失败，政府需要赔上几十万上百万元，政府赔不起！于是负责分管农业的副县长下来给做工作。

当时找到本地搞粮食加工的农资店老板任志宏，县、乡干部都给他做

① 在中国行政体制中，依靠试验来推广的案例很多，比如在确定是否推广"生不增、死不减"的土地政策时，就开展了著名的"湄潭试验"。由于中国幅员辽阔，涉及面广，常常用先试验再推广的方法来进行政策评估。

② 贺雪峰，刘岳．基层治理中的"不出事逻辑"[J]．学术研究，2010(6)．

③ 渠敬东．从压力型体制到民主合作制[M]．北京：中央编译局，1998．

④ 在项目研究中，已经有研究者指出，对于项目出现的遗留问题和衍生问题，通常都靠下一个项目来解决，这被称为项目的"繁殖能力"。原文为："项目制研究中，我们进一步发现，项目在基层社会的输入过程中，并不限于某一专项的输入，而往往表现为多个项目前后承接地连续输入：前一个项目留下的遗留问题或意外衍生出来的问题，需要后一个项目来解决；后一个项目如果再生出难题，再附加一个项目来修正。"笔者认为，这可以称为项目本身所具有的"繁殖能力，前一个项目的"果"，往往会成为后一个项目的"因"，"果"与"因"反复循环，形成了项目制特有的体制惯性，并持续产生累积效应。具体参见：渠敬东．项目制：一种新的国家治理体制[J]．中国社会科学，2012(5)：128．

工作。本来政府开出的土地租金是每年每亩 400 斤稻子，但是苦于无人租赁土地，于是就给任志宏每亩地减免 50 斤的优惠政策，即 350 斤稻子的租金价格(笔者注：不需要缴纳保证金，政府每亩地补贴 50 斤稻子的钱，一直到合同终止，这 50 斤稻子的补贴是萍镇独有的一家。)。

在土地平整方面，由于搞得不是很细致，还另外补贴每亩 20 元的土地平整费，让任志宏自己再进行土地平整的工作。另外，任志宏在政府帮助下成立了水稻专业合作社和农机专业合作社，享受购机补贴，他添置了近 400 万元的农业机械，主要有插秧机 5 台，需 100 万元(与机插秧试验项目有关)，烘干机 6 台，需 66 万元等。

当时政府给任志宏说了很多好话，并且要扶持他的粮食加工厂成为市级龙头企业[①]。(笔者注：有龙头企业称号后，任志宏就可以享受农业发展银行的政策性贷款。)

最后他勉强答应了。

通过推动规模化经营来化解田改后分田的困境，不仅能解决当下政府的燃眉之急，同时也与国家当前推行的农业现代化政策完全吻合。在“锦标赛体制”下，竞赛标准由上级政府决定，上级政府针对多个下级政府部门的行政长官设计一种晋升竞赛，竞赛优胜者获得晋升[②]。在目前地方追求 GDP 的狂热态势下，在考核量化和指标化的形势下，现代农业也被地方政府作为一个重要方面进行推动。在案例 3-7 中我们可以看到，在项目制下，政府为了完成国家的考核目标，从而实现农业现代化，在资金和政策上给予了大户全方位的扶持。

第一，资金上的直接扶持。比如，地方政府协定地租为每年每亩 400

① 同意进入粮食生产环节从事规模化的资本型农场，对任志宏的粮食加工厂也颇有益处。任志宏的粮食加工厂，现称为 HQ 米业有限责任公司，该厂也因为流转了大量土地，扩大了自身的规模和实力，2009 年被评为“县级龙头企业”和“先进农民专业合作社”；2011 年被评选为农业产业化“市级龙头企业”和“龙头企业标兵”；2012—2013 年又被评为“省级农业科技示范园”。

② 周黎安. 转型中的地方政府：官员激励与治理[M]. 上海：格致出版社，2008：39.

斤的稻子，而给予任志宏的是每亩优惠 50 斤的价格。更重要的是，这笔交易不需要预付租金，等第二年粮食收获之后付。另外，在土地平整上，再给予每亩 20 元的补贴。

第二，政策上的扶持。首先，政府帮助任志宏建立了水稻专业合作社和农机专业合作社。其次，扶持粮食加工厂做大做强，并且给予农业发展银行的政策性贷款。

资金和政策上的扶持对于任志宏的粮食加工厂非常重要。首先，政策扶持有利于加工厂做大做强。虽然 2006 年任志宏的粮食加工厂升级为公司，但由于规模小，无“龙头企业”的称号，就不可能获得国家的政策性贷款，也就不能获得银行的低利率贷款，这对于粮食加工厂规模的扩大影响巨大。其次，进入粮食的生产环节，与任志宏从事的粮食加工业和农资销售店的利益高度吻合。进入粮食生产环节有利于加工厂原材料来源的稳定，同时对于农资销售也是有益的。再次，成立的水稻专业合作社和农机合作社为任志宏降低了农业的投入成本，并且为国家资源的输入打开了方便之门。最后，最为直接的是，政府再次投入土地平整费，降低了政府协定的地租价格，每年政府还进行专门补贴，且地租不用提前预付。无疑，这也降低了其对资金的需求[①]。

降低资金门槛，同时提供政策性扶持，支持大户所在的粮食企业做大做强，诸多的诱人措施实属难得。这也充分说明地方政府在推动土地规模化流转和现代农业的发展方面费尽心力。在地方政府的“诱惑”下，HQ 米业有限责任公司的老板成了旧林村第一个“吃螃蟹”的人。

① 需要指出的是，对于后来的家庭农场，政府制定了严格的准入标准，比如需要预付租金和风险金。由此可以看出，一开始资本并没有主动参与其中，政府的“诱导”是关键。

另外，这里没有提到政府给予大户的大户补贴，即按不同规模标准，给予每亩 50～80 元不等的大户补贴。

二、经营:资本型农场的困境

政府以国家干预的方式对农业农村政策进行顶层设计是常见的,通过政府干预来扶持市场经营主体的出现也是世界上很多国家的普遍行为。不过,由政府扶持起来的市场主体有其自身的运行逻辑和经济规律,这却是国家和地方政府无力干预的。在萍镇,地方政府以涉农项目的进入为突破口,进而通过农业现代化的发展予以推进(这里特指资本型农场的发展),但仅有地方政府的推动是不够的。社会力量的接应和新型农业经营主体本身的运行,成为政府干预下资本型农场成功的关键。

(一)首批资本型农场概况

在当地,资本型农场的兴起可以分为两个阶段。第一个阶段以第一批涉农项目为先导,在旧林村、杉河村、旧塘村三个行政村推行了规模上千亩的资本型农场。第二个阶段是在后续其他涉农项目进入的村庄中,资本大户利用政策大量圈地。在第一阶段中,资本大户成为当地“吃螃蟹”的人,但由于投入大、风险高、自身缺乏经验和大农业本身的结构性困境等,他们遭遇了经营上的滑铁卢。

1. 资本型农场概况

自2007年旧林村成为第一个推动农业规模化流转和资本型农场的村庄以来,政府又陆续在杉河村、旧塘村两个行政村继续推进大规模土地流转和资本型农场经营模式发展。这一批资本型农场是该镇首批规模化经营的农场。在时间上,这批大户产生在2008—2009年。很多村干部告诉我们,他们当时都认为“规模越大越好,门槛是1000亩”。苦于没有找到足够多的大户,对有些粮食大户规模的限制降低到500亩以上。表3-2是有关这三个村资本型农场大户的基本情况。

表 3-2　萍镇首批资本型农场概况

承包人	流转土地村庄	承包面积/亩	流转时间	流转期限	所在地	社会身份	有无合伙人	合伙人有几人	合伙人身份
任志宏	旧林村	2600	2008—2016 年	8 年	本地人	农资店、粮食加工厂老板	无	—	—
吴小宝	杉河村	1100	2009—2016 年	7 年	南陵人①	烟草局职工、农机商	无	—	—
顾晓武	杉河村	1100	2009—2016 年	7 年	本地人	粮食加工厂老板	有	4	农机商刘行军、周桂平、左章勇和杨学兵
陈恩年	杉河村	730	2009—2016 年	7 年	南陵人	技术农民工	有	1	农机商人
王中村	旧塘村	650	2009—2016 年	7 年	番县城区人	小型饮料加工厂老板	无	—	—
方忠	旧塘村	800	2009—2016 年	7 年	合肥人	农技站工作人员	无	—	—
卢锦明	旧塘村	2000	2009—2016 年	7 年	城关人	原建筑公司职工	有	2	退伍军人、老板
总计		8980							

继旧林村土地平整并推动资本型农场之后，杉河村和旧塘村也陆续地推出 6 个经营资本型农场的大户。据村干部反映，在这批规模化经营

① 就是萍镇的隔壁县，与该镇距离非常近，常常有南陵人与当地人通婚，他们与当地人无异。

推行后，土地流转率在90%左右，也就是说，原来的小农基本退出农业经营或被瓦解。从表3-2中，我们可以得到如下的信息。

(1) 从大户的身份来看，几乎都是经济精英和农技部门工作人员，而且基本上是涉农部门的私营企业主、个体工商户，其中粮食加工厂和农机商较多。即使登记的大户本人没有进入涉农行业或非老板，其合伙人也可能是涉农行业的社会人士或老板。另外，大户有本地人和外地人之分，既有本镇的，也有非农的社会人士。而且从访谈中我们也了解到，由于大户多有涉农的背景，对于土地流转和规模化经营，这些社会精英们的信息来源较广。

(2) 从流转的规模和时间来看，有一定的限制。从规模上来讲，最小的规模为650亩，最大的为2600亩，平均是每户1000多亩，这是出于初期政府"越大规模越好"的理念。也因此，为了达到一定规模，有的人顾及资金因素限制，采取了合伙形式。另外，在初始阶段，大户也认为"越大规模，政府的补贴可能越多"。最后，从流转的时间来看，都是7～8年，这个时间有利于大户收回成本。

(3) 在农场经营中有一个值得关注的现象，就是有的有合伙人，有的无合伙人。在三个村的7个大户中，有有无合伙人之分，其中有4个属于单干，有3个有合伙人。是否选择合伙人是由以下因素决定的。

第一，资金的多少。具有经济实力的私营企业主和个体工商户选择单干的比较多。比如，任志宏由于经营农资店，尤其是经营粮食加工厂多年，经济实力雄厚，是当地第一大粮食加工厂的老板，成为政府首选的资本型农场承包大户，虽然他承包了近3000亩土地，但是无合伙人。但是，对于不具备雄厚资金实力的一般人来讲，合作是一个较好的选择。比如大户陈恩年就选择了和一个与之社会关系良好的农机商合作，由农机商出资，自己干活，形成出资和出力的分工。

第二，是否有技术支撑。对于数百亩甚至上千亩的规模化农业来讲，技术在经营过程中十分重要。不同于几亩或十来亩的小农农场，大农场在机械化操作和农业生产管理方面都需要专业人才和技术支撑。出于技术需要，大户在经营中如果自己无精力进行管理或者不甚熟悉农业技术，就需要有技术的劳动力与之配合。比如杉河村的承包大户顾晓武，他是当地一个小型粮食加工厂的老板，在他的4个合伙人中，有一个非常重要的合伙人即农机商刘行军。此人对农业机械的操作非常熟悉，被称为推动当地机械化耕作的“第一人”。

第三，降低风险的考虑。资本型农场的大规模经营不仅对资金、技术和劳动力(可以通过雇用劳动力来解决)有较多的要求还需要对抗自然风险。以上的大户几乎都没有经营上百亩的规模化农场的经验，选择合作是大户们避免风险的一种策略。

总体上看，以上大户(或合伙人)几乎都是农村的经济精英或是在城市具有一定资本的社会人士，他们兼具从事农业生产的经验，在资金和技术上比一般的小农具有颇大的优势。

2. 资本型农场的类型

马克思和恰亚诺夫在对农业组织形式的研究中，只对农业经营形式的类分做出了总体性判断。列宁依据是否雇工或者说雇工的多少，把农业经营形式划分为小农农业和资本主义农业。但是对于资本主义农业本身而言，实际上又可以进一步进行细分。比如当代荷兰农政专家扬·杜威·范德普勒格把资本主义农业进一步细分为“企业农业”和“大型的公司农业”；对农业产业化过程中的产业链来讲，实际上又可以按产前、产中和产后环节分为龙头企业带动的公司农业和一般资本大户。在这里，笔者主要从农业产业链和组织的角度对萍镇的资本型农场的类型进行划分。依据在农业产业化中是否从事产前、产中和产后环节工作，笔者把只从事生产且规模有限的资本型农场界定为“一般资本大户”；对于规模较大，尤其是在产前、产中或产后环节形成了产业链，组织程度更高且以公司名义为组织单位的，称为资本型农场经营的“农业企业模式”。以下对这几个类型分别进行介绍。

类型一：一般资本大户

所谓“一般资本大户”，是指几乎完全依靠雇工或者雇工比例占自己劳动力投入50%以上的经营者，经营者本人主要从事农业管理工作，很少从事生产工作，并且是只做粮食生产环节工作的资本型农场。在萍镇7户500亩以上的资本型农场中，除公司企业模式外，一般资本大户有5家，占比为70%以上。也就是说，大多数的资本型农场主要是做生产环节的工作，关于产前和产后的加工工作做得较少。列宁说，雇佣是资本型农场最主要的特征。的确如此，自己是否参加劳动是判断资本型农场最为显著的标准。在这五户一般资本大户所构成的资本型农场中，几乎完全使用雇工，经营者自己几乎未参加或较少参加农业生产。在管理模式上，最值得关注的就是资本大户的“代管模式”。

实际上，一般资本大户的“代管模式”，是由资本大户自己当“老板”(或称农场主)，根据农场的不同规模，聘请一到数名的代管，再由代管聘请长工和季节性短工进行农业生产的模式。“代管模式”的核心是，在大户和普通农业工人之间多了一个层级——代管。代管既辅助大户进行管理，又负责安排农业生产，具体到化肥的使用、除草的时间和药水的配给等。不同大户下面代管的管理权限有所不同，但是几乎所有的代管都受到大户的严格管理和监督。

案例3-8 朱治平，61岁，旧塘村人，有4年代管经验，帮资本大户王中村代管农场，管理土地240亩。朱治平是党员，也是一个村民小组的小组长，在村里干过12年村干部，并且曾经担任过村主任，是村里推荐给大户王中村的。朱治平也是传统种田大户，一般种地的规模是20亩，最多时有40多亩。在薪酬方面，朱治平每月的工资为1200元，每年工资是1.4万元，年终根据粮食产量还有几千元的奖励。

在王中村那里，他主要负责田间管理、雇用工人和雇工管理三方面的工作。首先是田间管理，主要负责管理粮食作物的生产、调配物资、上传下达。代管一般都是从传统种田大户中产生的，他们自身对农事颇为了解，因此能对农业生产进行较好的管理，比如下种、施肥、除草、打药和农业用水等都要及时，他们不但要向老板汇报，同时还要组织工人生产。遇到需要调配物资和使用机械的情况，要及时做好协调工作。当然农忙时，代管自己也参加劳动。其次是要负责雇用工人。朱治平常常要负责给王中村雇用季节性的临时工，当地称为“小工”。最后是要管理雇工。朱治平讲，雇工的管理是一件比较棘手的事情，在老板和工人之间处于两难境地。“如果小工不干事，我们就着急，我们要是督促小工，就得罪了乡里乡亲的”，“如果不督促，对不起老板；老板投入那么多，不做事，自己也对不起每天这几十元钱啊！”朱治平采取的办法就是，如果小工干事不力，也不会扣他们的工资，但是下次就不请此人了。

对于自己的代管工作，朱治平说：“（我）考虑的不是钱，是田地改革（代指政府推动土地规模化流转），要帮村干部把事儿办好！我认为作为一个党员，还是要起到带头作用！”

案例 3-9　周玉江，61 岁，旧塘村人，有 4 年代管经验，帮资本大户卢锦明代管农场，管理土地 300 亩。周玉江 16 岁起当队长（村民小组长），一直在家种地，是种 20 亩地的传统种田大户。2009 年起开始当代管，每年的工资是 2 万元，年终有 2000 元的奖励。对于自己的代管工作，周玉江很满意，一是认为自己没有文化，无外出打工的机会；二是觉得代管可以增加收入，同时不影响自己搞副业，比如继续自发流转的小块土地耕种，并且还可以养鱼。周玉江的主要工作也是要负责田间管理、雇用工人和监督工人。他表达了雇用工人方面的难处，他说，每年的 5—6 月是农忙的季节，大家都需要工人，雇工难，而且工价高。

对于代管这份工作，他认为“代管工作好，不担风险，而且月月拿工资”。但是代管之间也存在竞争，比如面子上的竞争：为啥其他几个代管干得好，自己干得不好？对于是不是一个称职的代管，人们也会议论。

周玉江认为好代管就是，“第一，有技术，懂农活儿；第二，敢于得罪人，表现在对待小工上面；第三，会管理。分工能力是关键，能把事情干好，同时能省工，能3个人干的活儿不请4个人。老板不会具体负责这些事情，也不会对工人进行衡量，但是老板心里有底！第四，好代管，自己以身作则。”他说，在老板和小工眼里，好代管和坏代管是相对的：“在工人那里，他们喜欢坏代管，在大户那里，他们喜欢好代管”。他同时说，好代管很少，比较稀缺，大户对好代管也会尽力争取。

萍镇的一般资本大户均使用代管，每个大户基本都有2个以上的代管，每人负责200～300亩田地。以旧塘村为例，整村集中流转土地面积为3450亩，有3个资本型农场大户，分别经营面积为650亩、800亩和2000亩，代管一共有7人。案例3-8和案例3-9介绍的都是旧塘村的代管，案例详细地描述了代管户自身的特征、待遇、日常工作、与大户和工人之间的关系、对自身职业的评价，以及代管工作中遇到的问题和困难等。

代管模式实际上是“金字塔型”的管理模式。第一级是资本大户，他们掌握大量资金，可以调度资源，与乡镇干部、村干部和农资店、负责机械的合作社等市场部门往来，主要从事农场管理工作，通过代管进行具体管理，自己只是负责监督。第二级是代管，代管的工作主要是田间管理、雇用工人和管理工人，起着上传下达的作用，他们负责具体落实生产的管理工作，同时必要时自己也进行生产，是大户和工人之间的一个桥梁。代管一般具备多重能力，他们既是农业生产能手，又是村庄代理人(一般是村民小组长或村干部)，而且身体素质好。第三级是一般工人，既有长工，也有季节性短工①，他们负责具体农业生产，直接受雇于代管，同时受大户的监督。在这种管理模式中，资本大户一般只有一个人，有时也会有两三个人，他们之间为合作关系，不过名义上农场通常只有一个法人；第二个层级的代管有两到数人；第三个层级人更多，不同规模的农场人数不同，比如案例3-9中农场的日常工人就是10～20人，另一个最大的大户HQ米业有限责任公司，雇工多时达150人。无论从管理的权限，还是从每个

① 长工是每年受雇100天以上的农业雇工，短工指每年受雇100天以下的农业雇工。参考：黄宗智. 没有无产化的资本化：中国的农业发展[J]. 开放时代，2012(3)：20.

层级的人数看，这都构成了一个稳定的金字塔结构，其中，代管是这个结构的核心。

类型二：农业企业模式

在扬·杜威·范德普勒格笔下，所谓农业企业，"主要建立在信贷、工业投入与技术等金融资本和工业资本的基础上"，"通过扩大规模进行持续扩张是这种模式的一个典型特征"①。在对农业产业化组织模式的描述中，我们看到最主要的就是龙头企业带动型（实际上就是农业企业——公司模式）的农业产业化经营模式。这种经营模式就是以"农产品加工、储藏、运销企业为龙头，围绕一项产业或一种产品，实行生产、加工、销售一体化经营的一种农业产业化经营模式"②。在这里，笔者结合以上对农业企业的界定，认为这里的"农业企业（公司农业）"是指以从事产前、产中或产后环节的公司为主，具有产业链形式的农业生产组织。

案例 3-10　HQ 米业有限责任公司成立于 2006 年，公司负责人为任志宏。公司由小型粮食加工厂发展而来，至今已有 10 余年。2007 年，萍镇在旧林村进行大规模的土地平整，随后对土地进行发包。政府找到了具有经济实力，同时经营粮食加工厂和农资店的任志宏。当时，任志宏流转了 2000 亩左右的土地，之后几年又在其他村拿地，规模达到 2600 亩。在流转土地初期，任志宏实行了龙头企业带动的"一体化"管理模式，即从原材料生产到最终成品生产，都由公司完成，公司将生产过程的成本内部化。

公司负责人之一任晶晶（任志宏儿子）称这种管理模式为"六个统一"管理模式：统一品种、统一机耕、统一管理、统一收割、统一烘干和统一销售。任志宏的 HQ 米业有限责任公司不仅加工粮油，而且还销售农资，因此，种子、农资都统一由公司提供，内化了农资成本。该公司自己购买了

① 范德普勒格．新小农阶级：帝国和全球化时代为了自主性和可持续性的斗争[M]．潘璐，等，译．北京：社会科学文献出版社，2013：2．

② 喻闻．农产品供应链案例研究[M]．北京：中国农业科学技术出版社，2008：2．

数十台大型拖拉机和收割机等农业机械，烘干机也达到10台，每天烘干粮食量达100吨，总投资上百万元。另外，该公司陆续购买和扩建了近3000平方米的厂房，总投资达300万元。在生产、收割和粮食干燥上都使用自购机械，再次内化了成本。在生产环节，该公司把近3000亩土地划分为200～300亩一块的土地，分别找代管进行管理，代管再找长工和临时工进行农业生产，农资、机械完全由公司提供，公司给予工人工资。生产出的粮食由公司统一进行烘干、加工，再由国家粮食储备库收购，或者销售给零售商或消费者。

案例3-10中的HQ米业有限责任公司是当地粮食加工业的龙头企业，该公司老板任志宏从20世纪90年代初就开始办小型粮食加工厂，陆续又进入农资销售等行业。目前该公司有固定工人19名，资产数百万元，厂房20多间，每年收购粮食两万多吨，占萍镇粮食生产总量的2/3，是该镇唯一的农业产业化"市级龙头企业"①。公司负责人任志宏在当地销售农资和从事粮食加工的时间长、资金足，因此，在规模化经营兴起后，成为政府发展规模经营的首要人选。公司接手土地以后，在产前、产中和产后环节对粮食进行生产、加工和销售，是典型的农业产业化中"龙头企业带动型"模式②。从最初直接从事粮食生产的"一体化"模式，到现在"公司＋基地＋农户"的订单农业模式，表明公司为实现自身利益放弃生产环节，主要从事产前和产后的农资销售、粮食加工和销售环节工作。任志宏认为"种地有风险，利润有限"，退出生产环节转包更有利可图。

在萍镇，采用农业企业模式或公司模式进行经营的一共有3户。除HQ米业有限责任公司外，还有CG粮油有限责任公司和一个从事有机

① 需要说明的是，HQ米业有限责任公司也因为流转了大量土地，扩大了自身的规模和实力，2009年被评为"县级龙头企业"和"先进农民专业合作社"；2011年被评选为农业产业化"市级龙头企业"和"龙头企业标兵"；2012—2013年又被评为"省级农业科技示范园"。

② 前面我们已经提出了"龙头企业带动型"的农业产业化模式，这里的HQ米业有限责任公司，主要是将粮食生产、加工和销售一体化的农业产业经营模式。相比其他行业而言，作为粮食龙头企业的入门门槛较低。

水稻生产的企业。在形式上，CG 粮油有限责任公司与 HQ 米业有限责任公司背景相似，都是由小型粮食加工厂转换而成的。不同的是，CG 粮油有限责任公司只从事粮食生产、加工和销售工作，即只进入产中和产后环节，而且规模较小，在土地流转面积上只是前者的 1/3，而且有几个人合伙，一年之后合伙人分离，只剩下 600 亩左右的土地。位于茬冲村的有机水稻生产企业主要是在向有机水稻的生产、加工和销售转型，该企业由 3 人合伙成立，总负责人是某吴姓老板。该公司主要是进行有机稻的生产，自己作为“基地”，向更大的企业寻求产后加工和销售的合作，土地流转面积有 1400 亩。

（二）吃螃蟹：大户的大胆尝试

虽然受到政府政策的扶持和激励，但市场有自己的运行法则，资本型农场由于规模大，在经营生产上完全有别于传统小农。这表现在管理要求大大提高，农场所面临的自然风险和管理风险陡增。作为第一批的承包大户，杉河村的吴小宝把他们这样敢于冒风险，替国家政策买单的人，称为“吃螃蟹”的人①。大户“吃螃蟹”表现在两个方面：第一，投入大；第二，风险高。如果产出不好，那大户的高资本投入势必有风险。本节仅就资本型农场的高资本投入进行描述。

首先，资本型农场的构成与一般农户的构成最大的不同来自生产资料——土地的获取方式上。一般农户的土地来自于国家分配的承包地，资本型农场的土地是通过政府规模化流转来获取的，因此，在地租上就有一个与一般农户协商的过程。政府在协调农户（包括种田户和不种田户）和大户利益的基础上，提出每亩 400 斤稻子的地租成本。这就在一定程度上决定了大户的土地成本，除了自己的土地投入成本以外，还要加上多于一般农户的地租成本。这从一开始就决定了资本型农场所承担的风

① 大户许小宝形容首批大户是“吃螃蟹”的人。他说：“我们是第一个吃螃蟹的人，即使掉到水里，（政府）也应该捞我们一把！”

险。如果说作为资本型农场大户，在政策初期受到政府的扶持免于预付租金，可以暂缓缴纳租金，那么对于资本型农场最大的一次性投入恐怕是大户对于机械和仓库等固定资本的投入。

其次，资本型农场规模都在500亩以上，不少达到1000亩、2000亩，对大型机械的需求大大增加，即使在机械租赁市场发育程度较高的情况下，自己投入机械也是一种减少成本的方式。为了能更好地适应农时(当地的机械租赁市场不发达)，大型机械的投入也成为一种刚性成本。在大型机械投入上，几乎每个资本型农场都投入了大型拖拉机、旋耕机、收割机，并且不止一台，不少经营者还有插秧机、烘干机和厂房等。

案例3-11 资本型农场HQ米业有限责任公司，土地流转面积为2600亩，有大型拖拉机6台、收割机2台、小型拖拉机3台、烘干机10台、喷雾器25台、插秧机5台、旋耕机4台，厂房20多间，占地近3000平方米，总投资达380万元。

案例3-12 资本大户陈恩年，经营规模为730亩，有大型拖拉机4台、收割机2台、小型拖拉机4台、水泵15台、烘干机3台、插秧机5台、旋耕机4台，共计投入73万元。后来又建了几间仓库，投入资金10万元。

案例3-13 谷老板，承包土地1100亩，目前拥有大拖拉机2台，除去政府补贴外，自己每台投资5.5万元，合计11万元；收割机一台，除去补贴自己投资4.1万元；两台小拖拉机共1.2万元；水泵10台，每台1400元，合计1.4万元；喷雾器6台，每台300元，合计1800元；另加辅助农具需1万元。

现代农业的核心是以机械替代人力，以高的资本投入替代高的人力投入，充分运用现代生产技术，总之就是，资本密集代替劳动密集。的确，现代农业以商品交换为手段，以实现利润最大化为目的，而这严重依托于先进的技术生产手段——机械。在萍镇的资本型农场中，大户或公司经营者都在机械上投入了颇多资金，这与小农形成强烈对比。小农农场以传统耕牛、犁和小型拖拉机、喷雾器为主要生产工具，投入只有数千元。对于平均规模在1000亩左右规模的资本型农场，在机械上的投入占总投资的比例较大。规模经营有一个重要的特点，那就是必须要依靠机械。机械属于固定资产，具有不可分割性，属于一次性投入，要求经营者的资金一次到位。如果机械投入不够，就会影响农时或增加成本，因此500亩以上的大农场的机械投入基本在50万元以上，这是一般农民所不能负担的。另外，机械和仓房等固定资产的投入不仅一次性投资大，而且回收周期长、磨损度高，有难以回收的特点。如果农场经营困难，再变卖这些固定资产就可能存在较大亏损。

最后，还有另外两笔支出：农资等流动资本的投入和农业生产的雇工成本。在农资流动资本的投入上，资本型农场与小农农场差异不大，因此农资作为生产性投入是必然的，而且农资等流动性资本具有可分性，对农地的规模没有相应的要求，弹性较小。一般来讲，在每亩地的投入成本上，小麦为200～300元、中稻为400～500元、早稻为350～450元、晚稻为400～500元（只有小农为追求土地产出最大化而种植双季稻，萍镇资本型农场几乎都以稻—麦轮作为主）。雇工成本投入，对于资本型农场而言，虽是一种弹性投入，但更是一种刚性投入。比如，在用工的量上，资本型农场的经营者，包括代管在内，会尽量控制雇工的人次和天次，不过却不能不雇工，而且每亩地的雇工一定在1个工以上，大致的范围是1.5～3个工。对于资本型农场的平均雇工人数，难以准确计算。以旧林村王中村的650亩田地为例，代管有3人，就是3×365＝1095天。在农忙季节，即每年的5—8月，每个代管的雇工就有10～20人，取平均值计算就是15×90×3＝4050天，加上代管共计5145天。5145天/650亩≈8个工。控制雇工的成本，实际上是资本型农场在生产环节实现利润的关键点之一。

土地租金、机械等固定资本，以及农资等流动性资本和雇工成本的投入，使平均1000亩规模的资本型农场在投入上颇多，然而农场经营者在农业经营中是否具有较强的风险控制能力和管理能力却是个未知数，这使得大户成为他们所讲的“第一个‘吃螃蟹’的人”。

（三）亏损：资本型农场的经营困境

萍镇资本型农场的兴起产生了广泛的社会影响，不过，经过一两年的“探索”，资本型农场的经营状况让农民感到惊诧，也让政府感到担忧，表3-3为部分大户的经营情况介绍。

表 3-3 旧林村和杉河村大户经营情况

承包人	面积/亩	2009 年经营状况	2010 年经营状况
任志宏	2600	亏损 40 多万元	基本持平
吴小宝	1061	亏损 20 万元左右	亏损 18 万元左右
顾晓武	1150	亏损 20 万元左右	亏损 15 万元左右
陈恩年	730	亏损 30 万元左右	基本持平

案例 3-14 访谈时遇到的农业工人介绍：大户经营的早稻亩产在500斤左右，农户为800斤左右；晚稻大户亩产在600斤左右，农户为900斤左右。大户效益不好，普遍亏损，经营1000亩的大户去年亏了20余万元，受风灾和气候影响，还要接着亏。有村民说：“小农一季不收亏一年，大户一季不收亏一生。每亩损失四五百元对于小农来说可以承受，而对于大户来说则是几十万元的严重亏损，极有可能一下子就破产了。对于这个情况，我们有目共睹啊！”

以上是我们对杉河村资本型农场大户进行的调查。在经营的头两年，普遍出现了经营情况不好、粮食产量下滑的局面。土地平整在客观上造成了土质结构的破坏，带来了粮食产量的下降。其他一些因素也导致规模农业粮食产量必然下降。

土地产出率是指单位面积内土地的总产出，一个方面是产量，另一个方面是产值。产量是指同一种农作物的产出多少，产值是指产量与价格的乘积。可以肯定的是，资本型农场比小农农场在土地生产率上有明显的下降，而且单产下降的弹性空间更大。以水稻中的中稻为例(这里主要是以中稻和晚稻为例，资本大户一般种植中稻或粳稻，小农一般是晚稻。中稻与晚稻的单产实际上差异不大，这里统一为中稻产量)，小农农场的亩产是1000～1300斤，资本型农场的亩产一般只有600～900斤。更为重要的是，规模与风险几乎是成正比的。假设小农农场是几乎无风险的话，那么资本型农场的风险很大，而且亩产的稳定系数逐渐下降。小农农场的亩产几乎不低于900斤，但是资本型农场不同，在规模少则500亩，多则数千亩的农场，管理能力是经营核心。管理不好，遇到风灾、雪灾等天气，粮食就会减产严重。机械化程度越高，应对自然灾害的风险实际上就越弱。

以小麦收割为例。若小农种植小麦，除了可以利用机械收割以外，还可以人工收割，因为规模不大，农户可以自己收割。但是大户为了减少成本就必须依赖机械收割，需要小麦有更长的成熟期。大户说："必须等到小麦完全成熟，麦穗下垂后再收割，这样可以减少烘干成本，而且水分更低、价格更高，还可以减少中间环节。如此，收割的时间只有3～5天，如果成熟后连续下雨，而收割后没有及时运进仓库，被雨水淋湿，麦穗就会发芽，严重时便无法销售。"一个大户告诉我们，他当时有100亩地的小麦受雨水影响发芽了，只能当饲料销售，价格从1元降低到两三毛钱。再以水稻收割为例，用机械收割就会延长稻子的成熟期，而应对自然灾害的能力也就减弱了。如果遇到大风和雪灾天气，稻杆坍塌、倒伏，机械收割便难以进行了，故亩产下降，若选择人工收割，则完全无法承担雇工成本。因此，资本型农场的风险系数很高，亩产的弹性较大。

2007年之前，萍镇基本以20亩以下的小规模家庭农场为主，虽然农业生产每年都可能遭遇梅雨或夏季的水灾、旱灾和冬季的雪灾的影响，但由于每家的土地规模不大，农户所受损失仍在可承受范围之内。自2008年起，在当地推行了数百亩甚至上千亩的规模化农业之后，农场对自然风险的承受力大大下降。在2009年和2010年的冬季，当地连续两年都遭受了雨雪天气，对于一般的小户而言，这影响不大；对于大户来讲，农作物倒伏后机械无法正常收割，如果采用人工收割，每亩地的成本将提高200元以上。最后，萍镇不少大户还是使用机械收割，收割的粮食每亩减产100斤以上。

刨除自然灾害的影响，资本型农场的亩产依旧明显下降。我们以资本型农场中经营情况较好的陈恩年的大农场为例，2009年，早稻的亩产为300～400斤，晚稻为600多斤，中稻为800多斤，小麦为400多斤；2010年，早稻亩产为700斤，受雪灾影响，稻子部分倒伏，亩产只有200～300斤，中稻为800多斤，小麦为600多斤。但是部分小麦受雨水影响，损失达10万元。同样，2011年也处于亏损状态。由于利润空间非常有限，更有甚者产出不及投入，在2012年，陈恩年及其合伙人把土地再次转包，自己只经营了100多亩的土地，同时将一次性投入的大量机械也以低价转手，损失了几十万元，“剩下的就是些没卖完的旧机器和几间房”。

小农小麦亩产在700～900斤，早稻在700～800斤，晚稻在900～1000斤，中稻在1000～1300斤的范围。大户普遍较之低200斤以上，而且遇到自然灾害产量还会继续下降。对于资本型农场的高投入和低产出，当地的农民讲，“小农一季不收亏一年，大户一季不收亏一生。每亩损失四五百元对于小农来说可以承受，而对于大户来说，则是几十万元的严重亏损，极有可能一下子就破产。”这是资本型农场经营者所面临的严峻现实。

三、转型：资本型农场分化与持续

在政府推动的首批资本型农场的规模化运动中，资本大户并没有获得预期的收益，不仅没有获得投资回报，反而还亏损很多。对于拥有不同资本实力的资本大户，他们有不同的选择。有的大户开始退出农业生产环节，而有的大户开始调整经营策略，并且在政府支持的依赖中，一些新的社会资本继续大规模地承包土地，进行资本型农场经营。不过正如前面大户所指出的，既然这是在国家干预下形成的大户“吃螃蟹”行为，那么政府在某种程度上也在为资本型农场的持续进行“兜底”。捆绑政府，成为资本型农场能够持续的根本动力。

（一）转包：“新地主”和“新佃农”的形成

地主和佃农原本是土地私有制下构成的一对生产关系。地主依靠对土地的所有权向佃农收取地租，被马克思主义者称为“剥削”。在萍镇推动的土地规模化流转中，在一定程度上，我们可以把拥有土地承包权的农民称为“地主”，而把资本农场中的大户称为“佃农”。不过，这是政府所为，而且土地所有权不在农民，更重要的是拥有“一亩三分地”的农民也不够成为地主。但是，从另一个角度来理解，我们对土地流转中的“新地主”和“新佃农”的称谓倒是颇为恰当的。这就是资本型农场生产经营调整的策略之一——土地转包。表3-4描述了大户的土地转包行为。

表3-4　杉河村资本大户的土地转包行为

资本大户	合伙人情况	一次承包	二次承包
顾晓武 1100亩地	顾晓武和刘行军共有500亩	王自好承包了200亩	吴仪宝承包了200亩
		巢湖人A承包了200亩	高老板承包了200亩
		巢湖人B承包了200亩	郑老板承包了200亩
	杨学兵有200亩	—	—
	左章勇有200亩		
	周桂平有200亩		
吴小宝 1100亩地	—	张明专等4个巢湖人承包了500亩	钱老板承包了300亩
			王必整承包了200亩
		张明专侄子等5个巢湖人承包了600亩	巢湖人C承包了200亩
			巢湖人D承包了200亩
陈恩年 730亩地	主要合伙人为一个农机经销商老板	巢湖沐老板等两人合伙承包了730亩	—

案例 3-15 HQ 米业有限责任公司的土地转包行为

任志宏告诉我们：出于对经济效益的考虑，“一体化模式”执行两年以后，HQ 米业有限责任公司开始采用“公司＋基地＋农户”的订单供应链模式。“第一年（2008 年）和第二年都是自己种，第二年把第一年（亏的）的钱赚回来了，第三年分包，分包给近十户人”。这里的“分包”实际上就是公司退出粮食生产这一环节，直接把粮食生产工作交给“农户”①。在 HQ 米业有限责任公司底下再次转包土地的“农户”，可以从该公司的农资店购买农资，资金困难者可以赊款，同时粮食要销售给公司；一定程度上，地租还可以缓交。但是，与之前一体化模式不同的是，生产环节的利润和盈亏完全归“农户”自己负责，与公司无关。这与一般公司采用的“公司＋基地＋农户”的订单农业模式大致一致。公司负责提供农资，包括农药、化肥和种子等，并且提供租赁机械服务；土地从政府由公司流转，反租倒包给“农户”，保证了部分收购量②。由“农户”生产粮食，自负盈亏，这就是所谓的“基地”。最后由公司负责收购，同时将粮食烘干，再进行后续的粮食加工，最后部分收归国家粮食储备库，或卖给零售商和直销消费者。

从案例 3-15 中我们可以清楚地发现，杉河村的大户都选择了再转包，另外，具有公司产业链性质的 HQ 米业有限责任公司也开始退出生产环节，加强从产前和产后中获取利润的力度。作为老板的任志宏告诉我们退出生产环节的三个理由：第一，他认为一家一户的经营积极性高，风险都在可控范围内；第二，在公司的经营下，品种统一，这些转包户基本上没有大的风险，粮食加工企业对周边市场行情了解度高，每年根据市场行

① 这里的“农户”，实际上并不是土地集体所有制下的“小农”。土地集中流转给公司或资本大户以后，再由公司或资本大户转包给其他家庭农场经营者，其面积基本维持在 100～300 亩。这些经营 100～300 亩土地的“农户”由当地人和外地人构成，他们向公司或大户缴纳地租，很多时候要缴纳高于当地政府要求的地租。

② 与其他行业不同的是，粮食行业对于“基地”的需求并不是很强，因为粮食不具有垄断性，是大宗商品。不过，在土地转包中能够获得利益（通过转包时加地租的方式），同时保证了粮食的收购来源，这也是 HQ 米业有限责任公司愿意采用“公司＋基地＋农户”模式的一大原因。

情选择水稻品种，最大限度地保证了收益；第三对于任志宏而言，采用分包模式也能保证收购额，虽然他并不强制转包户必须将稻子卖到他的企业，但是允许转包户向其赊购农资，并提供农机服务，实际上二包与一包之间存在一些利益关联，因此最后转包户收获的稻子一般都是卖给他的企业。

无论是HQ米业有限责任公司的“公司＋基地＋农户”的订单农业模式，还是杉河村的土地转包行为，都表明经营资本型农场有巨大风险，其根本原因是他们进入了农业的生产环节。不同的是，HQ米业有限责任公司以提供农资和粮食收购作为对生产环节的利润补救。资本型农场退出生产，以200亩左右的“二包”替代之①。规模缩小之后，农场经营风险可控，而且主要以外地人构成的有经验的“二包”能够形成较为可持续的利润，而资本农场大户作为“一包”，要向“二包”收取每亩地60～100元的地租。有意思的是，从农民那里流转来的土地，经过大户集中再进行发包之后，市场地租高于政府的定额租，于是大户作为“一包”与目前种地的“二包”之间形成了新的“地主”和“佃农”关系。不仅如此，由于在合同关系上大户是法定人，所有国家提供的扶持现代农业和规模化经营的补贴措施都与大户对接，而与“二包”无关。

（二）持续：经营模式的调整与策略

从总体上看，首批资本型农场中的7个大户，有4个选择土地转包，另外3个大户还在继续维持，通过代管的方式继续加强管理。2011年以后，政府不再大肆主张“规模越大越好”理念，而改向更小规模的适度经营。但是，由于政府对大户的扶持政策较多，社会资本也“见缝插针”地到其他进行土地整治的行政村“跑马圈地”。表3-5是2011年以后新的资本大户的概况。

① 这也表明，缩小土地规模以后，农场的风险更小、利润更可控。这在下一章中会进行详细介绍。

表 3-5　萍镇第二批资本型农场概况

承包人	流转土地所在村	承包面积/亩	流转时间	流转期限	承包人所属地	社会身份	有无合伙人	合伙人数量	合伙人身份
吴先成	茌冲村	1400	2012—2016 年	4 年	本地人	汽车零配件店老板	有	2	刘明胜：小型粮食加工厂老板 淘神：镇农委主任、农资店老板
相泽熙	麻仁村	750	2011—2016 年	5 年	本县人	本县一个家族企业的股东之一	有	1	方吉昌：相泽熙的朋友
军绿公司	伍华村	1039	2012—2025 年	13 年	本地人	外出务工经商家庭	有	4	本质上是四个兄妹合伙（林场）
总计	—	3189	—	—	—	—	—	—	—

案例 3-16　吴先成，41 岁，在芜湖开公司十多年了，主要做工业品（汽车零配件、电器等）的加工制造。转到农业这个行业是出于以下几个考虑因素：一是政策支持，二是刚开始是好玩想换一个行业试试，但进入久了发觉里面还有很多可做的事情，主要是关于农产品的销售和如何提高附加值方面；三是自己父母在农村，农业的回报率太低，农产品市场化目前还处在很低端和初级的阶段。经营粮食生产的原因主要是现在粮食虽然也在做品牌，但是真正控制基地的很少，因而品牌效益也没有充分发掘出来。农产品与工业品的市场是相通的，品牌附加值都存在且利润空间广阔，所以即使是暂时转让一部分的利润（如在生产环节多投入，把好质量关）也要把品牌塑造和维护好。农业与工业最大的区别在于生产环节，生产环节控制成本很重要，所以要花心思。目前吴先成在茌冲村流转土地 1400 亩，流转期限为 2012—2016 年，另外还有两个合伙人。据吴先成讲，他现在已经投入 100 万元了，按照投资规律，风险越大回报越高，但

是农业的风险主要来自自然灾害，基本上不受这个规律的约束。另外，农业投资主要集中在上半年，资金的压力非常大，而工业投资周期只需要3个月。因而，如果没有农业项目支撑而专心投资农业，压力还是很大的。现在讲资本下乡，但是产业资本光下去还不行，还必须扎扎实实地在土地上摸爬滚打个两三年，才有可能积累一定的经验，才有可能成功。

2012年，吴先成从非项目区茬冲村流转了土地1400亩，同时还有两个合伙人。另外，在麻仁村和伍华村，有两个大户也分别承包了750亩和1039亩土地①。对于为何还有社会资本进入大规模的农场，案例中的吴先成说明了缘由，其中重要的原因是受到“政策支持”。当然，他认为这有利可图，重在“经营”。资本型农场有其固有的弊端，但是，在大户看来，若能经营管理好，而且能够很好地与市场对接，也能取得资本回报。就以案例中的吴先成为例，他在资本型农场的管理上就颇下功夫。

对资本型农场进行分包—代管，划片经营，本质上是处理雇工与粮食生产的问题。在这方面，吴先成做足了功夫。

(1) 管理上给予绩效奖励。给每个代管人员定的基本工资是每年65元/亩，350亩地核算起来约为2万元，要求其负责从水稻种植—收割—小麦种植—收割的管理工作。对于水稻的要求是每亩产量为1000斤，超过的产量按1.2元/斤稻子的20%进行奖励。若是产量达不到，排除天灾因素，代管人员要负责。但是吴先成说，代管都是老年人，没有责任承担能力，一般负不了这个责任，给产量绩效只是一种激励措施。

(2) 量化的动态管理。用工工资根据其他大户的估算，一亩需要1.5个工，当地用工每天60元/人，所以一亩地约需90元的用工工资。如果代管人员是自己干的话，就自己赚钱。代管每隔一段时间(根据农作物的季节)申报一次工人工资，老板统一发放。

(3) 内部的面子激励。农民很淳朴，都很要面子。老板每隔一段时

① 前者进行了代管模式，后者直接进行了转包。

间会给他们每人一张表，是关于农田、农资和用工的统计。做得不好的代管自己会觉得不好意思，这一阶段自己落后了，争取下一阶段用心努力控制生产。

(4) 长效激励机制。代管人员如果做得好，可以常年连任。60 岁的老人，一年有 2 万元的收入，这对他们具有很大的吸引力。

(5) 利用人情进行勾连。老板与代管也会有人情往来，代管家里有事、办个酒席、过年过节(端午节、中秋节、春节)，老板都会送点礼表达一下。同时，老板也会把人情沟通拓展到雇工，会延展到雇工中的前 20%，以保证稳定的劳动力。(在双抢时间，雇工非常紧张，100 元/天都请不到人。吴先成在最忙的种植期因为请不到雇工，田地延迟了一个星期才种完。由于成本控制，一亩地多一个工或者加价都会增加成本。雇工成本是大户种植水稻最大的弹性空间，一亩地少一个工，就意味着一亩地可以多 100 元的利润。)

不仅如此，吴先成并不以追求土地的最高产量为目标，而是调整作物种植结构，以增加粮食附加值、提高效益为目标。比如，从成本—收益最大化出发，调整双季稻种植结构，以稻—麦轮作替代，虽然在产值上达不到最高，但是却能够降低生产成本。最为重要的是这样能够降低风险，减少雇工(包括后面的规模化经营也是如此调整)。另外，吴先成还种植部分的有机稻，以高附加值的农产品作为盈利的手段。

总体上来讲，在经历初期一两年的尝试之后，资本型农场经营开始更加精细化管理。在政策的扶持下，资本型农场可以从中得到一定回报。即使疏于管理，也可以利用政策成为新“地主”，直接收租。

(三) 捆绑政府:大户的路径选择与依赖

无论是对前期资本型农场的考察，还是对后来进入的以追求高附加值产出的资本型农场的调研，笔者发现，资本型农场的粮食产量较家庭组织有下降，而且风险陡增，无论是转包还是后来加入的大户，之所以还能持续，缘于政府在农业政策中采取的干预行为。这在当地的文件中，有明确的体现。

关于促进农村土地承包经营权流转工作的意见

……

（十）鼓励有资金、懂技术、善经营、会管理的农村专业大户、农业产业化龙头企业、农业专业合作社、外出务工经商回乡创业者等经营主体，采取灵活有效的组织方式和经营方式受让流转的土地，围绕农产品区域布局，发展特色产品，建立生产基地。

（十一）鼓励农技推广单位和人员利用技术承包、技术参股和技术服务等形式参与农村土地流转，建立农业科技示范基地，带动农户发展农业产业化经营。

（十二）支持对依法回收的承包地、"四荒地"农户自愿放弃的承包地以及整理和置换新增的耕地，实行统一经营。流转收益主要用于发展壮大集体经济，兴办集体公益事业或补助农民参加养老保险等。

（十三）自2009年起，对受让耕地50亩以上，并签订流转期限3年以上规范合同，从事粮、油、菜等农作物生产的经营主体，流转价格不低于每年每亩300斤稻谷的，在流转期限内按本市办[2009]1号文件规定给予每亩80元的一次性奖励。

（十四）符合第十三项相关条件且受让耕地100亩以上，且流转价格不低于每年每亩350斤稻谷的，给予每年每亩50元的奖励；对流转价格不低于每亩400斤稻谷的，给予每年每亩60元的奖励；对流转价格不低于每亩450斤稻谷的，给予每年每亩80元的奖励。所需资金由县、镇共同承担。本项奖励政策不得与第十三项同时享受。

（十六）金融机构应加强对规模经营主体的信贷支持，对实力强、信誉好的经营主体可给予一定的授信额度。县农村信用联社每年要安排一定额度的农业信贷资金投放，重点解决土地流转面积100亩以上、流转价格不少于每年每亩300斤稻谷且流转期限为3年以上的规模经营主体的资金需求。

（十七）鼓励规模经营主体参加农业保险，防范化解农业生产风险。对从事100亩以上农作物生产的规模经营主体，参加政策性农业保险的保费个人承担部分，由县财政补贴50%。

（十八）鼓励规模经营主体加大对农田基础设施和现代农业设施的投入。对受让面积较大、流转期限较长的经营主体，符合相关条件的，优先安排农田基本建设、土地整理、农业综合开发、“一事一议”财政以奖代补资金、特色农产品基地和农机购置补贴等项目。

（十九）对农机推动单位及人员利用技术承包、技术参股和技术服务等形式参与农村土地流转成效显著的，在安排有关专项资金或评定专业技术职务时，予以优先考虑。

（二十）土地承包经营权全部流转的农户，经镇政府认定，可优先参加新型农业培训、农民工技能培训等就业培训和岗位推介；在自主创业时，可参照城镇下岗职工享受相关优惠政策。

（二十一）受让土地100亩以上，并签订流转期限3年以上规范合同的经营主体，在不破坏耕作层的前提下，修建直接用于种植业的生产、管理、服务简易设施，其占地可视为农业用地，占地面积不得超过受让土地面积的2%。土地流转期满后，受让方应按规定复垦至原耕地质量标准，拆迁和复垦费用不予补偿。

以上是2009年番县发布的《关于促进农村土地承包经营权流转工作的意见》中有关政府对经营主体的明文指示，鼓励有资金、有技术和有经验的企业和返乡农民工等经营主体，实际上就是为无资金和无技术的农民设置门槛。最能对社会资本形成影响的是地方政府出台的文件第四条，“加大政府支持力度”中有关各方面的政府支出和投入。从直接的大户补贴到信贷鼓励、基础设施投入再到农机补贴、农业政策性保险的办理等,为大户进入农业提供了包括资金扶持、社会化配套服务和基础建设等方面系统化的支持。尤其在“大户补贴”上,对于土地面积在数百亩以上(初始阶段要求是1000亩,至少不应低于500亩)、租金在每年每亩400斤水稻的大户,给予每亩60元的奖励(并且除文件上的奖励以外,还有县里的配套资金给予了一些大户额外的资金奖励)。这就为社会资本进入农业领域打开了方便之门,同时也降低了进入门槛。

另外,对于土地地租的确定,并不是按市场的地租价格,而是政府在平衡农户和大户的过程中,在偏向于风险最小化(保证大户能支付地租)的情况下,确定的有利于大户的土地租金。这进一步鼓励社会资本参与到资本型农场的构建中来。不过,对于政府干预下形成的资本型农场在经营上的困境,萍镇的大户为我们提供了较好的案例。

政府的干预促成无效率的资本型农场的持续运营,政府推动下形成的大户,依托于政府一系列扶持土地规模化流转和经营的干预政策,从而对政府形成“绑架”,这既是一种制度的路径选择和依赖,也是政府干预市场的兜底行为。

四、雇工:资本型农场的结构困境

虽然萍镇资本型农场借助政府扶持在当地还能维持相当长时间,但作为一种市场主体,它本身的经营瓶颈值得关注。从资本型农场本身组织的角度出发,借助以上案例,笔者尝试分析雇工制资本型农场为何在粮食生产环节效益低下。

有关大农场无效益并不是新近的观点,其他的经验研究也证实规模与生产效率之间的反相关系①。罗伊·普罗斯特曼认为美国是资金密集型国家，中国是劳动密集型国家，这决定了两国农业道路的不同，但是有的研究又提出了中国劳动力迎来了“刘易斯拐点”，中国劳动力红利已经消失的事实②，那么关键问题在哪里呢？列宁早已提出，“使用雇佣劳动力的多少才是资本主义发展的最可靠、最直接的指标”。按照这种观点理解，实际上使用家庭劳动力还是雇佣劳动力就是家庭农场和资本型农场的根本区别，因此，资本型农场的规模不受家庭劳动力的限制。资本型农场既得益于规模不受劳动力的限制，同时也受制于雇佣劳动力困难难以克服的限制，这突出表现在三个方面。

（一）市场：劳动力供给问题

在论述家庭农场和资本型农场的不同时，经典研究者都关注到资本型农场有一个非常大的优点，那就是资本型农场可以通过劳动力市场来调节劳动力多少，避免农业劳动力“隐形失业”的问题，同时也减少单位面积内劳动力的使用，从而提高劳动生产率。国内农业经济史研究专家黄宗智教授，在这一点上论证了小农“内卷化”或“过密化”的特点。小农由于无其他就业机会，过分投入单位面积劳动力，降低了劳动生产率。农业不同于其他产业，农业需要根据天气和气候安排生产，不同季节需要的劳

---

① 罗伊·普罗斯特曼通过对肯尼亚、印度和中国农场规模与生产效率关系的研究得出，小农场的生产效率一般高于大农场，而美国大农场之所以有“规模经济”，完全是由美国丰富的土地资源、充足的资本和稀缺的农业劳动力决定的。充足的劳动力、稀缺的土地和资金，中国完全不同的生产要素禀赋决定了中国的农业发展模式与美国完全不同，从这些方面来讲，中国效仿美国式的大规模化农业道路的政策是不适当的。参考：罗伊·普罗斯特曼，等. 中国农业的规模经营：政策适当吗？[J]. 中国农村观察，1996(6).

同样，中国的学者从5个省、100个村庄、1049个农户进行实地调研，分别从投入产出和生产成本两个不同角度考察了我国主要粮食作物品种规模经济的存在性。调查表明，土地经营规模对单位产量生产有负面效应，对提高粮食产量无益。参考：许庆，尹荣梁，章辉. 规模经济、规模报酬与农业适度规模经营——基于我国粮食生产的实证研究[J]. 经济研究，2011(3).

其他相关研究见：刘凤芹. 农业土地规模经营的条件与效果研究：以东北农村为例[J]. 管理世界，2006(9).

罗必良. 农地经营规模的效率决定[J]. 中国农村观察，2000(5).

② 蔡昉. 刘易斯转折点——中国经济发展新阶段[M]. 北京：社会科学文献出版社，2008.

动力数量和强度都是不同的，这就带来过多劳动力集中投入从而造成季节性“失业”的问题。资本型农场正是根据“需要”及时补充劳动力的，因此不存在劳动力浪费问题。通过市场，资本型农场不存在劳动力浪费问题，但却出现了严重的劳动力供给问题。

农业劳动力需求有一个非常不同于其他产业的特点，那就是季节和劳动力强度的不均衡。以规模经营为特点的家庭农场和资本型农场的主要轮作物稻—麦的种植为例，小麦的生长期为每年的 10 月底至次年 5 月底，中稻的生长期为 6 月底或 7 月中下旬至 10 月中下旬，其中主要的农业生产季节为 5—10 月。小麦在 10—11 月播种，到次年 4 月份之前，劳动力的使用都非常少，期间只需要进行一两次施肥和除草，3—5 月才开始忙，11 月至次年 3 月实际上是经营者的农闲时期，外地来的土地流入户在这期间也回老家，次年 4 月才陆续赶往萍镇。5 月开始农忙，开始收割小麦，接着播种中稻，6 月和 7 月是经营者劳动力需求最旺盛的时期。这个阶段需要大量地投入劳动力，劳动强度大，而且 6—8 月天气燥热，辛苦程度高。这个时期内若劳动力不足，或者在施肥和除草方面管理不足，就可能导致水稻产量下滑，当地农民称之为“种荒了”。6—7 月是农忙期，之后的 8 月和 9 月主要是对水稻进行管理，需要进行 5～6 次施肥、数次的除草，还需要对水进行管理等，也需要不时雇佣劳动力。9—10 月也是农忙期，此时是稻子收割和小麦播种期，大量的劳动力也需要在这个时候补给。

案例 3-9 中的代管户周玉江就提到：“我们 2 月开始进行翻地等工作，自己看着就行。5 月 20 号开始忙，一直忙到 8 月份，尤其是 5 月 20 日至 6 月底最忙，要收割小麦和种稻子。一到忙时大家都忙，老板说（工人要）100 元就（给）100 元，价格低就请不到工人，经常都叫不到小工。比如抽水工作，没有小工就自己来，自己当小工。现在大家（大户）都搞单季稻，6 月份请工最难，因此经常叫不到工人！”大户老板吴小宝也反映劳动力供给不足的问题。他讲：“虽然平时村里人多，但是农忙季节时找人却不容易。一方面，一些农民自己也种了地，农忙时他们忙自己的去了；另一方面，大户之间会争抢劳动力。”HQ米业有限责任公司的负责人告诉我们，农业有季节性问题和劳动力强度不均衡的问题，他说：“工作一共只有6个月，其中辛苦的为3个月，而这3个月中有一个半月都是玩命的！”他有近3000亩地，高峰期雇工需求是150人。

上述情况反映了农业劳动力需求和农村劳动力市场之间的供求关系偏差。固然，资本型农场不会因为农业的季节性而有劳动力闲置问题，但是在农忙季节却有供给困难问题。一方面，农业劳动力的需求主要在每年的5—7月、9—10月，需要的劳动力多、劳动强度大、辛苦程度高，因此，这几个月对劳动力的需求多，尤其是对强壮劳动力的需求。另一方面，农村劳动力市场有几个特点。第一，农村劳动力市场主要以60岁以上老人为主，其实是次级劳动力，60岁以下劳动力大量流入城市。茬冲村吴先成提出，他们的工人年龄很大，“60多岁算年轻的，主要是70多岁的老人”。第二，农村劳动力市场中的这些次级劳动力如果有其他就业渠道，就很少会在农忙时去当季节性短工，因为劳动强度大、劳动辛苦程度高，并且劳动天数有限，很多人不愿意挣那点“辛苦钱”。第三，农村劳动力市场中的老人劳动力其实也是“季节性”的。在大户急需用工时期，这些老人通常自己也有小块农田，也是他们的农忙时间。如此便决定了农忙季节的雇工价格高于平日，但是劳动力供给仍然不足。

劳动力供给不足会给资本型农场造成严重影响。大户吴小宝说：“规模化经营问题集中在劳动力上。农业是季节性农忙，用工量大，农村劳动力流失过大”。一般是在农忙季节对劳动力需求较大，即小麦收割和水稻播种或者水稻收割和小麦播种期，如果劳动力无法补给，就会影响水稻或小麦播种，农作物生长期缩短，粮食产量就会下降。另外，收割农作物时，若遇到较差的天气，也需要立即抢收，否则就可能因雨水、大风、雪灾等天气，影响粮食产量。

总之，资本型农场固然不存在劳动力的闲置和浪费问题，但是却存在严重的季节性供给问题。

（二）成本：劳动力投入问题

农业现代化的核心是通过机械替代人力，以提高劳动效率。不过，农业与工业不同的是，农业受自然因素影响较大，其机械化程度不及工业，尤其在中国南方地区，低山丘陵较多，机械化只能在部分环节实现。比如，在收割方面，萍镇能够用收割机进行收割，但是在装卸粮食的搬运方面还需要不少人力；在施肥和除草方面，也需要大量的人力投入。总之，机械无法完全替代人力，每亩地的人力投入一般为 2 个工。

前文已经提出，资本型农场的投入成本主要分为四大部分：地租、农资、机械和人力。第一，地租成本，在参考当地土地价值的基础上，考虑到流出方和流入方的要求和利益，由政府统一制定、执行，这是刚性的，为每亩地每年 400 斤稻子。第二，农资成本也是刚性的。每亩地的种子、农药、化肥和除草剂等的分割性强，完全不具有规模效益，小农场和大农场每亩地的用量偏差不大。第三，机械投入方面，如果自己不一次性购入机械，需要在市场上租赁机械，租赁的成本是一定的，由市场决定，若自己购置机械也是刚性成本。最后，最具弹性的是人力成本。如果每亩地多出一个工，收入就会直接下降 100 元，稻—麦两茬需要 2 个工，就要下降 200 元。雇佣劳动力的多少直接影响到经营者的投入，也就会影响利润。

很多资本型农场的大户表示，劳动力成本是影响大户收益的重要原因，他们会尽力控制雇佣劳动力的数量。旧林村代管户周玉江提出，代管关键能力之一就是“会分工”。“分工能力是关键，就是能把事情干好，又能省工。能 3 个人干的活儿不请 4 个人。”大户吴小宝提出：“大农场最大的问题就是人的问题，难管。若进行集体式管理，有能力的人很难找到；如果找到，和老板的利润率又不匹配”。“不匹配”的意思就是工资成本过高，让本来就处于弱势的粮食产业利润更低。吴小宝告诉笔者，他每年的雇工成本就有 30 多万元，其中 5 个代管的工资为 10 万元；小工工资以每亩地最少2个工计算,1000亩就是20万元,所以总的雇工成本在30万元以上。控制雇工数量,保证粮食产量,是提高粮食利润的关键。

从大的方面讲,劳动力价格上涨是近年来的大趋势。国务院发展研究中心调研数据显示,我国农民工工资在2004年以后持续快速上涨,2011年外出务工的农民工月平均工资增长到2049元,比2005年的875元增长一倍多,导致农民工工资上涨的主要原因是农村剩余劳动力人数的下降。该报告同时指出,农村有效存量剩余劳动力已下降到不到3000万人,并且以农民工为主体的普通劳动力工资仍将保持较快上涨的趋势①。在整体的农民工工资提高的情况下,农业劳动力价格成本上涨必将成为一个大趋势。

从小的方面讲,萍镇劳动力市场的供给不平衡也必将加剧农民工(这里指农业工人)工资的上涨。据当地的大户反映,当地2008年开始推行规模化农业以来,劳动力价格翻了一倍多,从2008年的每天40元、45元,上涨到2012年的每天70~80元,2013年时,普遍的劳动力价格为女工80元/天,男工100元/天,在农忙季节,达到150元/天。加上每个劳动力的食物、烟酒等开销,劳动成本更是在170元/天左右。如此高的劳动力成本也就解释了2009年水稻倒伏后,大户宁愿选择每亩减产一百斤以上用机械收割,也不选择用雇工收割粮食。前文已经指出,农业劳动力的季节性需求很大,同时劳动强度不均衡。且不计劳动力的供求问题,就如此高的劳动强度而言,也让一些农民不愿承受过于艰辛的劳作,因此大户不得不提高工资。

雇工的工资成本是资本型农场成本投入中的重要方面。愈加高涨的农业劳动力工资成本,给利润空间本已有限的大农场经营带来进一步的限制。

---

① 国务院发展研究中心. 我国农民工工资上升的成因及趋势[EB/OL]. [2013-06-21]. http://www.drcnet.com.cn/eDRCnet.common.web/docview.aspx? leafid=21199&docid=3238072&version=integrated.

(三) 产出:劳动力效益问题

资本型农场的结构性困境表现在雇佣劳动力上,既表现在劳动力的市场供给、劳动力的投入成本方面,也表现在劳动力的产出方面。包括小农农场和家庭农场在内的家庭农业生产组织不同于资本型农场的一点,就在于是家庭自给劳动力还是从市场雇佣劳动力,这就导致雇佣劳动力和家庭自给劳动力在土地产出上的不同。小农农场和家庭农场的劳动力是为家庭,即为自己劳动,资本型农场的劳动力是为农场主劳动,前者可以不计劳动辛苦程度和劳动力的成本投入,后者却会处处衡量劳动力价值,并且减少劳动工作量和劳动强度。这种在雇佣劳动中出现的情况,在经济学中被称为"道德风险"。

经济学中的"道德风险"是指"从事经济活动的人在最大限度地增进自身效用的同时做出不利于他人的行动"。在农业生产中,这一点表现得尤为突出,因为农业生产有如下特点。

(1) 农业的外部性。即农业容易受到地形地貌、天气和自然环境的影响。对于大规模农业的发展,实际上有较高的地形地貌要求。比如种植小麦要求渗水效果好的沙土,而且土地要平整,气候干燥、阳光比较充足的地区较好。种植水稻则对水的需求大,尤其是在萍镇以水稻为主的南方地区,大规模农业的基本要求是大块的土地和集中的蓄水设施。但是,在很多地方都难以达到这些条件,而且自然气候对粮食的产量有重要影响,容易使农业劳动力的生产效率得不到保证。

(2) 农业生产具有时空分散性。即农业在空间上分散,在时间上具有季节性。与工业生产不同,农业生产不是在一个封闭狭小的空间里进行的,广阔分散的生产才是农业生产的常态。这就带来一个严重的问题——对工人监督的成本增大。另外,农业生产的季节性也使工业一样的流水线作业生产效率难以用于衡量农业工人的生产效率。

总而言之,农业受制于地形地貌、自然环境等外部性因素的影响,同时在时空上分散，农业工人生产效率难以量化使农业监督成本增高。既然农业生产中有很多难以控制的外部条件，那么在任何经济行为中都存在“道德风险”的情况下，农业工人“出工不出力”“磨洋工”就是一种非常普遍的现象了。据很多大户反映，请的农业工人存在出工不出力的问题，比如除草时，拔草不拔根；施肥时，为省力，只施近处，不施远处：如此种种情况，不一而足。大户吴小宝就强烈指出，大规模经营最大的问题就是“人难管，按产量给工资、奖励绩效之类的都搞过了，都没用，农民不给好好办事。就差没有安装摄像头了！”一方面，大户责怪工人没有很好地完成生产，另一方面，工人对大户也颇有看法。工人常常抱怨，一些大户为了提高生产率，对工人态度不好、工作强度大等。总之，农业的监督问题成为资本型农场经营中一个重要的结构性障碍。

资本型农场中的农业监督问题不仅增加大户经营成本，同时也降低土地产出。家庭农业生产组织为自己劳动，根本无需监督。为大户工作的工人却不能全身心地工作，他们的劳动辛苦程度并不能反映在劳动的价值上，因为很难排除农业的外部性和时空分散性的影响。在资本型农场中，为了提高劳动生产率，大户设置了激励机制。尤其在代管这一个层级上，大户从经济激励到人情交往，力求充分地把代管“内部化”。比如在经济方面，为了提高劳动生产率，在亩产提高和盈利的情况下，给予代管每年 1000～2000 元的奖励。在日常交往中，也与代管建立密切的互动关系，比如，在节庆日，给代管送烟酒，遇到婚丧嫁娶还有人情往来。他们试图通过建立人情关系，让处于重要位置的代管在大农场管理上做好监督工作。尽管如此，好的代管还是非常难找。大户陈恩年说：“找对一个人很重要。在请工、用水、处理各种矛盾纠纷和监督农业生产方面，这个人(代管)都能起到重要作用。”这就是家庭生产组织中为自己劳动和大农场中为他人劳动的不同。

与小农家庭式农场和家庭农场相比，资本型农场亩产一般会减少 100～300 斤。从这一点上来说，这完全是雇佣性质的劳动力导致的。雇佣中的“道德风险”再加上农业的特殊性导致农业监督的困难，资本型农场的土地产出无法与家庭农业组织相比。

（四）雇工：资本型农场的结构困境

是否大量采用雇工，既是资本型农场和家庭农业生产组织的不同，也是资本型农场区别于家庭农业生产组织的根本。资本型农场以较多的资本优势在规模上可以无限扩大，即使单位面积利润下降，也可以通过规模效应来得到总利润。但是，在一定的地租水平、农资成本和机械投入下，劳动力供给不足、雇工成本投入较大，并且产出明显下降，资本难以达到平均利润，就会退出粮食生产。在萍镇，有少数还在继续经营的资本型农场也是靠政府的投入和补贴在维持，只有微薄的利润空间，稍有不慎就面临亏损。

水稻是需要精耕细作的大农作物，粮食价格严格受到政府的控制，利润空间薄弱。资本进入粮食生产环节面临着巨大的风险。与小农农场相比，资本型农场在生产环节并没有竞争优势。但是，资本型农场对原有的生产关系产生了较大影响，比如，资本可以在产前与产后环节对农业进行投资、加工和销售，解决小农的小生产和大市场的问题。通过“公司＋基地＋订单”的方式改变原有生产关系，使小农生产服从于资本追求利润的逻辑，就如HQ米业有限责任公司“公司＋基地＋订单”的农业模式一样，这里的小农也不是真正的小农，而是小农改造后的家庭农场。政府通过土地流转的形式，把小农土地集中流转给资本大户，资本大户再把土地转包给规模在100～300亩的家庭农场经营者，这部分经营者再给大户提供粮食，粮食加工厂进行深加工后再进行销售。

实际上，在粮食生产产前和产后环节投入资本更加有利可图。在生产环节，规模化的效益远远不能抵消雇工所带来的成本投入和产出减少，再加上土地流转中自愿和不自愿流转的农户所达成的平均地租，使得资本型农场的效益无法与小农农场和家庭农场相比。退出生产环节不是经营者的主观意愿，而是雇佣—资本型农场性质所带来的客观结果。

第四章　家庭农场的发展

要研究劳动农场组织，就必须从考察农场的主体即作为农场经营者的家庭入手，首先全面分析构成农民家庭的组成成分和规律。

无论我们认为决定农民农场组织的哪一个因素是最重要的，也无论我们认为市场的影响、土地数量、生产资料的现有量和土地自然肥力的高低这些因素具有多么大的意义，有一点必须承认：劳动力是任何生产过程得以在技术上组织起来的要素。由于在不同使用雇佣劳动的家庭农场中，农场劳动力资源、劳动力构成和劳动力的积极程度完全由家庭的构成和规模决定，因此我们只能认为，农民家庭结构是农民农场组织的一个最重要因素之一。

家庭结构首先决定了家庭经济活动规模的上限与下限。劳动农场劳动力的状况完全取决于家庭中能够从事生产的成员的数量……[①]

——恰亚诺夫《农民经济组织》

此为农民学杰出学者恰亚诺夫对农民经济组织——"家庭组织"所作的描述和分析。在恰亚诺夫看来，"家庭"对于"农民家庭组织"具有至关重要的作用。"农民家庭组织"之所以被归为"家庭组织"，就在于它的劳动力结构是以家庭为基础的，并且是以家庭结构为基础的。从组织角度讲，农场有两类，一种是"农民家庭农场"，另一种是资本型农场，而"农民家庭农场"和资本型农场之间的不同在于组织形式不同。前者以农民家庭为组织生产单位，后者以雇佣劳动为组织生产单位。列宁曾经提出，"只有使用雇佣劳动的多少才是资本主义发展的最可靠、最直接的指标"[②]。很显然，是否使用家庭劳动力、是否雇工，准确地说，"雇佣劳动的多少"，就成为"农民家庭组织"和资本型农场最为重要的区分指标。也因此，恰亚诺夫把农民家庭、家庭结构、劳动力等因素放在分析"农民家庭组织"最关键的位置。

① 恰亚诺夫. 农民经济组织[M]. 萧正洪，译. 北京：中央编译出版社，1996：20.

② 列宁. 列宁全集：第22卷[M]. 中共中央马克思恩格斯列宁斯大林著作编译局，译. 北京：人民出版社，1963：34.

正如恰亚诺夫自己提出的，“完全有可能的一种情况是，在另一种比份地村社制弹性更小的农业制度下，家庭发展中的生物学因素对于土地利用规模的影响或许不会如此突出……土地利用量受家庭规模和结构制约的影响倾向……更为显著地存在于短期租佃土地的情况中”。中国农村的土地制度——家庭联产承包责任制，是一种“比份地村社弹性更小的农业制度”。“人均不过一亩三分，户均不过十亩”的土地安排制度，在土地极少流动的情况下，家庭劳动力数量和质量、家庭结构对农民家庭组织规模的调节作用并不明显。也因此恰亚诺夫对“农民家庭组织”所做的讨论，并不适用于前文所讨论的小农农场，因为在规模耕地有限的情况下，无论家庭劳动力如何，小农农场的规模却是一定的，这完全取决于特有的土地制度设计。在此，带有市场性质的土地租赁市场所形成的“家庭农场”[①]所具备的特征，更加适用于农民学家和农政学者所讨论的“农民家庭组织”。

国内对于家庭农场的研究，最早可以追溯到家庭联产承包责任制后对“家庭农场”的研究，从当时提出“家庭经营”到20世纪80年代中期对国有农场中“职工家庭农场”的研究，再到随后适度规模经营基础上发展出来的“家庭农场”概念，表明“家庭农场”这一农业组织经营形式在我国作为一种新型的农业经营主体，有着较早的政策研究背景。

20世纪80年代国内兴起的对“家庭农场”的研究热潮[②]，是对家庭联产承包责任制在生产力上的一种肯定。周其仁连载两文论述“家庭经营”可以提高规模效益，这里的家庭经营更多是指专业户，而且以家庭农业经济组织形式为载体。周其仁认为，农业生产的固有特点不同于工厂式经营组织特点，家庭联产承包责任制是在社会主义合作经济条件下，对农业

---

① 2013年，中央一号文件明确指出，要“创造良好的政策和法律环境，采取奖励补助等多种手段，扶持联户经营、专业大户、家庭农场”。至此，“家庭农场”的概念首次出现于中央一号文件中。

② 黄宗智提出，“舒尔茨学派关于小农经济的观点在中国20世纪80年代的改革中有相当大的影响。领导集团中有部分人士把市场化的小农家庭农场认作经济发展的基础单位”。(参见：黄宗智．长江三角洲小农家庭与乡村发展[M]．北京：中华书局，2006：7．)。实际上这里的“市场化的小农家庭农场”就类似于今天政策语言中出现的“家庭农场”概念。我们从文献中也可以看出，有关“家庭农场”的研究在当时已经有了相当一部分成果。

活动适宜于家庭经营的再发现[1]。实际上，周其仁的文章是对家庭联产承包责任制的适度规模经营的肯定。

中国家庭农场的真正试点是从国营农场开始的，最初"家庭农场"这一概念是与"职工"一词结合在一起的，也可以说是"职工家庭"与"农场"两个词的结合。在1984年的中央一号文件中就已经指出："国营农场应继续进行改革，实行联产承包责任制，办好家庭农场"[2]（更多的是指家庭农场主，而不是今天的家庭农场经营者）。在性质上，家庭农场已经不再属于传统小农家庭经营范围，它同属于"'农业企业'这个属"，"职工家庭农场与职工家庭承包"具有显著的区别[3]。1984年制定的《国营农场职工家庭农场章程（试行草案）》中对职工家庭农场的定义是，"在国营农场领导下，以户为单位，实行家庭经营、定额上交、独立核算、自负盈亏的经济实体"。此后有关"职工家庭农场"的研究颇多，比如，1987年，《中国社会科学》专门有《职工家庭农场的形式、规模及发展趋势》一文把国营农场中兴起的家庭农场分为四个类型，即独户自耕型家庭农场、独户代耕型家庭农场、独户雇工型家庭农场和联户家庭农场，并分析论证了各类型中最好的形式、最佳的规模和发展的趋势[4]。显然这里的职工家庭农场有自耕农性质也有雇佣性质，这暗示家庭农场更多具有专业大户特性，绝不是传统意义上的小农。围绕职工家庭农场的界定、性质、规模经营和发展出路等出现了很多研究[5]。从一系列的文章来看，"职工家庭农场"是在国营家庭农场基础上发展而来的农业经营组织方式，它既具有自耕的成分，同时也具有很大的雇佣比例。更多的，它是一种企业性质的"农场"，由于是建立在国营的集体所有制下，它又显然不同于西方意义上的资本型农场。

---

① 周其仁，杜鹰．初论专业户[J]．中国社会科学，1984(1).

周其仁．家庭经营的再发现——论联产承包制引起的农业经营组织形式的变革[J]．中国社会科学，1985(2).

② 江东平，宫成喜．前进中的家庭农场[J]．财政研究，1985(2).

③ 徐立幼．也谈职工家庭农场的定义[J]．中国农村经济，1987(6):44-45.

④ 于作富，齐维林．职工家庭农场的形式、规模及发展趋势[J]．中国社会科学，1987(2).

⑤ 张友德，丁元．家庭农场问题初探[J]．新疆社会科学，1984(4).

王刚，全广明．试论国营农场的家庭农场规模问题[J]．农业技术经济，1984(6).

王贵宸．关于职工家庭农场的几个理论问题[J]．中国农村经济，1986(4).

赵方田．关于职工家庭农场的定义[J]．中国农村经济，1986(8).

顾建洲．农业的出路在于发展中国特色的家庭农场[J]．学海，1994(4).

2013年的中央一号文件提出了"家庭农场"这一新型农业经营主体，文件中没有明确对家庭农场的概念进行界定，不过很显然，它不同于20世纪八九十年代提出的职工家庭农场。由于家庭农场在政策上的大力宣传和在实践中的快速推进，现实中有关家庭农场的理论内涵和概念界定上升到一个新高度。目前，国外对"家庭农场"这一概念进行清晰界定的是美国。美国农业部对家庭农场的定义包括以下几个方面：①生产一定量农产品并拿来出售的，可以被认为是一个农场，而不仅是一个乡下住户；②有足够的收入(包括非农收入)支付家庭和农场的运营、支付债务、保持所有物；③农场主自己经营管理；买一块地自己不去经营找别人去种，则不属于家庭农场；④由农场主及其家庭成员提供足够的劳动力；⑤可以在农忙时使用季节工，也可以雇佣少量的全职农工[①]。也就是说，美国家庭农场分别从农场与市场的关系、收入、雇佣关系等维度对家庭农场做出界定。此外，有很多研究者根据不同的指标，将家庭农场作为新兴农业经营主体并对其进行了多面向的解读[②]。

---

① USDA. Agriculture Fact Book[M]. Hallberg,1998:6.

② 黎东升等人认为，家庭农场以农户为组织形式，但其实质是企业化的经济实体。文章指出，家庭农场以农户家庭为基本组织单位，是一个面向市场，以利润最大化为目标，从事适度规模的农林牧渔的生产、加工和销售，实行自主经营、自我积累、自我发展、自负盈亏和科学管理的企业化经济实体。

黎东升，曾令香，查金祥. 我国家庭农场发展的现状与对策[J]. 福建农业大学学报(社会科学版),2000(3):3-8.

同样，蒋辉也是在家庭经营的基础上，提出它的企业化性质的。他说，家庭农场是在家庭经营的基础上，以现代化技术、规模化经营、企业化管理为组织特征的一种现代农业经营主体，有外向性、开放性、竞争性等特点，以市场为导向，以收益最大化为目标。

蒋辉. 苏南地区进一步发展家庭农场的探讨[D]. 苏州:苏州大学博士学位论文,2008:7.

关付新将家庭农场的制度特征归纳为市场化、专业化、社会化，而将家庭农场的组织特征概括为现代化技术、规模化经营、企业化管理和现代化农民。

关付新. 我国现代农业组织创新的制度含义与组织形式[J]. 山西财经大学学报,2005(3):47-51.

在上述观点的基础上，高强综合了各种研究有关家庭农场特征的概述，认为不同于传统意义上的家庭农业，家庭农场是以家庭经营为基础，融合科技、信息、农业机械、金融等现代生产因素和现代经营理念，实行专业化生产、社会化协作和规模化经营的新型微观经济组织。它可以将传统农民转型升级为职业化、专业化的法人农民，是一种新型农业经营主体，也是农业现代化的重要组织形式。

高强，刘同山，等. 家庭农场的制度解析:特征、发生机制与效应[J]. 经济学家,2013(6):49.

目前在学界，家庭农场还没有统一的概念，农业部有关负责人对此做出了政策上的界定：以家庭成员为主要劳动力，从事农业规模化、集约化、商品化生产经营，并以农业收入为家庭主要收入来源的新型农业经营主体①。以下笔者就结合萍镇家庭农场实施的概况，专门讨论家庭农场有关现状、效益、性质和家庭农场存在的阶层动力等问题。

一、萍镇家庭农场概况

有评论文章指出，2012 年底，全国 31 个省、区、市(不含西藏)符合统计调查条件的家庭农场共有 87.7 万个，经营耕地面积达到 1.76 亿亩，占全国承包耕地面积的 13.4%。平均每个家庭农场有劳动力 6.01 人，其中家庭成员为 4.33 人，长期雇工为 1.68 人。农业部的数据显示，2012 年全国家庭农场经营总收入为 1620 亿元，平均每个家庭农场为 18.47 万元②。可见，家庭农场的兴起不仅是星星之火，而且已经形成燎原之势。在萍镇，家庭农场在土地整治项目实施后开始大量兴起。

(一) 萍镇家庭农场的兴起

萍镇当地家庭农场的培育与发展，经历了较为复杂的过程，可以分为两个阶段。第一阶段，2008—2010 年，政府以推动上千亩的资本型农场为主。2008 年开始，萍镇从农业部和财政部争取到了资助资金达千万元的土地整治项目，此后，以整村式的土地流转模式为主。对土地流入户以承包 1000 亩为下限，以租期 7 年以上为标准，这个时期涌现出以工商资本为主的大户经营③。但是经过 2～3 年的探索后人们发现，以雇佣为主导的大规模农场经营，由于监督成本、劳动力供给等问题，经营效益不佳，

---

① 王光全. 中国家庭农场模式初探[J]. 理论与当代，2013(4).

② 陈锡文. 发展家庭农场不能硬赶农民走[EB/OL]. 南方都市报，http://epaper.oeeee.com/A/html/2013-06/11/content_1874247.htm，2013-6-11.

③ 需要说明的是，虽然政府以 1000 亩为流转下限，但是由于工商资本引入困难，后来门槛降低到 500 亩以上。

雇佣式大农场开始向家庭农场过渡，于是政府开始调整政策。第二阶段，从 2011 年至今，政府以推动 100～500 亩不等的家庭农场为主，从大农场向“适度”规模经营转换。这个时期，政府不再以 1000 亩为下限，而是鼓励有种植经验的职业农民进行土地流转，从整村推进式的土地流转过渡到以农民自愿为主、政府做工作为辅的土地流转方式。从村庄的层面来看，后期土地流转面积占总耕地面积的比例开始下降。前期推动规模化流转的村庄，土地流转率大多在 80％以上，2011 年以后，村庄土地流转率普遍只有 50％～60％。

从表 2-8 中，我们可以看出，家庭农场在三种农业经营形式中所占比例为 24％，为总面积的 1/4 左右，但是如果把资本型农场破产转化而来的家庭农场的数量计算在内，那么其总面积会更大。从农业效率上看，家庭农场具有极强的生命力，如果政府再大力扶持，在未来很长一段时间内，家庭农场会成为农业经营形式中一种非常重要的农业经营主体，长期来看，家庭农场这种农业经营形式非常值得关注。根据我们对萍镇家庭农场的实地调研，我们得到如图 4-1 至图 4-3 所示的规模分布图。

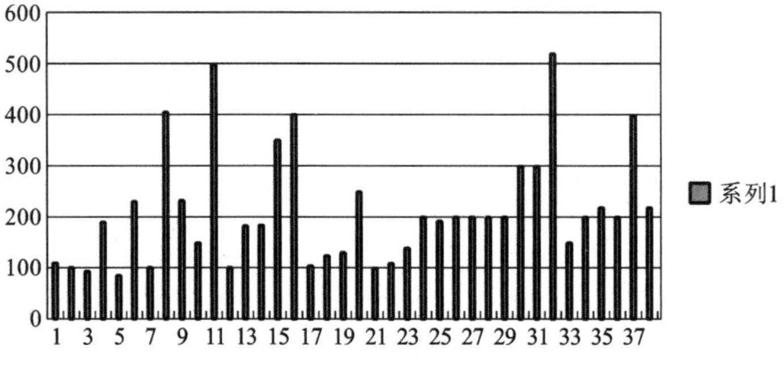

图 4-1　萍镇家庭农场规模分布柱形图

注：该柱形图是根据笔者对家庭农场所排序号制作的分布图。横轴表示 38 个家庭农场；纵轴表示家庭农场的规模（亩）。38 户中，本地人经营的有 21 户，外地人（外县人）经营的有 17 户，即横轴上的 1～21 为本地人经营，22～38 为外地人经营。

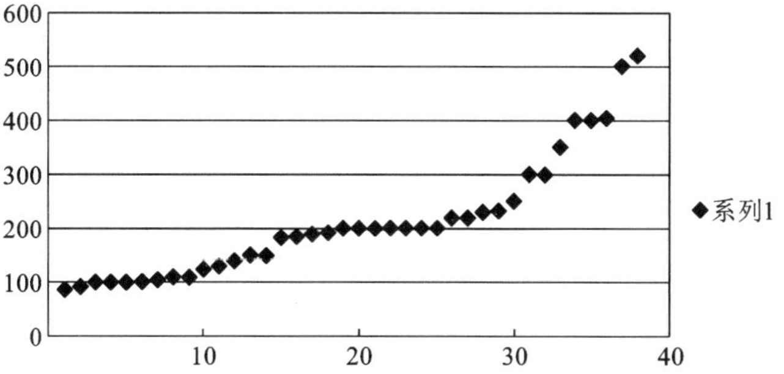

图 4-2　萍镇家庭农场规模分布散点图

注：该规模散点图是根据每个家庭农场规模升序排列得出的。横轴表示 38 个家庭农场；纵轴表示家庭农场的规模（亩）。

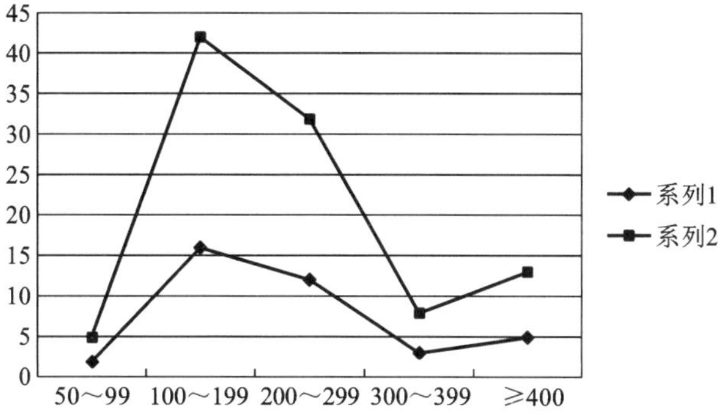

图 4-3　萍镇家庭农场规模分布折线图

注：该图为规模分布折线图，基本以 100 亩为一个规模段。横轴为规模分布，分别为 50～99 亩①、100～199 亩、200～299 亩、300～399 亩和 400 亩及 400 亩以上②；纵轴为家庭农场各规模段户数值和各规模段百分比（%）。“系列 1”表示家庭农场规模经营各段的户数（频次），50～99 亩有 2 户，100～199 亩有 16 户，200～299 亩有 12 户，300～399 亩有 3 户，400 亩及 400 亩以上有 5 户，其中最高两户为 500 亩和 520 亩。“系列 2”表示家庭农场规模经营各段所占的比例（%），即 50～99 亩所占比例为 5%，100～199 亩为 42%，200～299 亩为 32%，300～399 亩为 8%，400 亩以上所占比例为 13%。

---

①　本书对农业经营形式进行类分时，虽然规模大小是最外显的标志，但是对农业经营形式性质的判断实际上并不是以规模为唯一指标的，甚至不是最主要的指标（这部分待后文讨论）。因此，在家庭农场规模分类时出现了几例不到 100 亩的案例，甚至还有超过 500 亩的案例。从生产要素的分配、经营逻辑、与市场的关系，尤其从雇佣关系来讲，他们都属于家庭农场案例分析的范畴，在此讨论并不影响整体的规模分类，特此说明。

②　在案例中实际上有大于 500 亩的规模，但是数目很少，因此没有做特别的分段，就全部归在“400 亩及 400 亩以上”这一范围。

图 4-1 至图 4-3 显示了几个方面的信息。

(1) 图 4-1 的萍镇家庭农场规模分布柱形图显示，本地人与外地人在经营规模大小上略有不同。与外地人相比，本地人经营规模更有弹性，集中化程度较低。根据统计到的数据，从“22”起为外地人(指本县以外的人)到当地经营家庭农场的案例规模。“1”～“21”为本地人经营的家庭农场的规模。对两者进行对比发现，无论是本地人还是外地人经营的家庭农场，规模基本保持在 100～500 亩，尤其集中在 100～300 亩。但是在本地人与外地人的经营中，我们也能得出差异，即本地人经营的家庭农场的规模弹性较大，从不到 100 亩一直到 500 亩都有，波动较大；而外地人经营的家庭农场，经营规模比较集中，在 200 亩左右的比较多，弹性幅度较小。

(2) 图 4-2 的萍镇家庭农场规模分布散点图说明，总体上家庭农场规模集中化程度较高，基本在 100～300 亩，38 户家庭农场规模首先集中在 100～199 亩，其次集中在 200～299 亩，再次是 300～400 亩，400 亩以上的更少。

(3) 图 4-3 的萍镇家庭农场规模分布折线图更加详细地反映了萍镇家庭农场规模的分布情况。数据显示，在萍镇家庭农场规模分布中，50～99 亩的有 2 户，100～199 亩的有 16 户，200～299 亩的有 12 户，300～399 亩的有 3 户，400 亩及 400 亩以上的有 5 户。其中最小规模的为 86 亩，最大规模的为 520 亩。从百分比来看，50～99 亩所占比例为 5%，100～199 亩为 42%，200～299 亩为 32%，300～399 亩为 8%，400 亩及 400 亩以上所占比例为 13%。其中，100～300 亩是高峰值(如果剔除 100 亩以下的 2 户，并且把 400 亩及 400 亩以上分得更细，那么这条折线应该是一条近似的斜线)[①]。

从以上表格和图来分析，可以得出一个简单而重要的事实：萍镇家庭农场一共有38户，户均耕地面积为213亩，其中面积最少的为86亩，面积最多的为520亩。规模集中化程度较高，集中在100～300亩，但并不是均匀分布，还有100～199亩、200～299亩、300～399亩和400亩及400亩以上几种类型，实际上就表明了规模也具有分散性。总之来讲，萍镇的家庭农场已经达到了相当的规模，并且在各方面具有强劲的生命力，很有必要做重点分析。

(二)家庭农场的主要类型

在萍镇，家庭农场这种新型的农业经营形式迅速发展起来，而且数量不少。家庭农场与分散小农农场相比，家庭农场经营者存在明显的异质性，他们来自于不同的职业。从土地资源、资金拥有、劳动力等生产要素方面来讲，他们都表现出不同。在此根据他们职业的不同或拥有生产要素的不同，对家庭农场的构成进行分类，将其分为村干部兼业型、返乡农

① 图4-1至图4-3实际上都在说明一个问题，那就是家庭农场的规模集中在100～300亩，尤其是100～200亩这个区间段的规模是最多的，规模的集中趋势明显。这里我们有另外一组非常重要的数据同时印证了这一问题，笔者为了调查这批外来的家庭农场经营者，特地到这些经营者的出生地进行了为期一个月的访谈。

我们对一个村(苍头村)进行了重点访谈，在此进行了农户外出流转土地的统计。以劳动力计算，外出流转土地的劳动力占到村庄劳动力的2/3左右。以户为计算单位，外出流转土地的经营者占总户数的26%。苍头村有17个自然村，苍头咀、大骆、大张、河东、洪庄、黄店、金元、沐桥、沙龙、上陈、上田、田上、兀东、兀羊、下田、小蒋和小张，在这些自然村中外出土地流转农户占总户数的比例分别为，35%、29%、17%、10%、0%、14%、16%、14%、24%、30%、18%、40%、100%、31%、6%、30%和33%。对于这批外出流转土地者，笔者称为“外出包地农”，然而要清楚地得到他们经营规模的数据并非易事。

恰好当地农资店老板处有一部分客户的规模经营统计表，该表统计了100例外出包地农的经营规模。其统计中面积最低者为100亩，最多者为1600亩，平均耕地面积是264亩。每个经营段的规模面积比重为，100～199亩占总比例的45%，200～299亩占24%，300～399亩占13%，400～499亩占5%，500亩以上占12%。可以说，80%以上的规模在100～300亩。这与图4-2中萍镇家庭农场规模分布散点图和图4-3中萍镇家庭农场规模分布折线图的分布区间大致一致，而且这里的折线图成为更加陡的斜线。这暗示了家庭农场的一般规模均在100～300亩。

民工型、传统种田大户型和职业农民转化型。

1. 村干部兼业型

由于外出就业机会的增加，农村大量的人、财、物开始向外流出。虽然农村成为“386199(妇女、小孩、老人)”部队，但是农村还有部分算得上“精英”的群体，那就是农村的村干部。与本书前文提出的乡镇干部不同，村干部具有浓厚的“乡土”气息，他们的活动范围主要还是在村庄。他们的服务对象立足于村庄，他们的生活重心也是在村庄，他们成为驻守村庄的农村精英群体(当然部分也在城里购房)。对于村干部来讲，他们首先接触国家政策，对国家的资源输入最为敏感，因此，也最容易受到政策激励的影响。所谓“上面千条线，下面一根针”，就是对村干部与国家与农民关系的形象描述。不同于乡镇以上的干部带有很强的科层制色彩，村干部往往带有“兼职”性质。他们不仅是村干部，也可能是出租司机、个体工商户，或者是当地的兼业农民工，当然他们很可能是兼业农民，农业生产只是他们的最次要副业。在国家大力推动农业规模化经营的背景下，有农业生产经验的村干部成为新一轮规模化经营——家庭农场经营者的主力军。

案例 4-1 方正隆，50 岁，萍铺村村主任，他是长期从事农业生产的兼业农民。方正隆从 1983 年开始一直担任村里的村干部，同时也是兼业农民，未有过外出务工的经历。除了自家承包地以外，方正隆开始小规模的土地流转是在 2000 年，有 20 亩(“老亩”，约 30 亩)土地属于自发土地流转，其中有 8 年的流转租金是每年 125 斤/亩稻子。2008 年开始和本村的一个村民合伙流转土地，实现了规模化经营，当时他流转的土地面积是 234 亩，土地租金为每年 400 斤/亩稻子。但是在流转的第四年，他与合伙人分开，原因是合伙经营难以管理、雇工较多、容易亏本。由于家中子女开支减少，2013 年，方正隆把规模缩小至 50 亩。对于这样的规模，方正隆说：“目前老伴身体不是很好，我当村干部事务多，50 来亩不用雇人，其实刚刚好。以前有200多亩地，实际上不大能忙过来。”

案例4-2 汪晶晶，30岁，2011年8月当选为隆岗村会计。2013年，他流转隆岗村土地110亩，还有自己家的承包地8.5亩，流转时间为2013—2018年的5年时间，土地流转租金为每年400斤/亩稻子。实际上，汪晶晶本人并没有丰富的农业生产经验，之所以开始规模经营，也是由于他作为村干部，首先了解到国家的政策投入。在当村干部之前，汪晶晶一直在外务工，2002年他中专毕业后去深圳打工，2003年回到安徽长湖做销售服务员。2004—2009年去四川当兵，2010年退伍后又到广州打工，2011年底才回到老家，成为村里的会计。从几乎毫无种植经验的一个打工者摇身一变，成为当地的“大户”，凭借的是政府对土地规模化经营的推动。

案例4-1和案例4-2中的家庭农场经营者实际上都是村里的干部，他们成为家庭农场经营者带有“兼业”的性质。但是究竟属于“职业”农民，还是把规模化经营的家庭农场作为一种“副业”，这要视情况而定。比起一般的村民，村干部不仅拥有投资家庭农场的资金、一定的劳动力资源，还拥有更多的政策信息，从而能够利用国家输入的资源。实际上，村干部兼业经营家庭农场也是政策催生的结果，带有外生性质。在萍镇，村干部成为家庭农场经营者是一种普遍的现象，而且比例还相当高。

2. 返乡农民工型

《中国农民工现状及其发展趋势总报告》称，农民工已经达到我国工人总数的2/3以上[①]。李强指出，改革开放以来，中国拥有庞大的农民工群体，基于农民工在城市和农村之间的大量流动和在城市化进程中所起的作用，传统划分的城乡二元结构实际上被分割为城乡二元之外的“三元

① 中国农民工战略问题研究课题组. 中国农民工现状及其发展趋势总报告[J]. 改革，2009(2):11.

结构”，即城市、乡村和城乡之间大量流动的一批群体[①]。同时，务工性工资收入成为农民群体收入的主要来源。根据国家统计局发布的《2011年我国农民工调查监测报告》，自20世纪90年代后期以来，工资性收入占农村居民纯收入的比率呈快速上升态势，2010年时，该比率达到41.07%；2011年进一步升至43.09%。与此同时，农民家庭经营收入所占的比重则出现长期下降的趋势。这表明农民工已经成为中国社会一个非常重要的阶层，并且在资源获取上，农民工对农村家庭起着举足轻重的作用。与此对应的是，近年来国家对农村，尤其是对农业进行的大量投入，直接刺激外出农民工返乡，在萍镇的家庭农场经营者中，就有不少外出农民工返乡转为职业化农民的案例。

案例 4-3 刘鑫，34岁，萍铺村人，是目前全镇最年轻的家庭农场经营者之一。2012年，刘鑫流转土地404亩，土地流转租金为每年400斤/亩粳稻，流转时间为2012—2022年。提到回家承包数百亩土地，刘鑫说：“主要是受政策影响，在北京工作时，就看到新闻和报纸媒体对规模化农业的宣传；另外，从一个种植花卉苗木的朋友那里知道现在农村大有可为。”刘鑫作为萍镇人，早就听说政府给予大户补贴、农机补贴和农业保险补贴等的鼓励政策。自从16岁中专毕业，刘鑫就担任过村里的团支部书记，兼任出纳，做过民兵营长、支部委员，一直到2007年到北京打工。之前他有过自发土地流转耕作的经验，曾经种地规模达30亩。

案例 4-4 冯爱辉，43岁，旧牌村村民。2012年，他流转土地104亩，流转租金是每年400斤/亩粳稻，流转时间为2012—2018年。对于回家流转上百亩的土地，冯爱辉这样说，“老是在外面打工不行，打工四面八方都要跑，收入也不稳定啊！没有一技之长，小学文化，一个人打工，妻子在家陪读。现在小孩上大学了，2012年村里又田改，我就回来啦。”对于能

① 李强. 农民工与中国社会分层[M]. 北京：社会科学文献出版社，2012：326.

否种好地，冯爱辉说，“我们以前也是种田出生，基本上可以。现在是 30 多亩低洼田养虾，70 多亩田种水稻，因地制宜，还忙得过来。”

在农村，农民工是外出群体中人数最多、对村庄影响最大的群体。一般来讲，他们都有从事农业生产的经验，外出务工又积累了一定的资金，而且他们有足够的劳动力资源，有一定的知识文化水平，一定的劳动力体能，这些构成了经营家庭农场的基础。从动力机制上讲，他们是外生型家庭农场经营者，更多受到政策推动的影响，政策激励促使当地不少农民工返乡经营家庭农场。

3. 传统种田大户型

在农村，由于外出就业机会的增加，出现了频发的自发土地流转的情况。劳动力结构的不同，导致农村自发的土地流转秩序。于是，目前农村出现了耕种二三十亩地、年收入在两三万元的传统种田大户阶层。不同于以务工收入为主的兼业家庭，传统种田大户主要精力放在农业上，对农业生产倾注了大量时间，掌握了较为丰富的种植技能和经验，也因此成为上百亩规模化经营的主要内生性力量。

案例 4-5　汪金宝，63 岁，隆岗村人。2013 年流转土地 84 亩，自己还有承包地 8.3 亩，共计 92.3 亩，土地流转金为每年 400 斤/亩稻子，这与之前的自发土地流转形成了强烈的对比。在 2012 年土地平整之前，汪金宝给付的租金是每年 200 斤/亩稻子(而且是“老亩”，在本小组，1 老亩＝2.5 市亩，意味着他实际支付的地租成本是每年 80 斤/亩稻子)。在政府未推动土地流转之前，他经营了 20 多亩地，每年的收入是 2 万多元。在这个时期，除了水泵等简单生产工具以外，汪金宝极少拥有生产资料。2013 年对于汪金宝来讲，是一个非常重要的转折点。地租的价格以“市亩”来算，价格为每年 400 斤/亩稻子，而且需要提前交地租，更重要的是流转面积一般要在 100 亩以上。由于缺乏资金，汪金宝想出了一个折中的办法，他不预付租金，而是自己分别与 11 个农户签订了协议，土地租期为5年。由于未与政府订立合同，汪金宝没有获得地方政府的大户补贴。另外，在固定资本投资上，汪金宝做得明显不足。

案例4-6 程月盈，女，63岁，2013年流转土地80亩，地租为每年300斤/亩稻子，自己有承包地6亩，共计86亩。规模化流转土地之前，程月盈是当地最大的种田大户，她丈夫早逝，两个儿子都身体残疾，家境困难，土地收入对于家庭生计很是重要。2013年以前，程月盈自发流转土地32亩，来自两个弟弟的有24亩，干女儿的有8亩地(地租为每年200斤/亩稻子，在本小组，0.6老亩=1市亩，也就是说，现在的地租是以前的3倍)。2013年流转的土地从32亩扩展到80亩，除了弟弟和干女儿家的土地，还有本小组其他三户家庭的地。为了避免向政府支付预付租金，她与这些家庭分别协商，地租从政府的400斤稻子变为300斤稻子，但是，土地流转时间不定，流出方可以随时要回土地。

在农村，传统种田大户是对土地依赖程度最高的群体，因此这个群体也最适合发展为家庭农场的经营者。但是，在现实中，传统种田大户被培育为家庭农场经营者的并不多。这是因为传统种田大户欠缺最重要的一个生产要素——资金。就经营100亩的家庭农场而言，投入资金要达到10万元以上，对于村庄中的中下阶层而言，这是一笔巨大的开支，而且土地的“规模化”带来的风险也令这些人难以承受。案例4-5和案例4-6中的传统种田大户，实际上还是未享受到政府的补贴，且破产的传统种田大户占大多数。

4. 职业农民转化型

这里的“职业农民”并非指农业产业工人，而是指以农业为主要甚至唯一收入、市场参与程度高、常年从事农业生产、以规模化经营为主要生产模式的农民。由于区域经济和城乡经济发展的不同，一部分农民对土地的需求程度并不高，因此出现了一些农民不种地，一些农民想种地的局面。在一些地区出现专门外出“包地”的“职业农民”。他们一般流入到长三角和珠三角地区，流转土地上百亩，给予户主市场租金，在性质上雷同于“农民工”，但是在形式上又表现出不同，一些研究者把他们称为“农民农”①。这些外出包地的农民，外出包地(流转)的时间长，积累了丰富的农业生产技能，比起传统种田大户，他们把农业生产当作一种经营方式，而非仅仅为了糊口，他们完全超出了传统小农范畴，属于现代农业中的职业农民。

案例 4-7　张志祥，49 岁，安徽巢湖地区 S 镇人，外出包地小半辈子，成为典型的经营家庭农场的职业农民。1997 年开始，他一直在外包地，包地的历史轨迹如下：1997—2006 年在浙江包地；2006—2009 年在安徽白湖农场包地；2010 年在安庆包地；2011 年在繁昌包地；2012 年在无为包地。他家兄弟姐妹多，父辈一代在村里就比较贫困，自己结婚后，居住条件较差。由于家境贫寒，另一个弟弟还做了上门女婿。一直以来，在家种田没有多少收入，就跟着亲戚一起外出打工。在村里，有一些人外出了但并没有打工，实际上在包地，而且听说收入还不错，这成为他一个很好的效仿模版。对于外出包地，老张持积极乐观的态度，包地要比打工强，“苦就苦那两三个月，包地 150 亩就能抵得上 3 个人一年到头的打工(收入)！”“我们不担心失业，主要是地租问题，另外是田底好不好。现在打工都不想打了，包地比打工的利润高得多，吃亏也就那 3 个月。赚钱多导致包地的人也多了，主要就是怕包不到好田。”

案例 4-8　盛某，50 岁，安徽庐江县盛桥镇金城村农民，目前在萍镇

---

①　华东理工大学有研究者对此进行了深入研究，并且形成了大量丰硕的成果。参见

奚建武. 农民农：城镇化进程中一个新的问题域[J]. 华东理工大学学报(社会科学版)，2011(3).

赵赟. 近代苏北沿海的“走脚田”与“农民农”研究[J]. 中国农史，2012(3).

叶敏，等. 驱逐小生产者：农业组织化经营的治理动力[J]. 开放时代，2012(6).

刘付春. 都市郊区农民农研究[D]. 上海：华东理工大学硕士学位论文，2011.

还有的研究从政治社会学的角度以“代耕农”的身份对外来包地的农民展开研究。

黄志辉. 自我生产政体：“代耕农”及其“近阈限式耕作”[J]. 开放时代，2010(12).

黄志辉，麻国庆. 无“法”维权与成员资格——多重支配下的“代耕农”[J]. 中国农业大学学报，2011(1).

流转了220亩土地。31岁之前，他在家种地，不过已经有了在农忙季节到上海当农业工人的经历，这样子干了五六年，这为他以后自己去上海包地打下了一定基础。第一次包地是在上海，包了70多亩，不用交农业税，地租为每年200元/亩。包地经历：1995年在上海包地4年，地租为每年200元/亩，从70亩减少到40亩。地少之后去了浙江，在浙江从包地70亩开始，最多时是120亩，待了7年（到2006年），租金是每年每亩100多元。2004年，他家乡的白湖农场20多万亩地开始对外发包，故2007年他到白湖农场包地260亩，除去政府补贴资金，每亩的地租是每年410元。2010年与其他2人在江苏连云港种植棉花500多亩。2012年到安徽萍镇包地，直到调研进行时。

在萍镇调研时，萍镇土地流转中心的负责人告诉我们，外地来的职业农民有着很强的种植技能，能充分利用现代技术，并且有着非常丰富的种植经验，土地生产率很高。在当地经营家庭农场的人中这批人人数较多，能够占到三分之一以上。根据笔者的统计，这些外来的职业农民（包地农）实际上的比例更高，38户中有17户为外地职业农民，其耕种面积占家庭农场总面积的49%。实际上，在当地家庭农场这一新型农业经营形式的培育中，这批职业的专业包地农起到了非常重要的带动作用。

（三）家庭农场的发展与演变

“家庭农场”概念的正式提出是在2013年的中央一号文件中，可以说，“家庭农场”实际上不是一个严格的学术概念，而是一个有着强烈时代特征的概念。“家庭农场”政策性的提出，促使各地涌现出数量颇多的家庭农场经营形式。看似政策催生的家庭农场，从农业经营发展形势来看，有其自身的发展阶段。家庭农场的发展可以被划分为四个阶段：从小农过渡到传统种田大户，再从传统种田大户过渡到外出包地户这种形式上的“职业农民”，再到具有正式契约关系的“家庭农场”。这四种农业经营形式有着内在的关联和发展逻辑。尤其是在从职业农民转化而成的家庭农场中，我们更是能从历史性看出家庭农场的发展历程和周期。我们以案例4-7和案例4-8中职业农民转化成的家庭农场为例，谈内生型家庭农场的历史发展过程。

(1) 20世纪80年代至90年代初期，为家庭农场的雏形阶段。此时外出包地户的租赁面积较小，以传统的小农耕作方式为主，无地租或地租非常低，以“代耕农”形式出现，或者充当农业工人也有之。此时，伴随部分农民到上海、江苏和浙江等地打工，少数人开始转向农业领域，以“代耕农”的形式出现。以案例4-8中的盛某为例，他当时主要是以农业季节性雇工的形式到上海等地充当农业工人，到外地以经营土地为生的并不多见。而且，从当时的耕作方式来讲，极少使用现代的生产工具，与老家几亩地的耕种方式无异，于是在农忙季节才产生了外来的农业季节性雇工。此阶段的特点是，种地的规模小、无租金或租金少、包地人数少。

(2) 20世纪90年代中后期到21世纪初，为内生性家庭农场的兴起阶段。此时家庭农场主要还是分布在经济较为发达的地区，在中西部等广大农村虽然也出现了一些种植一定规模的“代耕农”或捡田户，但是较为明显的还是在经济较为发达的东部地区。笔者在大量的调查中发现，在长三角地区就出现过不少外地农民以经营土地为生的例子。此时，由于农业税费重，最重要的生产资料——土地开始被“抛荒”，于是专门捡田的代耕户出现。案例中的张志祥和盛某开始就是在浙江和上海等地“捡田”耕种。规模在数十亩到百亩，土地带有了较为明显的经营性质，“规模效益”开始体现。比如案例中的张志祥和盛某都是在20世纪90年代中后期从家乡出来的，张志祥1997年外出到浙江农村包地，经营规模是50亩；盛某1995年外出到上海农村包地，规模是70亩。由于这个时候大多数外出包地农与当地农户私人之间达成的协议，地块随时都有被收回的可能，因此作为生产资料的土地并不具有稳定性，土地经营的规模受到一定的影响，也因此外出包地存在一定的流动性，比如，张志祥分别在浙江，安徽安庆、繁昌和无为等地租赁土地，而且随着时间递进，其经营时间更短。

值得一提的是，在20世纪90年代末到2003年，由于粮食价格波动，这些外出包地农民经营的农场具有较大的风险，因此这批人不具有稳定性，有部分的回流。正如案例4-8中盛某所提到的，20世纪90年代末到2000年初期，粮食价格不稳定。水稻的价格在1995年、1996年为1元/斤，1997年为7毛/斤，价格跌幅大。2000年前后，稻子曾经是4.8毛/斤，小麦是3.5毛/斤。所以，盛某说1997—2002年挣钱少，这是粮食价格市场所决定的。在笔者的调查中发现，此时由于粮食价格的不稳定，部分外出包地农民出现了较大损失，部分外出包地农民退出包地。但是，总体来讲，在东部发达农村，外出包地的农民开始集中出现，而且人数不少。

这个时期还没有形成完全的土地租赁市场，主要还是以代交农业税的方式冲抵地租，比如盛某在1997年包地时，上海的土地地租是每年200元/亩，2000年初在浙江的地租是每年120元/亩。由此可见，当时的地租是比较低廉的，这也是由土地的产出价值决定的。从耕作形式来看，开始具备现代农业家庭农场的雏形。“规模效益”开始出现，土地面积一般在50～100亩，由于收割机等机械的使用替代了部分人力，一对夫妻耕种100亩左右的规模已经成为可能。

(3) 2003—2012年，为内生性家庭农场的快速形成时期。一方面在东部等发达农村地区聚集了很多外来的专门以包地为生的职业农民；另一方面在广大的中西部地区，也开始形成数量庞大的传统种田大户阶层，他们与家庭农场经营者在性质上已经趋同，只是发展受限于土地生产资料的影响。根据笔者在萍镇和巢湖地区的调查来看，外出包地的农民在此时大量形成，内生性的家庭农场在东部等发达农村地区数量较多，这与当地的经济条件高度相关。

外出包地家庭农场职业农民数量的迅速上升，首先离不开粮食市场的稳定。2003年取消农业税的同时，在粮食价格上国家出台了国家粮食收购价，政策的出台对于粮农，尤其是“规模化”的粮农经营者非常有利。

根据在农村的调查，粮食价格从2003年开始未出现较大的波动且稳步升高，市场化的粮食价格给粮农带来较好的收入预期。再者，除了免除农业税费，各种种粮补贴对种粮的农民来讲也是一种激励。这表现为此时外出包地的人增多，地租价格开始上涨，作为生产资料的土地成为一种稀缺资源。上述案例4-7和案例4-8两个个案中都提到20世纪90年代中后期地租价格都在每年100～200元/亩，2003年以后，地租价格开始逐渐上扬，盛某2004年在安徽白湖农场获得补贴后的租金是每年410元/亩，2012年在繁昌的地租是每年400斤/亩稻子，约520元/亩。土地成为稀缺资源，为了获取土地，开始出现“田贩子”，案例4-7中的张志祥在2010年六安租赁的土地就是靠中间人介绍的。由此可见，从沿海地区到内陆地区，都已经开始有“闲置”的土地流转，这为家庭农场的生成提供了条件。

此时，内生性的家庭农场的规模都在100亩以上，因为地租价格的上涨和对机械的充分利用，规模普遍集中在100～200亩，这样的规模非常适合以夫妻为劳动力的家庭作业，而且能达到务工工资收入。此阶段的特点是，土地地租不断增加，土地经营面积加大，机械化程度高，收入较为稳定。另外，由于地租价格上涨和国家政策的干预，农场的“流动”性质更为明显，从沿海地区到内陆地区，“找地”成为流动性家庭农场经营者面对的最为棘手的问题。

(4) 2013年以后，在外力作用下，家庭农场在全国各地普遍出现，成为新型农业经营主体的一部分。以2013年一号文件出台为标志，在政府扶持下，家庭农场得到较大发展。以笔者调查的萍镇为例，在土地流转中心登记的家庭农场在整个农业经营面积中占23%，再加上资本破产导致的家庭农场的总量，应该在50%以上。从有关调查统计的数据得知，家庭农场在全国的数量已经非常惊人。2013年的中央一号文件明确指出，要“创造良好的政策和法律环境，采取奖励补助等多种手段，扶持联户经营、专业大户、家庭农场”。一时间有关家庭农场的发展、确权登记和扶持政策，在各地开始陆续出台。

此前，内生性的家庭农场已经在发达农村地区孕育出来，在欠发达农村主要是以传统种田大户为主的农业经营形式。2013 年，在相关政策文件的推动和此前相关规模化农业在农村启动的背景下，政府推动和资本破产转化而形成的家庭农场被大量催生出来。目前在广大农村实施的土地平整项目和大规模的土地流转，使细碎化、小块的土地开始集中，不仅向资本集中，同时也在向 100～300 亩的家庭农场集中。这个时期，政府等外力推动下的家庭农场成为主力，政府在资金、税收等方面开始对其进行扶持，通过招商引资的方式大量引进资本。但是，资本形式的农场往往都存在着经营上的制度性障碍，很难在生产环节获利，因此资本农场退出生产环节，代之兴起的便是家庭农场。

政府推动下的家庭农场开始走向现代农业，以耕牛、犁等生产工具进行的小农农业逐渐被政府推动的大型拖拉机、插秧机等现代农业生产工具替代，而农业规模面积的扩大，很显然地把自给自足的农业推向了市场。一方面是政府的推动，另一方面是传统种田大户本身的孕育，再加上外来职业农民作为成熟的家庭农场组织的示范效应，此时，在萍镇，家庭农场开始大量兴起。这一阶段的特点是，地租开始由政府定价，较自发土地流转高出两三倍，正式的契约合同开始形成，而且土地流转的时间较长，家庭农场经营者得到政府的保障；土地流转规模在 100～300 亩，土地租赁市场开始形成，以人情为主的土地流转方式中断，农业资本主义得到发展。

由于政府在地方的推动，家庭农场这种农业经营形式已经开始由东部较发达的农村地区发展到在政府推动规模农业的欠发达农村地区出现，由于本身具有强大的生命力，家庭农场发展迅速，并可能成为一种重要的农业经营形式。

二、家庭农场的经营效益

从农业经济学的角度看，家庭农场是一种新型的农业经营形式。它不仅拥有较高的土地生产率，而且能使相关部门最为重视的劳动生产率提高，而这恰恰是现代农业所强调的。不同于小农农场是资本节约型生产方式，家庭农场单位面积资本投入高，通过合理利用机械，尤其是通过劳动力的利用来达到最佳的规模效益。

（一）高土地生产率

研究者们一直认为，以家庭式农场为组织单位的小农生产土地产出率最高，这一点已经被历来的农业史和农业学学者的研究所证实。有关规模化是否有效率众说纷纭、莫衷一是，最终从土地产出率来看，有的研究者认为“农场规模与生产效率之间一般是反向关系”，“家庭农场比集体农场更优越，效率更高”，这实际上也是一个不争的事实。规模的临界点确实是一个非常值得研究的议题。以自给自足为特征的传统小农以其无限的劳动投入获得了极高的土地生产率，但是，这是否就能证明商品化程度更高、规模更大的“家庭农场”就会必然导致土地生产率的下降[①]呢？答案是否定的。

保证土地生产率的一个关键点就是是否雇工，或者说是雇工的数量比例。对于完全依托雇工的资本型农场而言，保证高的土地生产率是一个重大的挑战（在本书第五章中，笔者进行了详细讨论）。对于同样依托家庭组织的家庭农场而言，土地生产率是否必然下降，这一点值得讨论。笔者在大量调研中发现，家庭农场能够保证很高的土地生产率，而且在经营者经验丰富的情况下，有可能产出更高。

---

① 罗伊·普罗斯特曼．中国农业的规模经营：政策适当吗？［J］．中国农村观察，1996(3)：17.

案例 4-9　王子豪，50 岁，安徽巢湖人，有 33 年的外出包地历史，1981 年开始到上海包地，积累了丰富的种植经验和农业技能。他于 2012 年到萍镇杉河村流转土地 200 亩，土地租金为每年 400 斤/亩稻子。因为之前本村有上千亩雇佣农场经营失败的例子，杉河村农民对于所谓规模化的经营几乎都持怀疑，甚至是否定态度。2012 年王子豪开始经营这 200 亩土地，种植第一季小麦时，他采用了撒播技术①。当地的农民认为，这种方法完全不可行，一段时间后长出小麦的地里到处都是杂草，当地农民认为，这可好，地荒了！王子豪使用大量除草剂对小麦进行除草 2 次，打农药 2～3 次，而且施肥较多，最终长势很好。小麦亩产不错，达到 700 多斤。在当年的水稻亩产上也达到 1300 多斤，比普通农户多 100～200 斤。"王子豪会种地，外地来的人都会种地"，这是当地农民对他的评价。

案例 4-10　对于当地经营家庭农场的经营者来讲，高亩产也并非没有。杨柴平是当地经营得较为成功的家庭农场经营者。他之前是运输司机，家里有一辆货车，2009 年，他在杉河村流转承包土地 185 亩，在 2013 年之前的四年中，他几乎都处于盈利状况。据杨柴平讲，如果种得好，平均下来每亩地可产早稻 900 多斤、中稻 1300 斤、晚稻 1200 斤。2012 年，杨柴平的中稻亩产高达 1350 斤，高于一般农民（小农）的亩产。在这一年，杨柴平的年收入达到了 15 万元，也就是说每亩地的利润达到了 750 元，加上付出的地租 520 元，实际上每亩的纯收入达到了 1270 元，这里面还有雇工成本。这丝毫不亚于一般农民的亩产。杨柴平把这归功于他选择的种子品种和比较精心的管理上。

案例 4-9 和案例 4-10 无疑证明，规模在 200 亩左右的家庭农场，在亩

① 在这些外地职业农民来之前，萍镇几乎都是采用人工插播。按照效率计算，人工插播，每人每天播种不到 1 亩地，而每亩地的人力是每天 100 元左右，加上伙食费大致总共需要 130 元。采用撒播技术，每人每天可以撒播 30～50 亩，200 亩地一个人几天就能完成。但是这需要一定的撒播技术，重点是后面的除草过程。除草时间的掌控、除草剂的选择、除草剂的使用方式等，都需要一定的知识和技能，这是无规模种植经验的小农一时无法掌握的。除草环节如果稍有不慎，亩产降低 100 斤到数百斤都是可能的。因此，从效率上来比较，撒播的效率是传统播种方法的数十倍，但是风险增加，对经营者的要求更高。

产上并非是低生产率。与小农农场相比，家庭农场在土地生产率上并没有表现出过多的差异。在调研中笔者发现，诸如案例 4-9 和案例 4-10 这样的高产家庭农场并不在少数。一般来讲，家庭农场经营者的中稻产量与小农持平，甚至更高，无经验者稍微偏低，但每亩也只少 100～200 斤。总体来讲，家庭农场的经营对经营者的经验和管理水平的要求大大提高。经营家庭农场的风险远高于小农农场，而一些自然灾害发生以后，依靠机械化操作的土地就可能存在减产情况，也就是说，家庭农场的风险更大。对家庭农场和小农农场亩产的比较，可能不是一个完全有意义的指标，因为在萍镇调研时笔者发现，家庭农场与小农农场的最大不同不一定表现在土地生产率上，而是表现在劳动生产率上。

（二）高劳动生产率

前文已经提出，现代农业最为重要的指标不仅是土地的单位产出，更为重要的是劳动力的单位产出。从土地生产率来讲，小农农场的土地生产率是最高且最稳定的，风险也小。家庭农场的土地生产率也高，但是没有那么稳定，风险较大。家庭农场的土地生产率很大程度上取决于经营者的管理经验和技能水平，其土地产出率并不必然低于小农农场，但在劳动生产率上，家庭农场的劳动单位产出远高于小农农场。

从劳动生产率来讲，家庭农场的劳动生产率大大提升。可以设想，一个小农农场的规模是几亩到二三十亩[①]，而家庭农场的规模是 100～300 亩[②]。也就是说，同样是一对夫妻，他们可以耕种二三十亩以下的土地，也可以耕作二三百亩的土地，这就使得劳动生产率提高了 10 倍左右。如果按照均值计算，小农农场的平均耕地规模大致只有不到 10 亩。按照户均计算，也不过 10 亩。按照我们对家庭农场的规模统计数据分析，萍镇

① 虽然在这里把小农农场与家庭农场的规模临界点定位在 100 亩，但是从经验中可以看到，如果不依靠政府的规模化流转，50 亩以上的家庭农场很少。

② 家庭农场与资本型农场的临界点是 500 亩，实际上，规模在 300～500 亩的家庭农场也极少。

的家庭农场一共有38户，有8075亩地，户均经营面积达到了212.5亩。也就是说，从劳动生产率来讲，家庭农场的劳动生产率提高了20倍之多。从这一点上来讲，家庭农场才真正跨越了“过密化”或“内卷化”的传统农业，避免了农业中的隐形失业问题。

黄宗智根据满铁调查资料对20世纪30年代的小农农场的土地生产率和劳动生产率进行了详细的考察，得出了以极大劳动投入换取土地总产出的“内卷化”小农农业是中国农业商品化发展的实质这一理论。实际上，在新的文章中，黄宗智提出以资本密集投入为特色的“新农业”正在兴起，它有望成为中国农业的“第三条道路”①。但是，以“新农业”来完全替代“旧农业”，显然不可能从根本上扭转小规模的小农农业效率低下的局面。在这一点上，家庭农场通过扩大规模回应了小农农场的低效率和隐性失业问题。

实际上，恰亚诺夫有关农民家庭组织优越性的描述，并没有在小农农场中得到充分的展现，这是由我国特殊的土地制度所决定的。恰亚诺夫说：“完全有可能的另一种情况是，在另一种比份地村社制弹性更小的农业制度下，家庭发展中的生物学因素对于土地的利用规模的影响或许不会如此突出。”②在我国20世纪80年代初实行的家庭联产承包责任制中，“人均不过一亩三分，户均不过十亩”，在其他就业机会缺乏的情况下，人地之间的紧张关系并没有得到有效缓解，农民家庭组织即以“家庭”为组织生产队单位的小农农场，其规模并没有与家庭劳动力的多少、家庭劳动力强度的质量等家庭生命周期中的这些生物性的优势紧密结合起来，家庭劳动力的多少、劳动力的质量等刚性地与小规模的小农农场结合在一起，从而造成了单位劳动力的过分投入、隐形失业和农业的“过密化”问题。此时，土地生产率达到了较高的水平，很难再进行提高。

---

① 黄宗智. 中国的新时代小农场及其纵向一体化：龙头企业还是合作组织[M]//中国的隐性农业革命. 北京：法律出版社，2010.

② 恰亚诺夫. 农民经济组织[M]. 北京：中央编译出版社，1996：38.

同样，依靠自我剥削来达到较高土地产出的家庭农场，把家庭组织本身的优势发挥到了极致，它最重要的表现就是极高的劳动生产率。在政府的推动下，通过提高租金，家庭农场规模可以进行“无限”（实际上受限于家庭劳动力的多少，因此规模往往是一定的）扩大，因此家庭农场经营者本身可以根据家庭劳动力的多寡、质量的好坏和对农业技能的熟练程度来调节农场的大小。在调研中，笔者发现以下几个变量对家庭农场的规模产生了重要的影响：家庭劳动力的多少、劳动力质量的好坏和劳动力对农业技能的熟练程度。

(1) 家庭劳动力的多少与农场的规模呈正相关关系。笔者发现，家庭可使用的农业劳动力越多，经营的规模就可能越大。萍镇规模在100～500 亩的家庭农场中，大于 400 亩的有 5 户，占到总户数的 13%，其中有 3 户家庭劳动力较多。比如案例 4-3 中的刘鑫，流转土地 404 亩，部分原因是他家有较多的劳动力，除了自己夫妻二人以外，还有父母和哥哥都投入到劳动中。再比如许老汉，62 岁，流转土地 400 亩，家庭劳动力包括了两个儿女以及儿媳和女婿，实际上常年投入的劳动力有 6 人。当然对于大多数的家庭农场而言，劳动力只有夫妻二人，因此一般的规模在100～300 亩。

(2) 家庭劳动力质量的好坏与农场规模呈正相关关系。家庭劳动力质量反映在劳动力的体能和文化程度上，其中最为显著的特征是劳动力的生理年龄和文凭。文凭实际上与生理年龄具有一定的相关性。一般来讲，年龄越大，文化程度越低，年龄越小，文化程度越高。在这里，生理年龄综合反映了劳动力的质量。笔者调查发现，年龄较大者，其家庭农场的规模较小，100 多亩居多，而年龄在 30～50 岁的，其经营规模一般在200～300 亩。

(3) 家庭劳动力对农业技能的熟练程度与农场规模呈正相关关系，劳动力所具备的农业技能与家庭农场的规模呈正相关关系。与其他因素相比，劳动力所具备的农业技能对经营效益更是能产生直接影响。在农业中，农业技能反映在很多层面，在这里通过规模化经营年限这一指标来进行量化操作。调查统计数据得出，外地职业农民规模化经营的时间远大于本地家庭农场经营者，前者为 13 年，后者仅为 3 年；前者的平均经营规模为 220 亩，后者的平均经营规模为 196 亩。正如前文所指出的，农业技能掌握的程度不仅影响到经营的规模，更体现在经营的效益，即土地产出和劳动生产率上。

通过以上分析可以看出，家庭劳动力的多少、质量和所具备的农业技能对家庭农场的规模具有重要影响。通过政府对土地进行的整治、集中，农业规模化成为可能，家庭农场经营者以机械代替人力，并且采用较为先进的技术对农作物进行生产，使得家庭农场的劳动生产率得到很大提升，农业的“过密化”和“内卷化”得到彻底化解，农业实现了充分就业。

（三）较高的资本投入

相比小农农场，家庭农场投入成本大大提升。家庭农场的投入资金可以划分为刚性投入和弹性投入。刚性投入包括地租成本和农资流动资本投入；弹性投入包括机械等固定资本投入和雇工成本。下面分别从家庭农场的刚性投入和弹性投入来谈家庭农场的资本投入问题。

1. 刚性投入

(1) 地租成本。小农农场中的老人农业，根本无须地租；传统种田大户也只需满足最有意愿的土地流转者的低地租要求。相反，家庭农场经营者需满足最不愿意进行土地流转的人的高地租要求。家庭农场以其平整、集中和适于机械耕作的连片土地为主，但是也以其高地租为代价。在政府的推动下，萍镇的地租考虑到了土地流出者(包括土地流转中的不愿流出者、愿意流出者和态度模糊者)、流入者和政府财力等多重相关者的利益，尤其是农民对地租的要求，而把地租的价格定为每亩 400 斤水稻，这对于规模化的经营者是一笔刚性和较大的投入。比如，以前的传统种田大户种 20 亩地，每亩地的地租只有 100 斤稻子，而现在是 400 斤。不同点在于，以前是秋收后再交粮，现在是先交地租或定金，这就需要预付租金。如果以家庭农场的平均规模 213 亩为标准(为了计算方面,这里以 200 亩进行计算),那么需要支付的地租是 200×400 斤水稻(目前的价格为每斤稻 130 元)=10.4 万元。按照当地的规定,每亩地如果预付 100 元,那么 200 亩地就是 2 万元。

(2) 农资流动资本投入。农业的生产离不开农资流动资本的投入,家庭农场在农资流动资本的投入上是刚性的。与小农农场的双季稻种植模式不同,出于对劳动力的充分利用和效益最大化原则,家庭农场改变了轮作模式。大多数家庭农场改种了中稻-小麦(小农农场为早稻-晚稻的双季稻)。在中稻-小麦生产投入成本上,笔者做了大量调研,中稻在种子、化肥、农药和除草剂的成本上大致是每亩 400～500 元,略高于早稻,与晚稻相当①。小麦在种子、化肥、农药和除草剂上的成本是每亩 200～300 元②。如果以种植小麦为初次投入的生产成本,那么 200 亩地付出的可支配资金就是 4 万～6 万元(这里以中间值 5 万元计算。如果以种植中稻为初次投入资金,那么可支配的资金要求更高,为 8 万～10 万元)。

2. 弹性投入

(1) 机械等固定资本投入。机械等固定资本投入是不同于小农农场的重要一项投入。家庭农场劳动生产率的提高高度依赖机械替代人力,因此,家庭农场在使用机械方面的投入成本大大提高。小农农场极少购置大型机械,家庭农场在机械投入上可以分两种情况。

第一种情况就是自己购置机械,这主要表现在本地家庭农场经营者身上。在本地 21 户家庭农场经营者中,拥有大型拖拉机的有 13 户,共计

① 在萍镇,稻子分为早稻、中稻和晚稻。早稻、中稻和晚稻耕种的时间不同,收割的时间也有差异,而且各个季节的稻子都有不同的生长周期和生产时间,因此产量也会存在不同。早稻一般亩产为 700～800 斤,中稻是 1000～1100 斤,晚稻是 900～1000 斤。在投入成本上,中稻稍高,其次是晚稻,最后是早稻。主要的原因是各个季节的稻子在种子、化肥、农药和除草剂的用量上都不同。比如,早稻、中稻和晚稻都需要施复合肥和尿素,每亩所需重量分别为 60 斤和 30 斤、60 斤和 60 斤、60 斤和 60 斤;需要打药的次数分别为 1～2、7～8、7～8 次,因此不同季节的稻子生长周期不同,投入的农资生产成本也不同。

② 在此还有水费一项,每亩大致在 20 元左右,这一项算到农资等流动资本投入中。

14台，每台价值为7万～10万元；拥有大型收割机的有2户，共计2台，每台价值10万；这些家庭农场经营者几乎全部拥有小型拖拉机，每户有1～2台，每台价值5000元；90%以上经营者有三轮车或货车等运输工具，每户有1台，每台价值数千或上万元；拥有水泵的家庭农场较小农农场增多，每户有3～10台不等，集中在4～6台，价值为1000～2000元；每户有电动喷雾器2～6台，集中在3～4台，价值为1000～2000元；每户投入秧膜几千到数万张，价值为2000～3000元。刨除大型收割机和大型拖拉机的购置，家庭农场经营者一次性投入最少为2万元，如果折旧时间为5年，那么每年是4000元。但是，极少家庭农场是这样的情况，从统计情况来看，近70%的人拥有大型拖拉机，少数还有大型收割机[①]，如果加上大型机械的成本，每户的成本平均在10万元左右，这就是大体的情况，当然还有更多者[②]。

第二种情况是依靠发达的机械租赁市场，较少购置大型机械的外地职业农民。他们依托老家专业化的社会化分工，租赁专门的收割机和大型拖拉机翻地，很少专门购置大型拖拉机和收割机。他们认为“种地忙不过来，开机械不划算”，从中可以看出他们是从效益和效率的角度来看待机械投资问题的。他们主要的投入是三轮车、喷雾器、小型拖拉机和水泵等小型机械，一次性投入2万～3万元，翻地和收割主要依靠租赁机械进行。水稻的机耕和收割价格分别为每亩70～90元、60元，小麦机耕和收割价格分别为每亩40元、60元，加起来每亩地就约为240元，水稻和小麦分别为140元和100元。200亩地小麦机耕投入成本就是2万元。

---

① 据了解，家庭农场经营者很少同时拥有大型拖拉机和收割机，“因为同时拥有两种机械有时候使用不过来，而且收割机损耗大，用的时间短，从成本和使用率上讲都是不划算和无必要的”，经营者如是讲。

② 比如案例4-1中的返乡农民工家庭农场经营者刘鑫，他的农场能代表一般家庭农场的固定资本投入。他购置了大型拖拉机一台，补贴后的价格为7万元，旋耕机一台，价格为7000元，小型拖拉机一台，价格为5000元，拖稻子的机器有2台，还有喷雾器、水泵数台。2013年，刘林又添置了一台三轮车，用于大规模地喷洒农药，价值为7000元。固定资本投入共计10万元左右。

总体来说，依靠高度市场化的机械租赁市场，每年机械投入至少是 2 万元(200 亩地)，一次性固定资本中的小型机械投入是 2 万元，那么初始投资至少是 4 万元。如果没有高度发达的机械租赁市场，而且经营者的农业技能欠缺，那么购买大型拖拉机就成为一种刚需，一次性机械投入成本是 10 万元左右，当然还不涉及插秧机和播种机等机械。机械固定资本初始投入的弹性区间为 4 万元或 10 万元，多者为 20 万元。

(2) 雇工成本。家庭农场的雇工成本有一定弹性，但是雇工比例总体不高。是否依靠雇工，更准确地说，雇工比例的大小是区分农场性质最为关键的指标。小农农场几乎不存在雇工问题，至多存在季节性的帮工。与资本型农场完全依靠雇工不同，家庭农场的雇工比例在小农农场和资本型农场之间。在萍镇的资本型农场中，资本型农场雇佣了常年的长工和大量的季节性工人，经营者几乎不从事农业生产。但是家庭农场则完全不同，家庭农场经营者几乎是全劳动力，家庭劳动力得到了最大化利用，他们是农业生产中的主力，几乎所有经营者都没有雇佣长工，季节性的短工也控制在较小比例。比如，在外地职业农民中，雇工比例都非常低，有的家庭农场每亩地只有 0.2 个工。比如案例 4-8 中的盛某，流转土地 220 亩，全年雇工一共不到 50 个，分别为播种 9 个工，施肥 30 个工，打药 3 个工。每个工按每天 80 元计算，成本是 4000 元。本地经营者最多的也为每亩一个工左右，200 亩地就是 1.6 万元。总之，雇工成本有一定的弹性，一般在 5000～20000 元。

综上所述，我们可以得出，200 亩的家庭农场的资本投入至少要 10 万元，比如以一季小麦为例(投资成本最低)：地租成本 2 万元(按照预付金计算)＋农资流动资本 5 万元(4 万～6 万元，取中间数)＋机械固定资本投入 4 万元(毫无购买大型机械的情况下)＋雇工成本 1 万元(取中间数)＝12 万元。实际投入的成本更高，比如地租成本每年为 10.4 万元；在机械投入上，一般的投入实际上达到了 10 万元以上。200 亩地的实际投入一般可能达到了 20 万元，这远远是小农农场所不能及的。

（四）最佳规模效益

在经济学中，规模效益是指所有生产要素达到很好的配置，所谓“人尽其力，物尽其用”指的就是最佳规模。生产要素的不同配置比例会导致不同的规模效益，当配置比例出现递增或递减情况时，就是规模发生了变化：出现递增就是边际效益递增，递减就是边际效益递减。当生产要素达到一定比例、递增达到最大值时，就产生了最佳规模效益。家庭农场的最佳规模效益是指家庭农场在土地一定的条件下，充分地利用现代机械，最大程度上利用家庭劳动力，使家庭农场经营总产出达到最高，得到最佳规模效益。

在农业的规模经营中，最主要的生产要素包括了资本、土地和劳动力。资本投入是在地租、农资等流动资本、机械等固定资本和雇工上。其中，能够对规模产生重要影响的是对机械的资本投入。家庭农场与小农农场很大的不同在于土地能够集中连片经营，这为大型机械的投入使用提供了条件。一般的小农农场几乎都没有大型拖拉机和收割机，在翻耕和播种方面利用人力较多，甚至在收割环节机械的利用都不太充分。比如在翻耕环节，小农农场使用的是小型拖拉机，每天只能翻耕 10 亩左右，而大型拖拉机每天翻地面积是 70～80 亩，从效率上来讲，后者是前者的 7～8 倍，甚至有小农还在用耕牛翻地，效率更慢。再比如，在打药环节，小农用简单的喷雾器打药，家庭农场经营者使用带拖拉机的喷雾器，3～4 人作业，效率是小农的 10 倍以上。另外，在收割等环节中，家庭农场经营者几乎全部使用机械，不仅用收割机，还用拖拉机直接把粮食送入到仓库或烘干设备中，交易成本降低。总之，家庭农场利用规模集中优势，再充分利用现代化机械，大幅提升了农场的效率。

除了通过使用机械提高生产效率，家庭农场的规模效益最主要体现在对劳动力的利用上。通过劳动来调节生产规模，是家庭农场获得最佳规模效益的关键，这一点实则是恰亚诺夫“农民家庭组织”强劲生命力的关键。家庭农场在经营逻辑上与小农农场最大的不同不是表现在土地单位产出上，而是表现在劳动生产率，即土地的规模效益上，前者强调总产出。在调研中笔者发现，家庭农场经营者往往改变当地既有的双季稻轮作模式，而采用稻-麦种植结构。农作物种植结构的改变，虽然降低了单位面积的土地产出和产值，但是通过劳动力的有效利用，扩大了土地的经营规模，大大地提升了劳动生产效率，即以尽量少的劳动耗费取得了尽量多的经营成果，从而提高了经济效益。

在调研中笔者发现，家庭农场经营者的经营逻辑与小农完全不同，他们不再强调土地的单位产出，而是强调劳动力的总产出，这主要体现在农作物轮作模式的改变上。当地小农以种双季稻为主，但是新的家庭农场经营形式开始以后，尤其是外地职业农民到本地流转土地以后，规模达100亩以上的家庭农场都改变了农作物的轮作模式。由早稻-晚稻轮作结构改为小麦-中稻种植结构的关键点，在于劳动力和规模之间的关系。以2～30亩的小农为例，早稻的生长周期为3月下旬或4月初至7月中下旬，此时，晚稻的育种和插播与早稻的收割时间紧挨，这被称为“双抢”。

当地农民说，“双抢”时间只有15天左右，15天之内，稻农需要把早稻收割完，并且及时完成晚稻的插播，晚稻插播时间越晚，则产量越得不到保证。在这“双抢”的半个月时间里，收割很容易受到自然灾害和天气的影响，小规模的收割不会受到太大影响，但是上百亩的规模就会严重受限。因为，上百亩的规模种植会严重依赖收割机，而且为了节约成本和收割便利，对稻子的成熟度要求更高，此时更容易受到自然灾害的影响。而晚稻下种越晚，抗灾能力和防御虫害的能力越低，产量越得不到保证，这是农作物本身生长周期使然。另外，从劳动力的使用上看，双季稻的种植对于规模化的经营有较大的调整。以一对夫妻为劳动力计算(这里把妇女估算为半个劳动力)，1.5个劳动力要在15天左右的时间内完成上百亩地的收割和插播，是一件非常困难或辛苦的工作。雇工在此时相当必要，但是这会加大成本，同时，“道德风险”的存在又增加了减产的风险。此外，种植双季稻不仅在“双抢”时对劳动力会有高要求，同时在日常的农作物管理和耕种环节也会加大劳动力的辛苦程度，这是具备经营意识的家庭农场经营者所不愿意看到的。

为了充分合理地使用劳动力，家庭农场经营者采用了稻-麦种植模式，就是5—10月底种植小麦，11月中下旬—次年6月底或7月中下旬种植中稻。虽然当地的小麦亩产只有600～700斤(早稻亩产为700～800斤，水稻市场价是每斤1.3元，小麦市场价每斤为1元)，单价也比水稻低，其单位产出和产值都低于早稻，但是种植小麦的成本低。每亩小麦的农资和机械投入比早稻少100～200元，而且中稻的产量高于晚稻100～200斤。家庭农场通过此种方式避开了“双抢”，从而为中稻的生产赢得了充足时间，同时扩大规模，降低劳动辛苦程度，保证产量。在调研中笔者发现，上千亩的大农场如果种植双季稻，在遇到雪灾天气时，亩产会下降100～500斤，而且雇工成本也会加大。

通过以机械代替人力，尤其是改变农作物的轮作模式，家庭农场的规模得以扩大。根据家庭劳动力安排土地经营的规模，“物尽其用，人尽其力”，是家庭农场最佳规模效益的体现。

三、家庭农场的性质

在马克思、列宁等作家的经典论述中，农业经营组织可以被划分为资本型农场和农民家庭组织的农场。并且决定资本型农场性质的不在于规模，而在于“使用雇佣劳动的多少”，这“才是资本主义发展的最可靠、最直接的指标”[①]，也就是说，在列宁看来，通过雇佣关系来认定农业经营组织的性质是最为有效的。在目前有关生产与再生产的资本主义性质的认定

① 列宁. 列宁全集(第22卷)[M]. 中共中央马克思恩格斯列宁斯大林著作编译局，编译. 北京：人民出版社，1963(1916)：34.

中，农政专家伯恩斯坦指出了以下几个指标：①“谁拥有什么”，即生产与再生产资料是如何分配的；②“谁从事什么”，即社会分工，在社会生产和再生产中谁从事何种活动；③“谁得到什么”，即劳动成果的分配问题；④“用获得物做了什么”，即消费、再生产与积累的社会关系——积累是否用于扩大再生产①。如若按照以上的指标对家庭农场的性质进行类分，我们会发现，家庭农场是区别于资本主义雇佣农场，又不同于小农农场（包括传统种田大户在内）的经营形式；在性质上，它更类似于小农农场的家庭组织经营形式，但是它与小农农场的逻辑又截然不同。可以说，家庭农场是一种新型的农业经营组织形式。

（一）迥异于资本型农场

对伯恩斯坦指出的政治经济学中有关资本主义生产关系的观点进行拆分，家庭农场与资本主义雇佣农场存在显著的区别，主要体现为以下几个方面。

（1）从生产资料的来源来看，家庭农场土地的获得、固定资本投入和流动资本投入方面的资金大多来源于农业积累和务工收入，并非工商资本，其资本性质不强。中国土地具有特殊性，即土地集体所有，人均不过一亩三分地的面积，很难使土地集中。家庭农场规模在 100～500 亩，要达到如此规模，必须通过土地流转来实现。虽然，传统种田大户也是通过土地流转来达到 20～30 亩的经营面积的，但是传统种田大户所获土地地块较为细碎，土地规模很难突破血缘建构起来的人情界限。与传统种田大户不同，家庭农场通过市场租赁价格，能够在较短时间内通过政府扶持而达到数百亩规模，进而在固定资本和流动资本上进行再投入。

家庭农场经营 100 亩左右的土地，投入成本在 10 万元上下，其中土地租金为 5 万元，一季水稻流动资本投入主要有种子、化肥、除草剂、农药、机耕和收割等，再加上雇工成本，投入在 5 万～6 万元。然而，大型机

① 伯恩斯坦．农政变迁的阶级动力[M]．北京：社会科学文献出版社，2011：33-35.

械的投入并不是固定的，正如笔者在前面的案例中提出的，在经营 100 亩左右的家庭农场时，随着社会化服务体系和农业生产环节的完善，大量职业农民并不购置大型机械，不进行固定资本投入。其 10 万元是在土地租赁和生产上的投入，不同于资本型农场的投入，但大量的固定资本投入和流动资本投入非农村中下层尤其是底层阶层所能承担的。我们通过在萍镇的调查发现，家庭农场经营者一般是农民，他们具有多年的种植经验和很强的农业管理能力，依靠长期的农业剩余积累而达到数百亩的面积。而在政府刺激下所生发出来的家庭农场，比如案例 4-3 中的经营者，虽然其农业投资并不来自于农业积累，但是也来自于自己多年的务工收入，而非工商资本投资。无论从资金来源还是农业剩余的获取方式来看，家庭农场由于只有“适度规模”，基本上还是依靠对自身劳动力的开发来获取农业剩余的，因而它不具备资本主义性质。

(2) 从劳动力方面来讲，家庭农场是以家庭劳动力为主的，这是区别于资本型农场的显著标志。正如列宁所讲的，雇佣一直作为资本型农场最为显著的标志被提出。不过，雇佣只是一个笼统性质的判断，是不是有雇佣工人就一定是“资本主义”性质呢？事实上并不一定，“雇佣的多少”才是判断农场性质的关键。在萍镇 500 亩以上的农场中，雇工基本可以达到 100%，而农场主也不从事体力劳动，主要从事农场管理和资金运行方面的工作，这样的情况才是资本主义雇佣农场。而在家庭农场中，不存在此情况。根据笔者在萍镇调查的情况，在 100～500 亩(实际上集中在 100～300 亩)的农场中，确实存在雇佣现象，比如在笔者了解到的家庭农场中，使用雇工比例较大的是刘鑫的家庭农场，他的耕种面积为 404 亩，主要劳动力是父亲、哥哥和自己，第一年使用雇工较多，2013 年为每亩 2 个工，他认为正常雇佣为每亩 1.5 个工。政府推动下生成的家庭农场雇佣比例稍高，而中农和职业农民内生型的家庭农场雇佣比例较低，雇佣人数每亩一般在 0.1～1 个工。

比如案例 4-8 中的盛某，他外出包地 19 年，目前流转土地 220 亩，劳动力是夫妻两人，主要是在播种环节雇佣 9 个工人；施肥两三次，每次雇佣 5 个人做 2 天，共需约 30 个工；收割方面用收割机收割；打药环节请工 3 个，一般共需 40 多个工，平均每亩 0.2 个工。再比如另一个访谈对象，家庭农场经营者张某，外出包地 23 年，目前在萍镇经营土地 250 亩，很少使用雇工，主要是夫妻俩自己劳动，6—8 月农忙季节儿子过来帮忙。雇工情况为撒稻 2 个工、施肥 4～6 个工、收割时 20 个工，拔草时间或请工，年总雇工在 30 个左右，即亩均雇佣不到 0.2 个[①]。用这些家庭农场经营者自己的话来讲，就是“请人划不来，我们挣的是辛苦钱、汗水钱”。按照农户对一季稻麦的估计，每亩地用工为 4～6 个，按这个数据推算，雇工比例一定是在 50%以下，从这个层面来讲，家庭农场与资本型农场有着本质的区别。

(3) 从积累和再生产的关系来看，家庭农场的生产剩余并没有用于扩大再生产，而是转化为“消费性使用”，这也是其不同于资本型农场的本质之一。资本主义生产方式的基本特征之一就是可积累的生产和再投资，亦即不断扩大再生产的过程，“为积累而积累，为生产而生产”，积累-消费-积累，而不是消费-积累-消费，这也构成了资本主义生产方式的最终动力。也因此，国内有学者指出，雇佣劳动是资本主义生产方式的标志之一，但是雇佣关系的发展与资本主义的发展并不具有同构性，“雇佣劳动只有在农业生产过程中加以生产性使用(为了增加利润而非为了增加休闲)时，才是资本主义农业发展的‘最确实和最直接的指标’”[②]，如果是消费性的使用，就不是资本主义发展的标志。从这一点上来看，家庭农场的生产剩余也不是用于扩大再生产，而是更多地用于“消费性使用”。

一方面，家庭农场规模的扩大严重依赖于家庭劳动力，根本不可能如资本型农场一般通过雇佣来无限扩大规模。无论是传统种田大户转化形

① 余练，刘洋．流动性家庭农场：中国小农经济的另一种表达[J]．南京农业大学学报(社科版)，2013(6)：11.

② 王立新．农业资本主义的理论与现实：绿色革命期间印度旁遮普邦的农业发展[J]．中国社会科学，2009(5)：203.

成的家庭农场还是职业农民型的家庭农场，其规模都是有一定限度的，他们都是以家庭人口为规模扩大的基础，以机械化提高为技术前提，规模扩大严格受限。案例4-7中的张志祥，1997—2006年在浙江包地；2006—2009年在安徽白湖农场包地；2010年在安庆包地；2011年在繁昌包地；在浙江包地时期土地面积最少为50亩，最多在200亩左右，此后一直维持在200亩左右。张志祥在外出包地的17年中，规模从50亩上升到200亩以后，就一直维持在200亩左右。从50亩上升到200亩，一方面，很大程度上是农业技术，比如农药、化肥和除草剂，包括农业机械的发展所带来的；另一方面，家庭农场所获得的收入实际上并没有进行生产性的使用，家庭的消费性使用使再生产难以扩大。以家庭劳动力为主的家庭农场规模是一定的，一般在100～300亩，以200亩为例，年收入一般是5万～10万元，与务工收入相比稍多，这基本上也只能维持家庭消费，很难形成积累和扩大再生产。

(4) 从农业经营的组织单位来讲，家庭农场不同于资本型农场。家庭农场的组织单位明显是家庭，它的产品主要是满足家庭自身的消费，虽然有少量雇工，但是主要劳动力来自于家庭，也因此难以核算其劳动力投入，也因为它的投入与产出是不可分割的，故无法衡量其单位生产成本与收益，正如恰亚诺夫提出的，它是在满足消费需求和劳动辛苦程度中找到一个平衡。资本型雇佣农场一种是以龙头企业的形式进行带动，另一种是以私人资本投资，依靠雇佣来完成农业生产。无论是前者还是后者，都是通过资本对资源进行整合，因此有明确的投入产出比，如果资本的投入远低于资源平均利润率，那么资本会立即退出。家庭农场是否退出生产，主要参照标准是其他的就业工资水平，即劳动力价值的比较值。

总之，无论是从生产资料的来源、劳动力的构成、积累和再生产的关系以及农业经营的组织单位来讲，很明显家庭农场内核不同于资本型农场，在组织形式上它更接近于小农农场性质。但是，家庭农场无论是和小农农场还是和小规模的传统种田大户相比，还是有其性质不同的地方。

（二）迥异于小农经营逻辑

与资本型农场相比，在形式上，家庭农场与小农农场中的一般承包户和传统种田大户的农业组织经营形式更加接近，但是在经营逻辑上，家庭农场却与它们差异极大。

(1) 从生产资料来看，家庭农场与一般承包户、传统种田大户也不同，土地租赁的形式迥异于前两者。土地作为最重要的生产资料，在现有的土地制度下很难集中。由于分散的地权结构，小农基本上是在集体分配土地中获取土地的，而且在耕种形式上，主要还是依靠传统耕牛等生产工具。在目前的形式下，主要是“老人农业”，或者是兼业农，他们耕种的土地面积较少，只有几亩到 20 亩。另外还有传统种田大户，他们的经营面积已经达到 20 亩以上，年收入在 2 万元左右，通过家庭内部代耕、家族内部代耕和村社间自发的土地流转形成小规模的土地面积。此时，在自发的土地流转基础上形成的传统种田大户，既得益于基于血缘、地缘人情关系的自发土地流转，同时也受限于这种基于人情的流转方式。家庭、家族、村社范围内自发的土地流转，一般为口头协议，租金较低，并且以粮食冲抵地租，无法形成长期稳定的租赁关系。传统种田大户土地规模的扩大，完全依赖于自己所在的熟人社会，因此其规模的扩大严重受限，更无法实现与市场的进一步结合。相反，家庭农场所拥有的生产资料——土地，不是基于人情网络，而是通过土地租赁市场获得的，因而土地规模的扩大不再受限，拥有一定资金就可以耕种一定面积的土地。同时，原有熟人社会中自发土地流转的低租金被中断，政府制定的高租金使得土地具有了价格和商品性质，无一定资金基础的农民很难再依靠人情网络获得土地，这一点使家庭农场具有了较强的经营性质。在萍镇，原有人情基础上自发流转土地的地租是每亩 100～200 斤稻子，在政府的介入下家庭农场的地租价格提高到每亩 400 斤稻子。显然土地租赁市场由于政府的介入，已经发生了改变，这也是家庭农场不同于小农农场和传统种田大户的重要的一点。

(2) 从市场关系来看,家庭农场经营已发生本质改变。前面已经讲过,在农业经营组织的单位上来看,家庭农场虽然有季节性雇工,但还是以家庭劳动力为主,这一点基本与一般承包户和传统种田大户一致。但是从与市场的关系来看,它已经全然不同。传统的家庭组织理论认为,小农等经营主体由于生产和消费是统一体,农产品主要是“自给自足”,很少与市场发生关系。在市场经济未渗入或者农民的农产品匮乏时期,的确如此。但是,正如有人在指出经典作家恰亚诺夫的劳动-消费均衡的微观理论所存在的问题时所说的,“在市场关系浸润日深的情况下,‘经济因素’作用渐增,因此‘人口分化’为主流的时代如果说曾经有过的话,那么现在这个时代已经‘过去了,而且多半是永远过去了’”[①],也可以说,以家庭为单位的、仅仅满足自身需求的自给自足的“自然经济”,几乎很难存在。我们应该看到农业的商品化无处不在,以家庭为组织生产单位的经济组织一旦条件允许,就会与市场发生较强的关系,而不是满足于家庭自给。

在现有的土地集体所有制条件下,一般承包户的耕地面积从数亩到20亩皆有,农产品有限,因此主要用于自给自足;传统种田大户耕种面积在20多亩,农产品用于自给以外,也用于交换,但是其商品属性有限。与之不同的是,家庭农场的面积普遍在100亩以上,如此规模的土地产出的农产品实际上是完全面对市场的,追求利润是家庭农场经营者的首要目标。如果说一般承包户还处于一种生计农业和糊口农业的状态,那传统种田大户就已经开始向经营性农业转变,而100亩以上的家庭农场经营形式就已经带有经营性质。家庭农场经营者开始核算自己的投入和产出,虽然也以家庭为核算单位,但是经营者会严格地与务工等机会成本做出比较,进而追求更多的农业生产剩余。从与市场的关系角度来讲,家庭农场已经完全开始面向市场。

① 秦晖. 当代农民研究中的“恰亚诺夫主义”[M]//恰亚诺夫. 农民经济组织. 北京:中央编译出版社,16-17.

(3) 从资本投入来看，家庭农场与小农中的一般承包户和传统种田大户不同，它开始由“劳动密集型”向“资金密集型”转变。从生产资料的拥有量来看，家庭农场通过市场租金获得所需要的土地，这与人情基础上的土地流转已经有实际区别，同时，其单位面积的土地资金投入增加。另外，从固定资本和流动资本的投入来看，家庭农场单位面积土地投入也在增加。一般承包户甚至是传统种田大户，很少对土地进行较大的固定资本投入，比如对于 10 亩不到的老人农业来讲，一般的生产工具是耕牛、小型拖拉机、水泵等；传统种田大户也极少有大型机械等固定资本的投入。但是，作为家庭农场经营者，他们往往自己购置大型机械，比如插秧机、大型拖拉机、收割机等，在市场化服务较为完善的条件下，他们往往通过租赁的方式进行机械化耕作。

一般承包户和传统种田大户主要还是通过密集的劳动投入来获得土地的最大产出的，而在家庭农场经营者这里，已经开始由劳动密集型转向了资金密集型。以水稻为例，小农农场中的农业劳动者在插秧、施肥、除草等环节，几乎都靠人力来进行，而家庭农场却通过技术改进和机械来代替人力。在种子、化肥和除草剂等农资的投入上，家庭农场更加讲究农业生产资料的使用效果，而不是价格。种植同样一亩地，家庭农场每亩的耕种支出成本是 500～600 元，地租是 520 元，共计 1000 多元。一般承包户每亩地的成本也就是 300～400 元，传统种田大户与一般承包户相当，只较之多了少量地租。小农农场经营者实际上通过不断的劳动力投入来减少资本的投入，是劳动密集型的传统农业，家庭农场显然已经向资金密集型转变。

(4) 从经营逻辑来看，家庭农场以追求利润为首要目的，不同于小农的单纯强调单位土地产出率，开始向更加强调劳动生产率转变，农业转型开始。正如研究小农经济的黄宗智所提出的，“发达国家的农业现代化主要内容是劳动生产率和单位工作日收入的改进”，这使得极少的农业人口得以养活全体人口，这也使农民摆脱了仅能够维持生存的窘境。明清时期中国农业人口增长迅速，而土地产出无法跟上人口增长的速度，导致明清时期中国农业的“内卷化”（没有发展的增长）①。也就是说，在现代农业的核心中，与土地产出率相比，单位劳动生产率是一个更为重要的指标。

传统小农由于缺少市场就业机会，在农业生产中不计成本地投入劳动力，以追求更高的土地产出率。但是，在商品经济渗透较深的农村，大量外出务工的机会给了农民多样化的选择，“去过密化”已经成为趋势。但是在老人农业的小农经济中，由于劳动力的就业机会成本低，突出的仍然是不计劳动力投入的土地产出。而对于有较多就业机会的家庭农场经营者，他们首要追求的却是劳动生产率。以小农耕种的10亩为例，土地总产值不到1万元，劳动力的“隐形失业”问题是存在的。以传统种田大户耕种的20亩为例，如果在没有兼业的情况下，劳动生产率也不高。但是一对夫妻如果经营200亩土地，显然他们的劳动生产率较中农和小农大大提高。在调查中笔者就看到，大量的家庭农场经营者放在生产首位的是劳动生产率的提高，而非土地单位产出，这是与小农和传统种田大户的明显差异。比如，家庭农场会由于劳动力的限制，把产量更高的双季稻改为产量较低而劳动力投入较少的稻-麦种植模式。虽然在总收入上会有所减少，但是却能使劳动力与土地经营达到最佳配置，这就是家庭农场以追求利润为目的、以劳动生产率第一、土地产出率次之的经营逻辑。

（三）家庭农场：新型的农业经营主体

通过把家庭农场与小农农场、资本型农场进行对比发现，家庭农场与资本型农场存在着本质上的区别，家庭农场与小农农场也存在着性质上的差异。家庭农场作为一种新型农业经营主体，在性质上可以与小农农场和资本型农场进行如表4-4的区分。

---

① 黄宗智．长江三角洲小农家庭与乡村发展[M]．北京：中华书局，2006：11-12．

表 4-4 萍镇农业经营主体的分化

经营主体	小农农场	家庭农场	资本型农场
土地	集体分配土地，或者通过自发土地流转代耕土地，无租金或者租金低	租赁土地，正式的契约关系	租赁土地，正式的契约关系
劳动力	家庭劳动力	以家庭劳动力为主，季节性地使用雇佣劳动力，并且雇佣劳动力在自身能够监督的范围内	主要或完全雇佣劳动
资本投入	少量，自给	较多，主要自给，存在借贷关系	很多，来源于私人或公司
与市场关系	生产资料和农产品与市场互动极少，自给自足	生产资料和农产品与市场联系紧密，农产品用于出售	生产资料和农产品与市场高度联系，农产品用于出售
经营效益	高土地生产率、低劳动生产率。不计劳动成本，即不追求劳动单位产出率，而追求土地单位产出率，存在“过密化”特征	高土地生产率、高劳动生产率。劳动力同样存在“自我剥削”的性质，但是会理性考量劳动力在不同产业中的单位价值。有“去过密化”特征，开始追求劳动单位产出率，同时追求土地单位产出率	低土地生产率、高劳动生产率。成本-收益模式。追求生产率（劳动单位产出率和土地单位产出率）
经营逻辑	劳动力产出最大化，不计成本投入。劳动力存在严重自我剥削性质	劳动力产出最大化，与务工收入进行比较，劳动力有自我剥削性质	主要追求高资本回报率，劳动力无自我剥削性质
性质	生计农业（传统农业）：自给自足，不计劳动力成本，从事的是简单再生产	经营型农业（现代农业）：以追求利润为目的，产品的交换主要还是为了满足家庭消费。扩大再生产的底线是自家的劳动力，或者所请雇工在监督范围内	经营型农业（现代农业）：以追求利润为目的，成本—收益—扩大再生产

在政策文件中，一般从规模上对家庭农场进行界定，比如在对萍镇的

家庭农场进行的界定中，重要的一条就是规模，“粮棉油集中连片规模在100亩以上，设施蔬菜(含瓜果)在20亩以上，露地蔬菜在30亩以上，苗木花卉等在100亩以上”。从规模对家庭农场进行界定，实际上并不能从本质上区分家庭农场、小农农场和资本型农场。家庭农场与小农农场、资本型农场最大的不同是生产要素配置的不同，因此三者在经营效益和经营逻辑上存在巨大差异。在土地、资本和劳动力的投入上，家庭农场与后两者之间有较大差别。正如前文所陈述的，家庭农场在土地、资本和劳动力投入方面都表现出差异；同时，在与市场的关系上，家庭农场与传统小农农场不同；在经营效率上，也具有小农农场所具有的“自我剥削”的性质；在土地生产率和劳动生产率上，家庭农场能够在两者中达到最优，规模可以根据家庭劳动力进行调整，这正是恰亚诺夫所描述的农民家庭组织所具备的优势。在我国，由于土地制度的限制，小农农场实际上并没有发挥出农民家庭组织的最大优势。

不过，这种家庭农场却不止于自给自足，还与市场紧密联系，在经营逻辑上也开始比较投入-产出比。家庭农场经营者对于经营效益，会与劳动力的市场价值做出比较，这与资本型农场的经营逻辑有较大的差异。虽然也是以利润为目的，但是，以家庭劳动力为主的规模，也决定了家庭农场与资本型农场在追求利润上根本性的不同。

四、家庭农场的阶层动力

从农业经营效率上讲，家庭农场具有前所未有的优势，它是一种新型的农业经营主体，在未来的农业发展中具有重大的意义。但是，仅从农业效率上肯定家庭农场作为农业经营形式中最重要的经营主体是不够的。人地关系问题、农民的分化、不同农民对糊口农业和经营性农业的选择，成为新型农业经营形式——家庭农场未来发展的重要阶层力量。

(一) 庞大的农村中间阶层

中间阶层在西方的学术运用中，更多被称为“中产阶级”(middle class)，在中文中有时也被译为“中等阶级”“社会中间阶层”或“中间等级”等。国内使用最多的还是“中间阶层”和“中产阶级”这两种说法。据称，最早使用“中间阶层”(或“中产阶级”)这一概念的是马克思。马克思认为，资本主义社会会日益分为为两大对立的阶级：资产阶级和无产阶级，但是他同时也提到了中产阶级。他在《共产党宣言》中提出，“中等阶级的下层，即小工业家、小商人和小食利者、手工业者和农民——所有这些阶级都降落到无产阶级的队伍里来了……”[①]。马克思对中产阶级的划分，主要的依据是对生产资料的占有方式，中产阶级基本上包括了小工业家、小商人、小食利者、富农、小自由农、医生、律师、牧师、学者和为数尚不多的管理者[②]。

继马克思之后，中产阶级的出现及壮大引起了很多学者的关注，最为人知的研究成果是米尔斯的《白领：美国的中产阶级》一书。此书诞生于第二次世界大战以后，随着大规模的社会变迁，欧美各国的社会结构发生了很大变化，最为显著的变化就是白领阶层的扩大。米尔斯在此书中对中产阶级进行了“新”“旧”的划分。他提出，“老式中产阶级中的大多数人都拥有自己的财产；而新中产阶级则大多数没有自己能够独立经营的财产，他们作为高级雇员为拥有大型资本的人工作”[③]。米尔斯提出，新中产阶级不同于老中产阶级的一点，就在于新中产阶级的界定不是看其是否拥有生产资料，而是根据职业性质来进行判定的。所谓“旧的中产阶级”，即马克思所提出的小工业家、小商人、小食利者、富农、小自由农、医生、律师、牧师、学者和为数尚不多的管理者，在这一概念的影响下，学界对“新的中产阶级”内涵的界定并不统一，除米尔斯以外，伯恩海姆、古尔

① 马克思恩格斯选集[M]. 北京：人民出版社，1995：280-283.

② 周晓虹. 再论中产阶级：理论、历史与类型学[J]. 社会，2005(4).

③ 米尔斯. 白领：美国的中产阶级[M]. 周晓虹，译. 南京：南京大学出版社，2006.

德纳等人也对其进行了界定[①]。尽管学界对“新”“旧”中产阶级的内涵存在一定异议，但是对于中产阶级或者说中间阶层的结构性地位，则观点比较一致。中产阶级之所以成为学者关注的热点，既与它在西方的兴起有关，同时也与其在西方社会有深远影响有关。

学者几乎一致认为，中产阶级是现代社会的稳定器，能起到缓解社会矛盾和社会冲突的作用。首先从社会结构来看，中产阶级位于社会上层和社会下层之间，可以缓解上层和下层之间的冲突。其次在社会交往中，中产阶级由不同的职业群体构成，构成了广泛的社会交往圈，能够更好地润滑各阶层间的矛盾与冲突。再次在意识形态上，中产阶级处于中间位置，政治观点比较保守温和，能够促进社会稳定。最后，在收入结构上，中产阶级收入处于中等水平，有着稳定的消费结构。总之，中产阶级的存在有利于社会的稳定。由此，中间大、两头小的橄榄形社会结构，成为中国社会结构的一种理想模型。

原本意义上，中产阶级主要指城市中的白领、自由农场主、小工业家、商人、医生、律师和学者等。但是在中国，对于中产阶级的存在可谓众说纷纭。李强认为自 20 世纪 80 年代以来，中国的中间阶层欠缺，直到 21 世纪初，这种情况仍然没有得到改观[②]。另一些学者却认为，中国的中产阶级不是幻想，是一种现实的存在。中国的中产阶级不仅是工业化和现代化的产物，更重要的还是社会转型的结果[③]。同时，由“权力授予关系作用的行政型、由市场交换关系所作用的市场型和由社会关系资本作用的社会网络型”的“新中间阶层”已经形成[④]。事实上，无论是“橄榄型”“金字塔型”还是“倒丁字型”[⑤]的社会结构，实际上都把中间阶层（中产阶级）作为了一个重要分析单位。“中产阶级是现代社会的稳定器”，这一观

① 周晓虹. 再论中产阶级：理论、历史与类型学[J]. 社会，2005(4)：13-14.

② 李强. 关于中产阶级的理论与现状[J]. 社会，2005(1)：37.

③ 周晓虹. 中国中产阶级：现实抑或幻象[J]. 天津社会科学，2006(2).

④ 张宛丽. 现阶段中国社会新中间阶层的构成特征[J]. 江苏社会科学，2002(4).

⑤ 李强. “丁字型”社会结构与“结构紧张”[J]. 社会学研究，2005(2).

点得到了普遍认可。假如中国的中产阶级还未形成，或者说力量较小的话，那是什么维持了中国社会的稳定呢？

贺雪峰指出，“城乡二元结构是中国社会的稳定器”，小农社会结构成为中国城乡二元结构中的稳定器和蓄水池①。但是，在农村人财物大量外流的情况下，农村社会的稳定又是如何维持的呢？杨华提出了“中农”是中国农村阶层的“中坚力量”。他认为，农村中种植规模在二三十亩的“中农”，在农村社会结构中有着特殊的社会禀赋和资源，在乡村治理、村庄政治社会中扮演着中间阶层的作用，是中国隐性农业革命中的主体②。在某种程度上，笔者认同杨华有关“‘中农’阶层——中国农村中间阶层”的社会学命题。因为“中农”(实际上就是本书所说的“传统种田大户”)在农村社会人财物大量外流的过程中，确实成为农村在村农民的中坚力量。笔者认为，这仅指在村农民的中坚力量，或者说它仅仅是目前农业劳动者中的中坚力量。

需要说明的是，农民不仅包含农业劳动者或者说在村农民，还包含少部分已经在城市立足的外出经商户、大量游走于城市和农村的农民工群体和在村的其他非务农群体，比如村干部等。也因此，农村中间阶层也如城市中间阶层一样，不仅指代一个群体或者说一种职业的人，其实还包括其他群体或阶层。就“中间阶层”的内涵来看，在经济收入上，“中间阶层”居于中等收入水平；在社会结构上，“中间阶层”处于上层和下层之间，能起到缓解社会冲突和矛盾的作用；在社会交往中，“中间阶层”能够广泛地接触各个群体，有利于各个阶层之间的互动；在意识形态上，“中间阶层”是社会的稳定器。中国农村的中间阶层可谓是一个比较庞大的社会群体，至少包括村干部、农民工和传统种田大户这几个群体。他们在农村的经济收入上位于中等；在经济、社会和乡村政治中扮演着重要的中间角

---

① 贺雪峰．组织起来[M]．济南：山东人民出版社，2012．

② 杨华．“中农”阶层：当前农村社会的中间阶层——“中国隐性农业革命”的社会学命题[J]．开放时代，2012(3)．

色，是农村社会的中坚力量。由于其拥有政治、经济和社会等方面的资源，他们成为新型农业经营形式——家庭农场的主力军。

（二）村干部：家庭农场的重要参与者

在有关家庭农场的主要类型中，我们提到了村干部兼业经营家庭农场的情况，其中我们列举了萍铺村村主任和隆岗村会计的案例。在经营家庭农场的个案中，村干部兼业经营家庭农场的比例在20%左右。村干部由于常年居住在村庄，在村庄中具有政治、经济和社会各种资源，是新型农业经营形式——家庭农场经营的重要参与者。

村干部经营家庭农场，首先得益于村干部在乡村社会结构中的“中间”结构性位置。在乡村社会人、财、物大量外流的情况下，村干部的质量实际上也在降低。但是，无论从什么程度上讲，村干部在村中一定是处于中上层的位置。税费改革之后的村干部在国家资源输入的过程中是资源分配和调节的中介。“上面千条线，下面一根针”，村干部虽然未被纳入官僚科层制中，但是在乡村治理结构和资源输入中具有举足轻重的地位。在某种程度上，他们掌握了农村的社会治理资源。因此，通过权力资源的授予，他们享有其他阶层所不曾拥有的政治资源，在各种政策实施中，他们拥有了在资源获取上的结构易得性。

作为一种新型农业经营形式，家庭农场在当地的兴起，首先是在政府层面推开。政府通过各种优惠政策，比如土地流转大户补贴、种子补贴、农资补贴、农机补贴、柴油补贴、自然灾害补贴等对新型农业经营形式进行鼓励。这样的政策优惠首先被执行政策者所知。在同样条件下，政策执行者——村干部总是能更容易获得国家输入的资源。于是，在国家和地方政府大力推动家庭农场这一新型农业经营形式发展的运动中，村干部成为经营家庭农场的排头兵。再比如，作为一种新型农业经营形式，家庭农场的四种重要生产要素分别是土地、资金、劳动力和技术，而四种生产要素中最稀缺的资源是土地。村干部作为政策执行者，能够首先获得资源分配的权力。在土地资源的分配中,他们能够首先获得土地使用权,即成为土地流入者。

除自身特殊的身份结构以外,村干部拥有资金、劳动力和农业技术等重要的生产要素。从经济分层来讲,村干部不一定是农村社会中的经济上层,但可以肯定的是,他们也非经济底层。耕种 200 亩地,需要 10 万元左右的启动资金,一般村干部都可以接受。另外,在劳动力上,他们均是青壮年的劳动力,能够从事一定的体力劳动。但是,村干部作为一个身份群体,难以全面投入到农业生产中,这是他们本身的职业使然。也因此,村干部在经营家庭农场时,主要是以家庭劳动力投入为主,村干部劳动力投入较少。比起农民工和传统种田大户,尤其是后者,村干部的家庭劳动力投入较少,雇工较多,案例 4-2 中的隆岗村会计汪晶晶的雇工就比较多。据汪晶晶自己讲,他有 110 亩地,第一年的雇工投入是 1 万多元。按照亩均计算,即每亩 100 元,每亩地 1 个多工。相对于每亩地投入不到 0.5 个工的传统种田大户及外地职业农民来讲,一些村干部兼业的家庭农场的雇工成本较高。

最后,在农业技术这点上,村干部并不是对农业生产一无所知。尽管作为国家在农村的代理人,村干部并没有被纳入国家官僚科层体系,因此在一定意义上,他们其实也是农民。很多村干部都从事过农业生产,并且仍有一些未脱农,同时还是农村的传统种田大户,某种程度上,他们的村干部身份才是兼业。比如案例 4-1 中萍铺村的村主任方正隆,他就一直经营着数十亩的土地,国家规模化流转兴起以后,规模一度达到 200 多亩。这种类型的村干部,在雇工问题上与传统种田大户更为相似。据方正隆讲,耕种 200 多亩地时,他的雇工稍多,因为为了子女的婚娶,家庭开支大。后来他的规模缩小到 150 亩,现在只有 50 多亩。他认为,50 多亩的状况下,他们夫妻俩基本不用雇工,收入实际上与他完全雇工种 100 亩地差不多,当然主要是因为他年龄大,经营不过来。

像案例 4-1 和案例 4-2 中兼业经营家庭农场的村干部,在萍镇不在少数。一方面，他们作为村干部，对国家政策具有较高敏感性，能够响应国家政策号召，成为新型农业经营主体的经营者。另一方面，这个群体或者说阶层具备从事家庭农场要求的资金、劳动力和技术方面的条件，能够较快适应这种新型农业经营形式。

（三）农民工：家庭农场的积极参与人

在前文中提到，农民工已经构成中国社会的一个重要阶层力量。一些学者提出“工人运动”、城乡之外第“三元结构”等概念，正是农民工群体获得巨大影响力的体现。农民工不仅在农村成为不可忽视的群体，在中国整个社会结构中，都已经成为不可绕开的重要阶层力量。按照卢锋的描述，1985 年至 20 世纪 90 年代中期，本地农民工从 5900 万人增长到 9700 万人，20 世纪 90 年代中晚期有所回落，2002 年时降到 6070 万人。进入 21 世纪以来，本地农民工数量又开始回升，2009 年达到 8450 万人。和本地农民工相比，外出农民工数量一直持续上升，最快时期是从 1999 年的 5240 万人增长到 2002 年的 1.047 亿人，三年的时间增加了一倍[①]。根据国家统计局的数据，2011 年，全国农民工总量达到 25278 万人，比上年增加了 1055 万人，增长 4.2%。2011 年，外出农民工为 15863 万人，举家外出农民工为 3279 万人，本地农民工为 9415 万人[②]。这些数据有力地说明了农民工已成为巨大的阶层力量，某种程度上，它是中国世界工厂奥秘的所在，也是中国 30 年腾飞的主要原因之一。

在农村土地问题上，农民工有几大特征。第一，农民工可以算作“半离农户”阶层，他们一般不再自己耕种小块（10 亩以下）土地，而是把土地无偿留给家里的老人或亲戚、朋友耕种。但是，这并不一定意味着他们完全放弃了土地使用权。第二，就自身而言，农民工群体这个阶层本身也有

---

① 卢锋．中国农民工工资定量评估（1979—2010）[D]．北京大学中国经济研究中心工作论文．

② 国家统计局．2011 年我国农民工调查监测报告[EB/OL]．http://www.stats.gov.cn/tjfx/fxbg/t20120427_402801903.htm.

分化。正如前文所指出的，技术型农民工（如当地大量的建筑工）就可能处于村庄较富裕阶层中，另外一些从事服务行业和临时工作的农民工，实际上就处于农村中下层。第三，农民工自身的分化造成他们生活面向和自身的价值期待不同。比如处于中上层的农民工，试图在城市中立足，买房购车，但这个比例不是很高。另外，大多数农民工阶层的收入还是只能维持家庭再生产和目前的消费所需，打工挣钱，回到农村，是他们的生活现实和目标。由此也决定了绝大部分的农民工游走在城市和农村之间，农村成为他们的归属。在这样的条件下，兴起的家庭农场为农民工返乡创造了契机。

在萍镇家庭农场类型的主要构成中，返乡农民工成为经营者中的重要参与人。农民工最基础的一条是，他们原本都是农民，因此，他们都具有基本的农业技术和经验，尽管是小规模农业种植的经验。外出务工更大程度上是为了获取更多的收入，但是对于一般的务工阶层来讲，“打工只是一时，不是一辈子；老了得回农村”。出于这样的一种心态，如果农村有合适的就业机会，外出农民工就会返回农村。正是在这样的条件下，农民工返乡加入了家庭农场的经营者中。

案例 4-3 中的刘鑫，是外出农民工返乡种地的典型代表。刘鑫说：“父亲很不理解他为什么非要回家种地。父亲认为，回家包地不一定是很好的事情，因为风险很高。”但是他自己认为，规模化、机械化的现代农业是中国农业的发展方向，国家也在加大扶持力度，这种经营模式势必能发展起来，而且规模会越来越大，因此他有信心。尽管在北京打工的月收入有六七千元，但他还是愿意回家尝试搞新农业。像刘鑫这样的农民工返乡从事家庭农场的不在少数。韩塘村的农民工冯爱辉也是如此。冯爱辉，43 岁，常年在外务工，2012 年田改时回家承包土地 103 亩。他认为，“自己小学文化，没有一技之长，老是在外面打工不行，打工四面八方都要跑，而且收入不稳定。自己回家承包土地，收入可靠，而且全家都能在一起”。收入稳定、全家在一起，是外出农民工返乡经营家庭农场的出发点。

农民工经营家庭农场，有一定的优势——劳动力和资金优势。实际上，外出农民工最大的优势就是本身具备的劳动力资源。通过劳动力资源，他们在城市谋得了职业，获得了高于农村就业的收入，这为他们经营家庭农场取得了原始的启动资金。同时，他们的劳动力也可以同时发挥到经营家庭农场中来。不过，由于很少有从事规模化经营的经验，因此在初始阶段，他们的雇工人数也较高。但是，这部分群体对家庭农场的经营倾注了大量的精力和资金，因此是未来经营家庭农场的重要参与人。

（四）传统种田大户：家庭农场的主力军

在由村干部、农民工以及司机和小私营企业主等自由职业者构成的家庭农场经营者队伍中，传统种田大户是经营家庭农场的绝对主力。需要说明的是，这里的“传统种田大户”实际上不仅包括了耕种二三十亩地的农民，而且还包括了从外地流入到当地的“职业农民”①。从数量来看，传统种田大户，更准确地说是外地职业农民构成了家庭农场的主要经营者。在萍镇 38 户家庭农场中，外地职业农民类型的“传统种田大户”就有 17 户，如果加上本地传统种田大户，总比例在 50％以上。也就是说，传统种田大户（含外地职业农民）是家庭农场经营者中的绝对主力军。

传统种田大户构成当地家庭农场经营者中的绝大部分，主要基于他

① 实际上，外地“职业农民”也是从传统种田大户衍生来的。从案例 4-7 和案例 4-8 中就能看出，这些职业农民一开始也是一般的小农，然后加入到种二三十亩地的传统种田大户中。出于生存需要，他们到外面寻找农村最稀缺的资源之一——土地。在工业化较为发达的东部沿海地区，他们获得了数十亩的土地，开始了最初的规模化经营。但是在 20 世纪 90 年代初期，他们很少使用机械，而是通过人力来完成整个农业生产。随着机械化的推进、农业技术的推广和自身农业技术能力的提高，耕种规模开始扩大，从 20 亩、50 亩、70 亩、80 亩开始扩展到 100 亩，由此达到了规模化种植阶段。而且随着机械化的广泛使用、高技术含量的农资的市场化的速度发展，规模的扩大成为一种必然。根据家庭劳动力的多少，这些职业农民始终能随着农业技术的提高和机械化的同步使用，把当时生产力条件下的规模化达到较高程度，这表明了这样的经营者确实达到了“职业化”的水平。基于这一群体的特殊性和本身成长的特征，笔者在阶层归类上把这个群体归入“传统种田大户”阶层，而非农民工阶层（尽管华东理工大学的很多学者把这个群体称为比肩于农民工的“农民农”。但是笔者认为，与其把这个群体看作各种职业冗杂的农民工，还不如把他们看作专门种地的农民，这样最能充分地看出这个群体的特征）。

们长期从事规模化经营的经验。成熟的规模化种植技能成为他们成功经营家庭农场的关键,这一点在外地“职业农民”类的种田大户中体现得最为明显。在笔者的调查统计中得出一个非常直观,但是也非常重要的一个数字:本地家庭农场经营者规模化经营时间为 3 年,外地来的经营者的规模化种植经营却有 13 年。当然,本地传统种田大户小规模(二三十亩)的种植经营也有较长时间,但是受制于土地规模扩展困难,上百亩的规模化经营的经验仍然欠缺。外地来的传统种田大户规模经营时间长,他们的种植技能体现在各个方面。

首先,他们充分地使用现有生产力条件下的机械,但是他们的投入成本很低。比如,传统种田大户在生产环节中使用大型拖拉机耕地,使用收割机收割,但是他们极少自己购买大型机械。通过内部的社会分工及市场化的租赁,他们租赁大型机械,将自己的劳动力发挥到其他地方,以达到效用最大化。其次,他们在生产管理上具备了一整套的种植技能,这使得他们在生产环节上的成本大大降低,同时土地产出率也得到了有力保证。这些种田大户成批地购买市场上较新的农资,在农作物的防虫、除草方面掌握着成熟的技术。在播种、施肥、治虫和除草方面能够有效利用农资,并且掌握好时令,其土地产出率普遍高于一般家庭农场经营者。再次,这些种田大户在进行了长期规模化的经营后,基本可以控制规模化带来的风险。他们自己坦诚地讲:“种 10 亩地和种上百亩的地不一样,不知道的人一下都吓住了。种地是一门学问,不是人人都能种好地的。”最后,在经营意识上,他们的市场化意识强。他们不再固守土地产出最大化和产值最大的传统思维。通过把双季稻改为稻-麦轮作方式,以达到劳动生产率最大化的方式来达到效用最大化,这表明他们已经充分具备了市场化的经营意识。

以上四点充分地体现了传统种田大户(尤其是外地职业农民)在规模化经营上的优势。除此以外,他们在资金和劳动力方面也有着较强的竞争力。外地来的传统种田大户实际上在外地专业化地规模经营土地多年,通过经营土地已经积累了一笔足够再次进行土地投入的资金;在劳动力方面,他们也完全异于以老人为主体的小农。他们在年龄结构上集中于40~50岁,能够充分地发挥自己的劳动力优势和规模化种植的技能,使家庭农场的产出最大化。在构成家庭农场的所有群体中,传统种田大户在雇工的使用比例上最低,有的传统种田大户雇工比例只有每亩0.1个工,这几乎可以忽略。也因此,他们最能体现恰亚诺夫所提出的家庭农业生产组织是通过劳动的"自我剥削"来获得生产利润的这一理论,其"劳动辛苦程度"也是所有构成群体中最高的。

需要说明的是,一些耕种二三十亩土地的传统种田大户在向家庭农场转型的过程中也面临较大的困境。最大的困境来自于家庭农场资本化程度的迅速提高,增加了经营者的投入成本,一些传统种田大户无法提供经营家庭农场的初始资金,同时对规模化种植的风险不具有较强的控制能力,因此也无法在农业经营形式变迁的过程中顺利转型。

(五)中间阶层:家庭农场兴起的基础

前文提出,村干部、返乡农民工和传统种田大户(含外地职业农民)构成了家庭农场经营者的主要群体。除此以外,少量的司机、小工业者或小业主也成为家庭农场经营者。纵观这些群体,我们发现他们具有几个最主要的特征。

第一,在经济分层上,这些群体都位于农村社会的中上层,具备一定的经济实力。在前文分析中笔者已经提出,家庭农场是一种需要较高资本投入的现代农业,稻-麦种植每亩地的投入成本基本为1000元,如果要流转土地100亩,投入成本是10万元,200亩所需资金为20万元,其中机械等固定资本的投入还不包括在内。如此,家庭农场经营就有了资金门槛。对于从事农业生产的小农家庭,这笔初始资金就较难提供。村干部、外出农民工和传统种田大户,通过工资、出售劳动力和经营土地获得了原始资本积累,他们的基本年收入在5万元以上,除去家庭日常支持,每年能够有 2 万～3 万元的收入。通过几年的积累，能够提供家庭农场所需要的首笔资金。在经济收入上，村干部、农民工和传统种田大户群体构成了经济分层中“中间阶层”，为家庭农场的兴起做了充分的资金准备。

第二，在劳动力结构上，这些“中间阶层”能够从体力和脑力上为新型农业经营形式提供支持。在劳动力的需求上，家庭农场也明显不同于小农农场。小农农场属于劳动密集型农业，由于其规模小，强度不高，因此对劳动力的身体素质要求不高。另外，小农农场属于传统农业，对科技的运用和技术的创新要求不高，对小农的文化素质或者说脑力要求很低，属于简单再生产的劳动。但是，家庭农场对劳动力提出了较高的要求。同样是一个家庭，或者仅对一对夫妻而言，家庭农场的劳动生产率提高了约 10 倍，对劳动的强度、对体力的要求同时提高。在农业技术的掌握、机械的运用、农资的使用和市场的把握等方面，都对家庭农场经营者提出更高的要求，是由老人构成的小农农场经营主体所无法胜任的。村干部、返乡农民工和传统种田大户等这些中间阶层，年龄大多在 30～50 岁，处于劳动能力强盛时期，而且基本文化水平在初中以上，能够较快适应新型农业经营形式对劳动力的要求。

第三，在村庄社会结构上，村干部、返乡农民工和传统种田大户充当着社会润滑剂和中坚力量的作用，他们在雇工和农业管理上能够得到广泛的社会支持。在调查中笔者发现，在村庄社会结构中，是否具有较强的社会关系，关涉农业经营的效率。这一点很明显地体现在农民的季节雇工问题上。能否雇工，并且雇工能否较为有效地进行劳动，这都涉及雇主与雇工之间的雇佣关系。在农忙季节，农业雇工供给缺乏时，具有良好的社会关系，成为能够雇工的一个原因。而且，良好的雇佣关系能够降低农业生产中的“道德风险”，使监督成本降至最低。村干部和传统种田大户常年生活在村庄社会，有着广泛的社会基础，为他们从事规模化经营的家庭农场提供了便利的人力资本。另外，农民工虽然长时期生活在城市，但是他们并没有脱离农村。在人情关系上，农民工常常与村庄社会发生互动，而且也常常游走于村庄社会。更重要的是，农民工及其家属都生活在村庄，因此他们在村庄中具备很强的社会基础。

以村干部、农民工和传统种田大户为代表的中间阶层群体，在经济和社会结构中具有重要的角色和地位。他们所具有的经济基础为家庭农场的兴起提供了物质基础；其自身的劳动力优势和村庄社会资源为其提供了劳动力资源。在国家对新型农业经营形式的支持下，在土地规模化流转的形势下，这些农村的中间阶层通过租赁形式获得了一定量的土地，由此家庭农场这种新型的农业经营形式得以兴起并发展。

第五章　小农农场的持续

有些地区农村人口的境况，就像一个人长久地站在齐脖深的河水中，只要涌来一阵细浪，就会陷入灭顶之灾[①]。

以生存为目的的农民家庭经济活动的特点在于：与资本主义企业不同，农民家庭不仅是个生产单位，而且是个消费单位。根据家庭规模，它一开始就或多或少地有某种不可缩减的生产消费需要；为了作为一个单位存在下去，它就必须满足这一需要。以稳定可靠的方式满足最低限度的人的需要，是农民综合考虑种子、技术、耕作时间、轮作制等项选择的主要标准。濒临生产边缘的失败者的代价，使得安全、可靠性优先于长远的利润[②]。

——詹姆斯·C. 斯科特《农民的道义经济学：东南亚的反叛与生存》

以上对农民的描述来自于美国政治学与人类学教授詹姆斯·C. 斯科特，从农民的经济属性、政治属性到社会属性角度，斯科特为我们全面刻画了他所观察到的东南亚农民。在他笔下农民与“生存”“生产”“消费”“安全”“可靠性”等关键词相联系。在这里，他不仅描述小农与资本主义企业不同的经济属性，小农既是生产单位，又是消费单位，而且还对小农的经营逻辑——以生产为底线，对安全和可靠性的追求使得对利润的要求降低——进行了深刻的解剖，也因此，有研究者把斯科特视为“道义小农”的代表。的确，以家庭为组织生产单位的小农农场，不同于高度市场化的家庭农场，更不同于资本型农场，它们有特定的经营形式和经营逻辑。

不仅如此，在马克思的笔下，小农被形容为“一袋袋马铃薯”，他们不仅在经济上追求安全可靠，而且在政治上也非常保守，这成为小农落后的表现。在中国漫长的历史中，小农经济不仅关系到农业经济，更支撑着整

---

① 詹姆斯·C. 斯科特. 农民的道义经济学：东南亚的反叛与生存[M]. 南京：译林出版社，2001：1.

② 詹姆斯·C. 斯科特. 农民的道义经济学：东南亚的反叛与生存[M]. 南京：译林出版社，2001：16.

个中国文明发展。即使是在当下中国快速进入现代化强国的今天，以小农为载体的小农经济依然持续存在。以下以萍镇个案为对象，对当前小农农场的概况进行描述，对小农农场的效益和性质进行分析，尤其是对小农农场存在的阶层基础进行深挖，最后是对小农农场在中国农业变迁中的发展做简短的讨论。

一、小农农场概况

"在中国经济史上，最基本的经济单位一直都是农户家庭，而不是个体化的雇工；一定程度上，今天依然如此"。诚如黄宗智所讲，明清以来，"家庭作为一个基本生产单位，其实一直在和依靠个体化雇工的规模化生产进行顽强抗争"①，但是直到今天，小农农场依旧是中国最主要的农业经营形式。但是与其他任何时代不同的是，以小农农场为主要经营形式的小农经济，在中国走向现代化、工业化、城镇化的转型中，也面临着十字路口。了解当前小农农场的现状、表现形式和性质，对小农农场在农业转型中将走向何处去颇为重要。

（一）一组数据

小农在较长的中国历史中是一个常态，小农农场也是中国农业经营形式的常态。但是在一定时期内，每个时期的小农或者说小农农场都有时代的特征。比如封建时代的小农被称为"宗法小农"，明清时代的小农迈入了商品化，被认为是"过密化"小农②，当今市场化和商品化进一步渗入农村，小农又进入"社会化"小农阶段③。也就是说，尽管都属于小农的范畴，但是小农在不同的阶段也有其时代特征。1949 年以来，尤其是改

① 黄宗智．中国过去和现在的基本经济单位：家庭还是个人？［J］．人民论坛·学术前沿，2012(1):76.

② 黄宗智．华北的小农经济与社会变迁［M］．北京：中华书局，1985.

③ 徐勇．"再识农户"与社会化小农的建构［M］．华中师范大学学报(人文社会科学版)，2006(3).

革开放以后,农民开始分化,“农民”这一概念开始与“小农”概念分化。身份上的农民开始向其他职业转移,当前的小农群体更多指向的是以小规模土地种植为主的农业劳动者。以下通过笔者对几个村的调研来说明当前农民的分化和小农农场的现状、类型、效益和农业性质等。

本书前文已经提到过,在分田到户以后,2007 年之前,萍镇基本上是以“人均不过一亩三分,户均不过十亩”的小规模农场为主。笔者大致对各村的人均耕地面积进行了摸底,大致如下:旧林村,人均耕地面积为 1.2 亩;旧塘村,人均耕地面积为 1.7 亩;杉河村,人均耕地面积为 1.4 亩;麻仁村,人均耕地面积为 0.9 亩;隆岗村,人均耕地面积为 1.3 亩;萍铺村,人均耕地面积为 1.3 亩;韩塘村,人均耕地面积为 1.0 亩;伍华村,人均耕地面积为 1.3 亩;茬冲村,人均耕地面积为 0.7 亩;菜铺村,人均耕地面积为 1.0 亩;观塘村,人均耕地面积为 0.8 亩。该镇农村总人口为 29816 人,耕地面积为 34000 亩,人均耕地面积为 1.1 亩。

本书第二章中已经指出,在经过了土地整治项目以后,本地小农农场的比例已经大大下降,但是从绝对量来看,依然最为庞大,占到了整个耕地面积的 44%,集中在几个区域:第一,由于地形原因未被土地整治过的山区、丘陵地区;第二,被土地整治过的村庄,但是是农民不愿意流转的区域;第三,土地整治过的区域,政府未进行外力干涉,农民自愿进行土地流转的地区。以上研究其实不仅反映了萍镇小农农场的普遍情况,同时也揭示当前中国广大地区小农农场的普遍经营情况。

很显然,如果在土地未发生流转的情况下,一般家庭基本上处于“人均不过一亩三分,户均不过十亩”经营规模中。由于市场就业机会增加,原本均质化的农民开始分化,一部分农民外出经商或在本地经商,一部分农民开始外出务工,出于比较收益,越来越多有市场就业机会的农民开始主动放弃土地,于是出现有人想种地和有人不想种地的差别。

表 5-1 清楚地显示了在劳动力外流、无外力(政府)推动作用下,萍镇的人地分布格局。萍铺村的代劳组由于邻近乡镇,交通位置较好,其经济

条件较好，村庄贫弱家庭较少。麻仁村的湾林组，处于麻仁村这个圩区中地理位置较偏的地区，经济基础较差，外出务工人员较多，村庄贫弱家庭不少。湾林组是萍镇整村推进土地整治的首批小组，表 5-1 中是湾林组拆迁以前的人地分布情况。另外，隆岗村的熊村组紧邻乡镇，代表的是一般性的自然村。麻仁村的湾林组、萍铺村的代劳组和隆岗村的熊村组分别来自不同的村庄和小组，较好地说明了小农农场经营的整个概况。

表 5-1　三个小组的人地分布格局①

组　别	总面积/亩	实种面积/亩②	实种比例	总户数/户	种地户数/户③	种地户均比例	不种地户数/户	不种地户数例	户均面积/亩	种地最大规模/亩
麻仁村湾林组	273	233	85.3%	43	22	51%	21	49%	6.3	25
萍铺村代劳组	102	90	88.2%	17	7	41%	10	59%	6	23
隆岗村熊村组	160	160	100%	19	11	58%	8	42%	8.4	60
共计	535	483	90.3%	79	40	51%	39	49%	6.8	—

表 5-1 显示，三个小组一共有耕地面积 535 亩，实际耕种面积是 483 亩，实际耕种比例是 90.3%，其他 9.7%的土地流出到其他小组。其中麻

① 表中的三个小组来自不同的村庄，数据并不来源于随机抽样，但是也较好地反映了当地人地关系的结构（2008 年，萍镇开始推动规模化土地流转，笔者进入村庄是在 2011 年，因此，对于当地自然状态下的人地分布格局不能做原始数据上的统计。但是，萍镇的涉农项目是渐进的发展，而且有的村庄因为地形等原因并没有涉农项目，因此，政府主导的规模化流转并没有实施，这些村庄收集到的数据完全能较好地反映其他已经进行规模化流转村庄的人地关系分布格局）。

② 实种面积并不等于小组总面积，主要是由于土地流入到了其他小组。在这三个小组的统计中，只有隆岗村熊村组的土地没有流出到他组，麻仁村湾林组和隆岗村代劳组的实际耕种面积都小于本小组耕地总面积。

③ 按照以上以农户对土地依赖程度的家计收入模式进行的分类，"种地户数"的构成为村庄贫弱阶层、以务农为主的兼业家庭和务工为主的兼业家庭的总和；"不种地户数"为举家外出务工家庭和外出经商家庭。

仁村的湾林组耕地面积有 273 亩，实际耕种面积为 233 亩，有 40 亩土地流出到其他小组；铺萍村的代劳组有耕地面积 102 亩，实际耕种面积为 90 亩，有 12 亩土地流出到其他小组，实种比例是 88.2%；隆岗村的熊村组有土地 160 亩，实际耕种面积是 160 亩。三个小组共有 79 户，户均耕地面积是 6.8 亩，其中隆岗村的熊村组户均耕地面积最多，为 8.4 亩，萍铺村的代劳组最少，为 6 亩[①]。我们再详细看看表 5-2 中的农民分化情况。

表 5-2 详细展示了农户由于生计模式的不同所导致的分化。从数据可知，湾林组有 273 亩土地，有 43 户，村庄贫弱家庭有 10 户，占总户数的 23.3%，耕种面积是 52 亩，占总耕地面积的比例是 19.0%；以务农为主的兼业家庭总户数是 4 户，占总户数的 9.3%，耕种面积是 33 亩，占总耕地面积的 12.1%；以务农为主的兼业家庭总户数是 8 户，占总比例的 18.6%，耕种面积是 148 亩，占耕地面积的 54.2%。举家外出务工家庭和外出经商家庭分别为 13 户、8 户，占总户数的 30.3%和 18.6%，他们没有耕种土地。湾林组人地关系比例方面，35.3%以务农为主的兼业家庭耕种了总耕地面积的 78.4%；11.8%的以务工为主的兼业家庭耕种了总耕地面积的 9.8%。同样，熊村组 19 户有 160 亩地，以务农为主的兼业家庭占总户数的 15.8%，耕种面积达总面积的 62.5%。

表 5-2 三个小组各阶层土地分布状况

组别	总耕地面积/亩	户数/户	村庄贫弱家庭					以务工为主的兼业家庭				
			户数/户	总比例	面积/亩	占总比例	户均/亩	户数/户	总比例	面积/亩	占总比例	户均/亩
麻仁村湾林组	273	43	10	23.3%	52	19.0%	5.2	4	9.3%	33	12.1%	8.3

① 萍镇从实行家庭联产承包责任制以来，土地调整得并不多，并没有严格执行“三年一小调，五年一大调”的农地调整政策，因此，有的新生人口并没有土地，这导致人地关系存在一定的不平衡。

续表

组　别	总耕地面积/亩	户数/户	村庄贫弱家庭					以务工为主的兼业家庭				
			户数/户	总比例	面积/亩	占总比例	户均/亩	户数/户	总比例	面积/亩	占总比例	户均/亩
萍铺村代劳组	102	17	0①	0	0	0	0	2	11.8%	10	9.8%	5
隆岗村熊村组	160	19	3	15.8%	33	20.6%	11	5	26.3%	39	24.3%	7.8
总数/均值	535	79	13	16.5%	85	15.9%	6.5	11	13.9%	82	15.3%	7.5

组别	以务农为主的兼业家庭					举家外出务工家庭				外出经商家庭			
	户数/户	总比例	面积/亩	占总比例	户均/亩	户数/户	总比例	面积/亩	户均/亩	户数/亩	总比例	面积/亩	户均/亩
麻仁村湾林组	8	18.6%	148	54.2%	18.5	13	30.3%	0	0	8	18.6%	0	0
萍铺村代劳组	6	35.3%	80	78.4%	13.3	5	29.4%	0	0	5	29.4%	0	0
隆岗村熊村组	3	15.8%	88	55.0%	29.3	5	26.3%	0	0	3	15.8%	0	0
总数/均值	17	21.5%	316	59.1%②	18.6	23	29.1%	0	0	16	20.3%	0	0

① 萍铺村邻近乡镇，经济条件较好，而代劳组正好处于较优的地理位置，较为富裕，因此，在村庄贫弱家庭的统计中数量为0，有其一定的特殊性。

② 三个村组的贫弱阶层、以务工为主的兼业家庭和以务农为主的兼业家庭的实际耕地面积不等于小组耕地承包面积，是由于一部分土地流入到其他小组。从统计到的数据看，三个小组三个类别的比例为：15.9%+15.3%+59.1%=90.3%，即其他9.7%的土地流出到其他小组。

把各小组的情况进行综合，我们得到以下数据：三个小组总面积为535亩，79户中，村庄贫弱家庭有13户，占总户数的16.5%，耕种土地面积为85亩，占总耕地面积的15.9%；以务工为主的兼业家庭是11户，占总户数的13.9%，耕种土地面积是82亩，占总耕地面积的15.3%；以务农为主的兼业家庭有17户，占总户数的21.5%，耕种土地面积为316亩，占总耕地面积的59.1%。相比之下，举家外出务工的家庭和外出经商家庭分别占了29.1%和20.3%，共计49.4%的农户没有耕种土地。

以上所有数据为我们提供了重要的参考依据，说明了几个问题。

(1) 农民分化巨大。不同的农民由于市场就业机会的不同，职业的分化非常明显，这也导致经济收入的差异，本书对农民上层、中上层、中层、中下层和下层的划分就是经济分化的反映，与此同时，各阶层表现出对生计农业——小农农场的不同态度。

(2) 种地和不种地农民分化清晰化。由于职业分殊和经济收入的不同，农民的分化已经清晰化。有市场就业机会的农民经商家庭或务工者占了总户数的49.4%。缺乏市场就业机会(重点表现为老人群体)的农民留守在农村务农，自发的土地流转非常频繁。

(3) 务农农民内部也开始分化。泛化地讲，目前在农村的小农农场经营者主要包括村庄贫弱阶层(少部分的残疾人，主要是老人)、兼业农(以务工为主的家庭)和传统耕种大户[①](以务农为主的家庭)。按年龄层次来分，基本是50岁左右的“小老人”和50岁以上的老人在种田。从耕作面积来讲，老人农业和兼业户主要以自家承包田为主，规模一般在10亩以下，数据显示户均耕地面积为6.8亩。传统种田大户的耕作面积较大，数据显示最大的有60亩。并且，在经济越发达地区的农村，土地集中

① 这里提到的传统种田大户，实际耕作面积为20～30亩的居多，与后面的家庭农场和资本型农场中的大户不同。虽然与资本型农场一样都是“大户”，但是传统种田大户的面积很小，所以有“传统”二字。但是，与一般耕种自家承包地的农户不同，他们已经有意识地想扩大耕作面积，相比之下面积较大，因此也是“大户”。一些华中学者把这个群体称为“中农”。

的趋势越明显，传统种田大户的规模越大、数量越多。这同时构成走向现代农业、向家庭农场等农业经营形式转型的基础。

在萍镇的抽样调查中，不种地的农民和种地的农民的户数比例达到近 1∶1，同时，以务农为主的传统种田大户户数占总比例的 21.5%，耕种了近 60%的耕地，户均耕地面积为 18.6 亩。由此得出，非务农农民较多，土地开始向传统种田大户中的种植能手集中，土地的自发流转本已经普遍，具备农业转型的基础。我们还将对当前小农农场的类型进行区分。

我们对当前仍然从事小农家庭式农场的家庭进行了分类，包括村庄贫弱型阶层、以务工为主的兼业家庭和以务农为主的兼业家庭。如果从阶层的角度来看，他们分别属于村庄中的底层、中下层和中层这几个阶层。如果从农业角度来看，这种农业经营形式依然属于小农经济范畴，但是不得不说的是，小农家庭式农场内部开始发生分化，这成为农业转型的基础。

当前小农家庭式农场从农业经营主体上可以分为两类：第一，由 60 岁以上的老人构成，是以耕种小规模农场（20 亩以下，一般是 5～10 亩）为主的老人农业，基本上他们都是自耕农，主要是村庄贫弱阶层和以务工为主的兼业户；第二，由 45～60 岁的“小老人”构成，是以耕种中等规模农场（100 亩以上，通常是 20～30 亩）为主的传统种田大户群体，他们是农村的捡田户和代耕农。村庄中的贫弱阶层和以务工为主的兼业家庭基本上就是自耕农、老人农业；以务农为主的兼业家庭是传统种田大户的来源。尽管都属于小农范畴，但是在形式和内容方面都有必要作出区分。

（二）老人农业：主体

顾名思义，老人农业是指由老人从事农业生产的农业。老人农业不仅体现出由老人这样一个群体来进行农业生产的特点，更为重要的是，这个群体经营的农业有特定的生产方式，在土地规模、资金投入、劳动力使用和经营逻辑等方面体现了传统农业的特征。

从年龄结构来看，老人农业是根据这个群体的特征所作出的概括。

20 世纪 90 年代尤其是 21 世纪以来，在农村劳动力向城市流动成为中国最为重大的社会事实的情况下，农村社会的“空巢化”“空心化”和“老龄化”已经得到了诸多媒体和研究专家的关注。笔者仅以自己在鄂中一个自然村中得到的数据来说明这个全国已经很普遍的事实。

鄂中的 L 村是一个邻近乡镇的农业型村庄，村里人均耕地有限，而且位于小丘陵地区，因此农民种地的积极性并不高。但是，因为靠近城镇，有便利的交通条件，当地农民外出务工的比例一直较大。笔者 2012 年到当地进行调研，得到了 L 村人口的数据统计。L 村的丘湾总人口为 111 人，共计 34 户。目前在村人口为 26 人，占总人口比例的 23.42%，其中 34 户中仅有 8 户家庭留村，占总户数的 23.53%。从年龄结构来看，老人在村比例最多，占了 53.84%，其次是在村小孩人数，比例达到了 34.62%。中青年人在村人数为 3 人，其中只有 1 位中年男子，但是常年不在村，也就是说暂时在村，另外为 2 位妇女，一位是刚刚生育了小孩，故留在家中，另一位妇女在家照顾小孩。也就是说，在村的中青年 3 人中，有 2 人暂住在村即将外出，扣除这个比例，中青年在村比例不到在村总人口的 10%。

我们特别地以这些老人作为统计对象，对 60 岁以上的老人进行了年龄结构上的分层，结果为 50 多岁年龄段老人所占比例为 14.29%，60 多岁年龄段老人所占比例为 42.86%，70 多岁老人所占比例为 28.57%，80 多岁老人所占比例为 14.29%。也就是说，在村老人呈现抛物线结构，60 多岁老人居多，70 多岁其次，在两端 50 多岁和 80 多岁的比例较少。老人成为村庄人口结构的主体，达到一半以上，如果不算在家小孩，留守在村的人中 90%以上是老人。农民讲，“在农村，基本见不到一个中年人，尤其是中年的男子更是‘稀有’，剩下的都是些老弱病残。”宏观上分析，农村社会的“老龄化”“空心化”和“空巢化”早已得到数据支撑①，这构成农

① 陈锡文，陈昱阳，张建军．中国农村人口老龄化对农业产出影响的量化研究[J]．中国人口科学，2011(2).

村最重要的生产资料——土地由老人进行耕作的事实。

毫无疑问，在农村大量人、财、物外流的情况下，老人构成了农村生产生活的主体，当然，老人农业也成为小农家庭式农场中的主要部分。

（三）传统种田大户：重要形式

传统种田大户，在表5-2中主要是指以务农为主的兼业户或者是纯农户家庭。在阶层地位上，他们是农村社会的中层，在经济收入上与以务工为主的兼业家庭和一般外出务工阶层相当。从年龄结构层次上讲，传统种田大户一般在45～60岁，他们身体条件好，具备一定的市场就业机会。与老人只能从事农业生产不同，传统种田大户具备市场就业机会，劳动力的价格可以通过工资来实现，种地就受到工资水平的约束，他们会通过扩大耕地面积来获取较多的农业收入。这些年龄在45～60岁、主要靠耕种面积在20～30亩土地的种田大户，成为老人农业以外的"小老人"农业。在农村，传统种田大户成为小农农场的重要形式①，并富有极强的生命力。

传统种田大户成为小农农场的一种重要形式。如果说老人农业是当前小农农场的绝大多数，那么传统种田大户就是小农农场中的一股新生力量。从数量上分析，表5-2对三个小组的考察发现，占全组总人口20%

---

① 在有的研究者（华中村治学者）眼中，这批传统种田大户孕育了新的农业经营形式，他们称之为新时期的"新中农"。对于新中农，华中村治学者给予了高度的关注，不仅从农业经营效益本身，而且从农村的治理和社会结构揭示这批群体对于农村社会，更或者是城乡二元结构所具有的阶层意义，并称之为"当前农村社会中的中间阶层"。

贺雪峰．当下中国亟待培育新中农[J]．人民论坛，2012(13).

杨华．"中农"阶层：当前农村社会的中间阶层——"中国隐性农业革命"的社会学命题[J]．开放时代，2012(3).

陈柏峰．中国农村的市场化发展与中间阶层——赣南车头镇调查[J]．开放时代，2012(3).

林辉煌．江汉平原的农民流动与阶层分化：1981—2010——以湖北曙光村为考察对象[J]．开放时代，2012(3).

桂华．"没有资本主义"的中国农业发展道路[J]．战略与管理，2013(11,12).

不同于村庄中自发的土地流转，中农等农业经营主体依靠的是村社中的人情、面子，以此来获得土地，土地的规模受制于社会关系；流动性家庭农场的生产资料——土地通过市场地租获得，因此，土地的规模不受制于社会关系，而受制于土地市场。

左右的传统种田大户(以务农为主的兼业家庭)耕种了全组60%的土地，这也与一些学者的判断基本吻合①。又比如，我们对一个自然村的传统种田大户专门进行了统计，得到了如表5-3所示的情况。

表5-3　菜铺村李镇组传统种田大户情况

姓　名	年龄/岁	种田亩数/亩	种田者	流　转　方	家庭基本情况
徐辉	60	25	夫妻	自家兄弟姐妹的田	4个女儿已出嫁，一个小儿子在上小学，夫妻俩一直在家种地
全代传	61	20	夫妻	2个儿子的田	2个儿子做茶叶生意，已分家
梁世福	58	30	夫妻	哥哥、弟弟的田	1个儿子做瓦匠
徐礼学	62	20	夫妻	哥哥的田	2个儿子，大儿子在打工，小儿子读初中
全承书	50	10	夫妻	自家的田	2个儿子，大儿子开车，小儿子做酒店管理，自己在家开了农资店，同时给大户做代管
徐义宏	47	25	夫妻	哥哥的田	1个儿子打工，自己在家开收割机、挖掘机，并做散工
鲁成元	68	10	夫妻	自家田	2个女儿已出嫁，1个儿子做大米生意
徐礼达	70	15	夫妻	2个儿子的田	1个儿子结婚，在做瓦匠，1个儿子在工厂打工
鲁可武	50	30	自己	哥哥、同乡的田	老婆去世，1个女儿已出嫁，1个女儿在打工，1个儿子在做木工
徐礼汉	70	15	夫妻	2个儿子的田	儿子是小包工头
徐礼辉	63	20	夫妻	儿子、女婿的田	1个女儿嫁到本村，1个儿子在城里开公交车
徐礼帮	57	25	夫妻	儿子、哥哥的田	儿子打工，媳妇在家带小孩

① 贺雪峰教授指出，传统种田大户(中农)一般占农村总人数的10%～20%，却耕种了当地50%以上的土地。参见:贺雪峰. 当下中国亟待培育新中农[J]. 人民论坛,2012(13).

表 5-3 展示了莱铺村李镇组传统种田大户的情况。李镇组一共有 42 户，其中传统种田大户有 12 户，有 8 户种植面积都在 20 亩及以上，其中有 2 户的面积已经是 30 亩。实际上，这 12 户家庭基本耕种了全村大部分的农田。表 5-3 至少可以清楚地说明下面几个问题。

第一，从耕作者角度来看，传统种田大户特征比较集中。他们的年龄集中在 45～60 岁，间或有 70 岁，但也是劳动力较强的人，与小规模的家庭式农场几乎都是 60 岁以上的老人相比，他们是“小老人”，而且在农村劳动力大量外流的情况下，这批人成为农村社会的中坚力量，在农村的治理和社会的稳定方面发挥着重要的作用。

第二，农村自发的土地流转已经常态化，土地开始集中。前文已经提到过，农村从 20 世纪 90 年代起，大量劳动力开始外流，这导致青壮年劳动力不再从事农业生产，那么这部分土地就务必向无法外出的中老年群体集中，这反映了在市场化条件下，社会化分工基本形成的情况。

第三，土地的集中是相对的，集中的规模非常有限。无论从表 5-2，还是表 5-3 都可以看出，土地集中的程度较为均质化，且集中的规模有限。表 5-2 和表 5-3 一共提供了 4 个自然村(小组)的最大耕地规模，分别为 25 亩、23 亩、60 亩和 30 亩，其中规模最大的是隆岗村熊村组，最大种植土地面积为 60 亩。为何土地的集中程度保持高度一致？这与农村的土地性质高度相关。

第四，从土地流入角度讲，土地的流动或者说租赁严格限制在熟人社会范围之内，而且在差序格局的熟人关系圈内展开，这同时限制了土地集中的规模。从表 5-2 和表 5-3 中，我们可以清楚地看到，传统种田大户的土地来源于儿子、哥哥、女婿或其他亲戚以及熟人社会关系圈子，很少有土地来自于完全的市场租赁。另外，这些流入的土地一般地租价格偏低，带有人情地租的成分，这也是限制土地规模扩大的原因。

以上对萍镇几个村庄小组的考察，不仅说明整个萍镇土地在劳动力大量外流情况下小农农场的基本样态，其实也说明了整个农村在几乎无外力干涉下，小农农场发展的样态。从形式上看，几乎任何地方都形成了以老人农业形式为主要特征的小规模小农农场，它是目前小农农场的主体。另外，一种在自发土地流转之下形成的耕种20～30亩或更大面积的传统种田大户，成为小农式家庭农场的新形式。它由一批小老人构成，是在熟人社会中以较低地租流入土地的农业形式，也是一种非常值得关注的农业经营形式。

二、小农农场的效益及其性质

我国是传统农业国，小农经济或者说小农农场能够持续上千年的历史，原因确实如很多小农研究专家所指出的，农业不同于工业，小农农场具有极其强大的生命力。那么对小农农场经济效益的关注显得异常重要。小农农场不仅关系农业，同时与农村的政治社会也密切相关，这构成了笔者考察的重要方面。进一步，我们对当前小农农场的性质和发展做出一些判断。

对农业经营形式中农业(经济)效益的考察，一般从两个层面展开，一是土地生产率，二是劳动生产率。土地生产率体现了产出的效率，但是现代农业的效益不仅体现在土地生产率上，更多的还体现在劳动生产率上。相比大规模的资本型农场，小农农场最重要的特征就是很高的土地生产率和很低的劳动生产率。

(一) 高土地生产率

土地生产率体现为单位面积内的土地产出。一直以来，众多的学者都从不同层面论证了小农农场具有非常高的土地生产率。比如，农业经济史专家、农学家对小农的精耕细作这一点做了非常多的刻画和描述，呈现了农民在农业生产上所投入的巨大精力，同时获得了很高的单位产出。这一点在黄宗智老师的研究中得到了具体体现，根据满铁调查材料，他对近代华北农村农业展开了详尽的研究，揭示了一个重要的事实，那就是在大量人口滞留于农村且无其他就业机会的情况下，即使在极难提高单产的情况下，农民也会通过不断投入劳动力（以不断降低劳动生产率为代价）提高单位面积的土地产出。"没有发展的增长"，就是小农农场在人口压力下的生存逻辑。

在萍镇，通过对小农农场、家庭农场和资本型农场进行的对比考察，笔者发现，在单位面积的土地产出上，小农农场和家庭农场最高，资本型农场的经营效率最低。但是家庭农场的土地产出率无法得到保证，从这一角度上讲，小农农场的单位面积产出是最高的。从个案上讲，同一种农业经营形式中，不同的农户产量均有偏差，但是对众多的经营主体进行访谈和比较之后，可以得出大致的产出水平。以种植水稻为例，小农农场一般每亩土地的产出是每年 1000～1300 斤，平均在 1200 斤左右，很少低于 1000 斤，风险小；家庭农场一般每亩土地的产出在每年 900～1300 斤，平均在 1000 斤左右，很少少于 800 斤，风险较大，亩产的多少很大程度上依靠经营者的种植技能和管理水平；资本型农场一般每亩土地的产出是每年 600～1000 斤，平均亩产难以估计，因为风险太大，管理者的经验有显著作用，平均亩产很难超过 1000 斤，最低可能只有 400～500 斤。

单从亩产来看，小农农场的经营风险小、亩产高，而且能保持稳定；家庭农场风险较大，亩产严重依赖经营者的经验，可以与小农农场持平，但是一般略低；资本型农场的风险极大，土地单位产出量严重依赖管理者或农场主，亩产弹性空间大，最高时低于小农农场，最低时可以降至极低，总体上说，亩产要较小农农场低数百斤。考虑到农业风险，从单产面积看，小农农场是最高的，家庭农场的风险增加，但是亩产也可能与小农农场持平[①]，当然，资本型农场的风险是很大的。

① 笔者在对家庭农场的个案进行调研中发现，有十多年经验、外来包地的家庭农场经营者，其土地的单位产出很高，几乎与小农持平。并且还发现，有的外来包地的家庭农场经营者的单产面积比小农的单产面积还高，亩产是 1300 多斤，这令当地的农民咋舌，"他们实在是会种地，没想到达到了如此高的亩产！"对于经验非常丰富的家庭农场经营者，亩产大致可控，与小农亩产差异不大。

（二）低劳动生产率

与家庭农场尤其是资本型农场相比，小农农场的土地生产率高，而且非常稳定。但是，这是以较低的劳动生产率为代价的。就如黄宗智所讲，现代农业考察的重要方面离不开对土地生产率的考察，不过，更为重要的是对劳动生产率的考察①。依靠资本投入，以较高的劳动生产率获得较高单位土地面积的产出，才是现代农业的核心和本质。因此，对劳动生产率的关注是衡量各种农业经营形式的重要指标。土地生产率是单位面积内的土地产出率，劳动生产率实际上就是单个劳动者所经营的土地的规模或土地产出。很显然，在小农农场、家庭农场和资本型农场这三种农业经营形式中，小农农场的劳动生产率是最低的，家庭农场和资本型农场的劳动生产效率要视具体情况而定，在目前很多情况下，家庭农场的劳动生产率更高。

首先考察同样是依靠家庭为组织生产单位而进行生产的小农农场和家庭农场的概况。在前文中，笔者已经对各种农业经营形式进行了划分，笔者根据现在生产力的情况，把 100 亩以下经营规模的农业经营形式称为小农农场，把 100～500 亩规模的称为家庭农场，这实际上是一种范围的划分。在实际经验中，小农农场的规模一般都在 50 亩以下，50～100 亩之间的很少，而家庭农场一般规模也是在 100～300 亩。这里先考察小农农场的劳动生产率。

小农农场分为老人农业和传统种田大户两种形式。老人农业由于构成主体为 60 岁的老人，甚至还有 80 岁的老人，其耕种规模十分有限，以自家承包经营面积为主，一般只有几亩地，因此，他们的劳动生产率非常有限。另外，传统种田大户成为小农农场的一种重要形式，主要是因为，

① 黄宗智明确指出，现代农业的“发展”完全不是依靠降低劳动生产率、提高单位土地产出的“内卷化”，“‘发展’意味着通过增加单位劳动的资本投入而提高劳动生产率，即如 18 世纪英国农业以及现代机械化农业所展示的情形。”参见：黄宗智．发展还是内卷？十八世纪英国与中国——评彭慕兰《大分岔：中国、欧洲与近代世界经济的形成》[J]．历史研究，2002(4)：158.

传统种田大户通过自发土地流转的形式扩大生产规模，而且试图更新生产工具提高劳动生产率，这具有非常重要的意义①。规模的扩大，提到了劳动生产率，以前一对夫妻在家只能种植不到 10 亩的土地，在其他兼业形式保持不变的情况下，农民把土地面积扩大到 20～30 亩，这无疑化解了部分“隐性失业”问题。从这个意义上讲，小农农场内部也在向新的农业经营形式转变。

但是，这一转变是非常有限的。第一，传统种田大户的土地规模受限于熟人社会，是非完全的市场流转；第二，土地非常细碎和分散，无法有效发挥现代农业中机械代替人力的充分优势；第三，由于规模有限，机械的使用效率较低，也就无法达到机械投入的成本-收益比，这也反过来影响了劳动生产率的提高。总之，传统种田大户虽然有“去过密化”的趋势，但是没有完全走出“内卷化”，或者没有完全发挥出单位面积劳动生产率，在性质上与老人农业是一致的。

实现劳动生产率真正跨越的是家庭农场，家庭农场在基本保持土地生产率的同时，把劳动生产率提高到最大限度。一对夫妻在小农农场中的种植规模一般会在 50 亩以下，因为土地资源难以获得，同时细碎土地影响了现代机械的使用。相反，如果土地集中经营，而且配备相应的基础设施，一对夫妻的劳动生产率就会大大提高。正是在对土地进行整治的情况下，政府把土地向少数农户集中，于是达到上百亩的规模化农户的劳动生产率就得到了大幅的提升。以 45～60 岁的传统种田大户而言，在土地细碎化的情况下，耕种 50 亩土地基本就是极限，但是在土地整治后，经营面积能够达到 200 亩左右，劳动生产率提高了约 4 倍。

最后，在对小农农场和资本型农场劳动生产率的比较中我们发现，资本型农场的劳动生产率更高，但是，它是以减少土地生产率为代价的。并

---

① 有的文章据此提出了传统种田大户（中农）具有了“去过密化”的趋势。参见：杨华．“中农”阶层：当前农村社会的中间阶层——“中国隐性农业革命”的社会学命题[J]．开放时代，2012(3)．

且，在劳动生产率方面，资本型农场与家庭农场相比并不具有优势，家庭农场可以根据自身劳动力情况将规模扩大到最大限度，因此，这种农业经营形式已经把劳动力的效力发挥到了极限。总体来讲，三种农业经营形式中，小农农场的劳动生产率最低。

（三）低资本投入

现代农业的核心是通过资本投入的增加提高劳动生产率，因此单位面积的资本投入也是现代农业的重要指标。对于劳动生产率较高的家庭农场和资本型农场而言，拥有大型机械，比如拖拉机和收割机是较为常见的，但是在小农农场这种农业经营形式中，主要还是通过密集的劳动投入和节约资本来获得土地产出。

一方面，老人农业是一种资本节约型的农业生产方式。与家庭农场、资本型农场相比，老人农业单位面积内投资成本小，主要依靠传统的耕作技术和经验对农业精耕细作。在主流的现代化理论中，传统农业向现代农业转变过程中最重要的一点就是农业的资本化，在资本、土地和劳动三种生产要素中，资本作为一种要素，其资本与劳动力比率的上升就是农业的资本化。大农场等现代农业组织方式依靠资本购买先进的生产工具，在农资上更新快、对市场反应敏感，为了获取高额利润，增加对土地单位面积投资是普遍的。与之相反，作为老人农业的小农尽量减少与市场发生关系。

以农资投入而言，大户会使用大量的化肥、农药和除草剂，但是在老人农业中，他们尽量以人工拔草，而且采用传统的插秧技术，实际上对农药和除草剂的需求较弱，在化肥的使用上，他们可能只有大户的一半。使用农家肥、保持土地持续的肥力也是老人农业的一大特点。另外，再以种子为例，老人会选择自留种子，而且采用人工插秧的方式，其种子的利用率很高，投入也比大农场少。大户选择种子时，更多考虑的是产出最大化，而且降低自然带来的风险（比如抗倒伏）。概而言之，在农资投入上，老人农业没有规模效益，但是成本更少。

在农业技术和农机投入上更是如此，数百亩的大农场一般都购置有大型拖拉机、旋耕机、收割机、喷雾器，有的还配置了烘干机和插秧机等现代农业设施，一般投资都在10万元以上。但是，对于老人种田来讲，主要还是使用牛、犁、小拖拉机、水泵等生产工具，固定资本投资不到3000元。在萍镇随机调研的数据表明，资本型农场每亩地的固定资本投入是1000多元、家庭农场每亩地的固定资本投入为380元，而小农(表现为老人农业)每亩地固定资本投入为140元。另外，在技术投入、科技创新和市场新品种的更新上，老人农业都是被动的，不会如资本型农场一样主动进行资本投入。总之，老人农业是一种资本节约型的农业生产方式。

另一方面，“去过密化”中的传统种田大户单位资金投入有所增加，但是仍然以劳动密集投入为主。可以看到，传统种田大户开始向农业投资，有的也会购置小型耕田机、旋耕机或中小型收割机等。一方面，是出于自用的目的，因为耕地面积较大，如果完全使用人力，劳动量较大；另一方面，他们促进了本地机械化市场的形成。他们购置一定量的机械，除了自用以外，还用于“打工”(租赁给他人)。如果一个传统种田大户有一台收割机，除了用于自家收割外，一定还用于租赁，因为收割机这类大型机械的投入较高，有不可分割性特点，它的使用寿命要求要提高机械的使用率。传统种田大户通过给周围的老人农业打工，一年的收入也有三五万元，再加上自己的种田有两三万元的收入，这可以增加他们的总收入。可以看出，这些传统种田大户还是带有很强的兼业性质的。之所以兼业，就是因为单靠农业的收入还是难以与务工收入持平。传统种田大户耕作土地面积有限、土地细碎分散，劳动生产效率难提高，而且土地面积也难以扩大。这就使一些后来转向家庭农场的传统种田大户有一个非常深刻的体会，就是“种200亩地，比以前种二三十亩可能还轻松”。在土地的细碎化和农业基础设施、社会化服务体系难以配套的情况下，机械投入的效果也是有限的。

总之，传统种田大户在向资本和劳动力双密集型农业①转化，在向家庭农场等现代农业转变，但还处于过渡期，他们的经营方式既得益于现有的土地生产格局，又严重地受制于现有的土地生产格局。传统种田大户要转化为家庭农场、提高劳动力生产率，有一个关键的障碍，就是土地这一生产资料的获得，而且是集中连片的土地获得。传统种田大户的形成得益于熟人社会人情关系基础上的关系网络，以低租金获得土地，但是这同时制约了劳动生产率的提高。

(四) 小农农场性质

从性质上分析，小农农场是典型的传统农业。

首先，单从现代农业的几个指标来看，小农农场是劳动密集-资本节约型农业，属于传统农业范畴。小农农场并没有在生产要素配置上通过较大资本投入获得较高劳动生产率，这当然受制于无法扩大的农地规模和细碎化的土地生产格局。经营资本型农场的大户算了一笔账：在农业的生产成本投入上，每亩地的成本为种子 50 元、化肥 150 元、农药 120 元、除草剂 60 元、耕田费 80 元、机收 60 元、水费 20 元，生产性投入总共是 540 元；劳动力投入每亩地算 5 个工，那就是 500 元。如果一季稻子的亩产是 1000 斤，那就是 1200 元。产出减去投入，那么每亩地一季稻子的收入也就是 100～200 元。因此，大户常常跟我们说，种田实际上是挣不了钱的。但是，为什么在大户给出数百元的地租②时，有的农民还是不愿意流转土地呢？大部分原因是因为，(小)老人作为一种次级劳动力，就业机会非常低，农业成为他们解决就业的一种重要渠道。他们在计算自己农业利润时，除了购买农资等现金货币支出以外，劳动力通常都是不计成

① 黄宗智在多处提到资本-劳动力密集型是中国家庭农场发展的一条路径，见：黄宗智. 中国的隐性农业革命[M]. 北京：法律出版社，2010：127-137.

黄宗智.《中国新时代的小农经济》导言[J]. 开放时代，2012(4)：5.

② 安徽番县萍镇的地租是 400 斤稻子，湖北孝感的 L 村的地租是 300 斤稻子，各地的粮食产出和地理条件不同，地租也有差异。

本的，这种情况下，(小)老人种田是有利可图的。

精耕细作反映了这种农业的特征，通过对单位面积内土地的劳动力投入提高粮食产量。以农民的话来讲，“种田就像看孩子一样，没事的时候就要到地里去转转，三天两头的，看有啥病虫害、长草了，灌的水还有没?”(小)老人种田很多时候对劳动力的成本是不计的，这也导致了(小)老人种田和企业种田的本质区别，即由于缺乏就业机会成本，(小)老人通常认为种田有利可图，而企业认为如果不提高劳动生产率，种田一定是赔本的买卖。

其次，小农农场自给自足、远离市场，是简单商品再生产的生计型农业。小农农场是一种远离市场、自给自足的农业生产方式。现代农业与传统农业很大的不同，就是农产品面对市场。小农家庭的农场不是以利润为目的，不是为了市场生产而生产，而是形成有意义的“庭院经济”，以家庭自我消费为主，耕作多种农产品，最大程度上满足家庭的自我需求，减少货币现金支出。以农村调研时的一个案例为例。

案例 5-1 家庭情况：5 口人，两个老人在 65 岁左右，儿子夫妻两人在重庆市区打工，孙子在市里上学。家庭经济：两个老人种 1.8 亩水田、2.5 亩旱地，儿子儿媳打工每个月收入共计约 3000 元。农业生产：水田种植水稻，水稻产出为 1200 斤×1.8 亩=2160 斤，旱地种植旱作物，产出胡豆 50 斤、油菜 80 斤、玉米 2500 斤、大豆 30 斤、红薯 1 万斤。土地上的所有产出都没有进入市场，全部用于自食和城乡经济养殖。每年喂 4 头猪，过年杀掉一头，获得约 200 公斤猪肉，大部分制成腊肉，老两口自食一部分，送给儿子、亲戚一部分，其他两头卖掉，获得现金收入约 3500 元，还有一头母猪，下崽卖掉，获现金收入 4000 元。喂鸡 50 只，卖掉 30 只，获现金收入 1500 元，其余自食，鸡蛋全部送给儿子和孙子吃。喂鸭子 6 只，自食或送亲戚。务工收支：每年收入约 3.6 万元，除掉城市生活开支与孙子学费之外，其余由儿子储存。①

① 以上案例来自桂华在重庆调研的材料，见：桂华. 中国农业生产现状及其发展选择[J]. 中国市场，2011(33):15-16.

以案例 5-1 为例，老人种水田 1.8 亩、旱地 2.5 亩，水田种植稻谷，供自家消费。旱地种植旱作物，有胡豆、油菜、玉米、大豆、红薯等，“土地上的所有产出都没有进入市场，全部用于自食”。不仅如此，农民自己还喂养了生猪、家禽等。以上案例反映了当前老人农业中的普遍现实，就是以满足自身需要的多样化种植为主。在家庭消费中，不仅需要粮食等谷物，还需要蔬菜、肉、蛋、禽等其他事物，在老人农业中，形成了一个有序的生产链，自产自销，多余部分成为人情交换的一部分。作为生产与消费的统一体，老人农业依靠自我剥削的方式，尽可能多的投入劳动力，而不是投入资金，以获取单位面积的土地产出。

小农农场在农业中以多样化的农业生产为主，远离市场，最大程度上满足自身所需，是一种简单的商品再生产，无扩大再生产的动力。这是一种不以盈利为目的的生计型农业，是传统农业的典型特征。

再次，对于作为经营主体的小农来讲，小农农场遵循乡土逻辑，而非市场逻辑。在农村社会学和经济人类学中，早已有小农的“道义”和“理性”之讨论，当前的小农农场中的小农毫无疑问具有很强的“道义”性质。存在于当前的老人农业和传统种田大户，实际上遵循的是在一个村落共同体中的乡土逻辑，而非市场逻辑。无论是老人农业还是传统种田大户，实际上都形成了在家庭或者村庄层面上的代耕现象，或者说土地流转。作为不同于政府主导的规模流转，从流转的范围和规则、流转的地租和流转的时间等性质上看，现在的小农农场是道义小农的延伸。

从流转的范围和规则上看，小农农场中的土地代耕或者流转只限于熟人社会，而且以差序格局的亲疏关系对流转人进行选择。从耕种数亩地的老人农业看，他们实际上是在家庭内部进行土地“代耕”，这被称为“以代际分工为基础的半工半耕”，即年轻的子代外出经商或务工，老人在家务农。另外，对于耕种数十亩的传统种田大户，不仅依靠家庭内部的土地，他们还扩大到其他农户家庭。在这样的流转中，最能体现“差序格局”。有农民说，家里兄弟多，而且很多外出的，他就能种很多地，这说明直系亲属是流入土地的主要来源。但是,一个人在村落社会中有很好的“口碑”,那么这个人也容易在一个熟人社会中流入更多的土地。表5-3其实也详细地展示了传统种田大户流入的土地的主要来源。在土地流入中,熟人社会的差序格局得到充分的体现,并且在规模上也同样受制于熟人社会。

小农农场的流转地租低,实物地租不少,地租具有象征和互惠性质。以代际分工为基础的老人农业由于属于家庭内部土地流转,绝大多数不存在地租问题。在村庄层面进行土地流入的传统种田大户涉及地租问题,但是遵从乡土逻辑。首先,传统种田大户与规模较大的家庭农场和资本型农场不同,后者以不愿流转土地农户的较高租金为流转租金,前者以愿意流出者为主,地租低。比如以萍镇为例,家庭农场和大规模农场支付地租,每亩租金为400斤粳稻(价格是500多元)。但是种田大户转入土地的地租只有100斤粳稻,而且以“老亩”进行量化,有的老亩面积竟是市亩的两倍,地租更低。不仅如此,地租以实物的形式较多,除了稻子,还常常附带一些鸡、鸭、鱼等,这代表“意思”和“心意”,完全不同于带有非人格特征的市场化地租,这里的地租具有人情性质,具有象征和互惠特征。另外,在土地流转时间上自发土地流转无正式契约,是农民之间的口头约定,一般是代耕,就是农户之间的互惠。农民在外出打工时,把土地给留村里的人种,留村里的人也愿意代种,并且以一定的地租进行回馈。

从自发土地流转的范围、规则、地租的形式和时间等都可以看出,小农农场的经营者老人和传统种田大户是在传统“道义”小农的形式下进行家庭内部的代际分工和村庄内的自发土地流转。无论哪种情况都尊重乡土逻辑,是一种以互惠为基础的人情地租,与契约性的市场流转完全不同。

综上所述,从农业的效率来看,小农农场是传统的劳动密集-资本节约型农业,属于传统农业的范畴;从农业的目的和性质看,它是一种完全自给自足的、远离市场、简单再生产的生计型农业;从农民本身的性质来看，主要呈现出"道义小农"的性质，遵循乡土逻辑非市场逻辑。总之，尽管传统种田大户正在向现代农业转变，但从各个层面上讲，小农农场仍然还是传统农业。

三、小农农场的阶层动力

（一）众多的农村社会底层

对于社会群体，有一个简单的二元划分，就是精英与底层两类群体。精英是社会中的支配者，作为底层社会的民众被视为"微尘"，这就是有关底层社会研究者对精英和底层在日常生活场域中的概括[①]。从大的方面来讲，如果社会大众均被视为"底层"，那么实际上在农村还在依靠土地为生的、以种地为职业的普通农民实际上是"底层中的底层"。以经济作为主要指标，本书将社会群体划分为上层（以私营企业主为主的富裕阶层）、中上层（以技术型外出务工为主的较富裕阶层）、中层（以一般外出务工为主的一般家庭）、中下层（以传统种田大户和在村兼业家庭为主的较次家庭）和下层（纯农户）五个社会阶层。进一步根据农民与土地之间的关系，即本章表 5-1 和表 5-2 中的划分，以上按照经济分层的阶层又可以调整为外出经商家庭、外出务工阶层、以务农为主的传统种田大户阶层、以务工为主的兼业家庭和贫弱阶层构成的小规模纯农户阶层。

简单地讲，以是否耕种土地作为重要指标，即目前不依赖土地收入的外出经商家庭和外出务工家庭明显处于农村社会的中上层，相反，对于依靠土地收入的传统种田大户、以务工为主的兼业家庭，还有处于贫弱阶层的小规模纯农户来讲，他们在经济结构中处于村庄和农村社会的"中下层"。如果农村社会分"精英"和"底层"的话，前两个阶层明显属于"精英"

① 秘舒．无声的底层与底层的声音——"底层研究"述评[M]//李友梅，等．当代中国社会分层：理论与实证．北京：社会科学文献出版社，2006．

阶层，后三个阶层实际是农村社会的“底层”。在陆学艺以劳动分工、权威等级、生产关系和制度分割为参数来区分的经济、组织和文化资源指标中，“农业劳动者”在中国社会十大阶层的社会结构体系中，只是在城乡无业、失业和半失业者这些末端阶层的上面，位于第九阶层①。从中也可以看出，在农村，依靠土地的农民无疑是农村社会的“底层”。

近年来，随着城乡之间的人口流动和多元就业机会的增加，农村劳动力减少，对应的是农村以土地为收入的农民群体的减少，表现为外出经商家庭和外出务工家庭不断增加，尤其是后一个群体数量的增加。陆学艺在有关阶层报告的书里，专门对各个阶层所占比例进行了抽样统计，其中私营企业主阶层②所占比例在1952—1999年都在1%以下，但在2001年进行的中国阶层研究报告中指出，私营企业主占有1%，而另一个群体——个体工商户阶层的比例在2001年增长到7.1%③，应该说2001年以后，私营企业主阶层和个体工商业户等外出经商者数量上还在上升。不过农村流出的外出经商家庭实际上依然有限。

从数量上讲，农村劳动力的流出主要还是表现在外出务工上。陆学艺的十大阶层报告指出，产业工人从20世纪80年代以来，在整个阶层中所占比例基本在20%左右，农民工阶层所占比例在1999年为7.8%④，而且这个数字自21世纪以来确实还在加剧。对劳动力进行专门研究的学者卢锋提出，进入21世纪以来，本地农民工数量在2009年达到8450万人。和本地农民工相比，外出农民工数量一直在持续上升，最快时期是从1999年的5240万人增长到2002年的1.047亿人，三年的时间增加了一

① 陆学艺. 当代中国社会流动[M]. 北京:社会科学文献出版社,2004:13.

② 实际上，在陆学艺的书中，私营企业主阶层和个体工商户阶层都是本书所讲的外出经商家庭。

③ 陆学艺. 当代中国社会阶层研究报告[M]. 北京:社会科学文献出版社,2002:44.
陆学艺. 当代中国社会流动[M]. 北京:社会科学文献出版社,2004:13-14.

④ 陆学艺. 当代中国社会阶层研究报告[M]. 北京:社会科学文献出版社,2002:44.

倍[①]。根据国家统计局的数据,2011 年,农民工总量达到 25 278 万人,比上年增加 1055 万人,增长 4.2%。2011 年,外出农民工为 15863 万人,举家外出农民工为 3279 万人,本地农民工为 9415 万人[②]。2009 年的《中国农民工现状及其发展趋势总报告》称,农民工已经占到我国工人总数的三分之二以上[③]。基于农民工庞大的人口基数和在城市化过程中所起的特殊作用,社会学者为此提出,外出农民工谱写了传统城乡二元结构之外的“三元社会结构”[④]。

从流出的量来看,外出经商阶层和务工阶层的数量已经很大了,而且比例不低,但是由于农业人口的庞大基数,留在农村并且依靠土地收入的农民依然庞大。陆学艺等人对历年来十大社会阶层的比重进行了估计,结果显示,农业劳动者阶层在 1952—1999 年直线下滑,在中国社会阶层结构中的比例变化为 84%(1953 年)、67%(1978 年)、56%(1988 年)、53%(1991 年)和 44%(1999 年)[⑤]。2001 年末,陆学艺在全国 12 个省、自治区、直辖市进行了问卷调查,得出包括专业农户、兼业农户和普通农业的“农业劳动者”在全部十大阶层中所占比例为 42.9%,而且根据书中对农村社会阶层结构分布样态的呈现,农业劳动者阶层在整个农村阶层中的比例为 70%[⑥]。这表明了在 2001 年以前,农业劳动者仍然是所有阶层中最为庞大的社会群体。

专门对城乡劳动力流动进行研究的人口经济学家蔡昉指出,农民工人数上涨较快,他粗略估计,在目前的农业劳动生产率下,农业需要的劳动力是 1.8 亿人,在农业劳动力已经无剩余的情况下,农村劳动力也有

① 卢锋. 中国农民工工资定量评估(1979—2010)[D]. 北京大学中国经济研究中心工作论文.

② 国家统计局. 2011 年我国农民工调查监测报告[EB/OL]. http//www. stats. gov. cn/tjfx/fxbg/t20120427_402801903. htm.

③ “中国农民工战略问题研究”课题组. 中国农民工现状及其发展趋势总报告[J]. 改革,2009(2):11.

④ 李强. 农民工与中国社会分层[M]. 北京:社会科学文献出版社,2012:326.

⑤ 陆学艺. 当代中国社会阶层研究报告[M]. 北京:社会科学文献出版社,2002:44.

⑥ 陆学艺. 当代中国社会流动[M]. 北京:社会科学文献出版社,2004:13-14.

1.38亿人[①]。三农学者贺雪峰则认为，农村有7亿留守人口，其中近3亿农业劳动力还要直接依靠土地获得收入[②]。虽然统计口径有不同，对劳动力结构有不同的界定，但是无论数据如何，都得出一个非常明显的事实，那就是农村在劳动力大量外流的情况下，农村45～60岁的“小老人”不少，尤其是60岁以上的老人数量还非常庞大。在萍镇的抽样统计中，表3-1和表3-2都显示村庄中大约还有一半的家庭对土地有所需求。这构成以“小老人”为主的传统种田大户阶层、部分兼业户阶层和60岁以上的老人纯农户阶层存在的阶层动力。

（二）以代际分工为基础的半工半耕

无论从农村调查的经验还是从表3-1和表3-2看，与传统种田大户家庭相比，小规模纯农户和以务工为主的兼业家庭的数量占有绝大部分比例，这构成目前小农农场中老人农业的基础。前文已经指出，小农农场分为两种形式，一种是以小规模经营为主的老人农业，另一种是以经营规模20亩以上为主的传统种田大户。不同于传统种田大户家庭，他们的土地一般都是在熟人社会内进行土地的自发流转，小规模的老人农业也不是完全的“自耕农”，他们实际上实现的是家庭内部的土地流转。以代际分工为基础的“半工半耕”，构成当前老人农业的阶层基础。

“半工半耕”是中国农业的一种常态，黄宗智认为，半工半耕的农业表现是传统的“男耕女织”。他指出，今日也同样形成了牢固的“半工半耕”的经济体，这是僵化了的过密型农业经营，并且被国家政权制度化[③]了。在黄宗智看来，他指的“半工半耕”实际上依然是以性别为主的农业经济模式。另外，这里还包含了另一层意思，就是在农业规模小、收入较少的情况下，农民以临时务工的形式获得经济收入的另一柄“拐杖”。他说“整

① 蔡昉，等．中国农村改革与变迁[M]．上海：格致出版社，上海人民出版社，2008：123.

② 贺雪峰．慎重稳妥推进农村改革——十八届三中全国决议涉农条款解读[EB/OL]. http://www.snzg.cn/article/2013/1210/article_36221.html.

③ 黄宗智．制度化了的“半工半耕”过密型农业（上）[J]．读书，2006(2)：36.

个半工半耕制度的逻辑是人多地少的过密型农业因收入不足而迫使人们外出打工，而外出打临工的风险又反过来迫使人们依赖家里的小规模口粮地作为保险。这样就使过密型小规模、低报酬的农业制度和恶性的临时工制度紧紧地卷在一起”。实际上，黄宗智老师的“半工半耕”主要指代的是兼业农户，同时暗含了“男耕女织”的性别分工。

本书所说的老人农业既包括以务工加务农为主的兼业农户，也包括小规模的纯农户家庭，此时用性别或者用兼业来解释整个小农农场的大量存在，但还有不完善之处。比如“男耕女织”的性别分工固然重要，但是显然不是当前最主要的家户经济模式。对大多数的家庭来讲，具备市场就业能力的年轻人外出经商或务工，而不具备市场劳动力或因故不能外出的劳动力就留在农村，即所谓的以代际分工为基础的半工半耕经济模式。在家计收入来源中，务农收入已经占有极少，主要的收入来源已经转化为依靠年轻人外出务工获得，而性别分工和由性别分工产生的经济收入的差异已经式微，让位于以代际分工为主的经济收入模式，由此才形成了当前的老人农业。

长时间以来，中国的大部分人口挤压在农村，土地成为最基本的生存保障。但是陆学艺等人早在 20 世纪 80 年代初就已经指出，市场就业机会成为最重要的阶层分化的指标。农民的分化也是从市场就业机会和就业能力开始分化的。对于市场经济来讲，如果没有知识和技术技能，依靠体力性质的劳动，老人是最先被淘汰的。在市场经济中，对于完整劳动力的要求更为苛刻，老人的就业无论怎样都是一个问题。但是在农村，绝对数量的老人群体是非常庞大的，无论“刘易斯拐点”是否到来，这些年老体弱的老人都无法转移到城市，这就是当前农业中我们必须面临的一个基本国情。

从农业的性质上讲，可以分为两大种，第一种是农业可以作为生计和生存保障之用，另外一种是作为经营之用，主要用于交换以扩大再生产。很显然，这里的老人农业是一种维生型农业，为解决基本的生存问题而存在。不同于市场经济对劳动力有较高的要求，农业是弱质产业，同时对劳动力的门槛要求较低，因此“老人”无法在市场立足，但是却可以很好地经营小规模的家庭式农场，依靠精耕细作获得很好的土地产出。这是老人农业存在的经济基础。同时，中国以家庭为单位的社会结构，同时又加固了以代际分工为基础的老人农业。

“同财共居”历来被视为中国极其牢固的分家制度，虽然在不同时代“家庭”的规模不同，但是以父子为纵轴的核心家庭依然是主轴。这就构成以代际分工为基础的半工半耕家计模式。很多学者指出，中国的家庭结构发生了很大变化，尤其是以横轴关系为主的夫妻关系非常突出，以纵轴关系为主的父子关系受到挤压，但是在兄弟之间分家以后，父子仍然具有“同财”的性质，这构成当前以代际分工为基础的半工半耕经济的前提。

在经济上，老人农业不仅满足老人自身的生存需求，更缓解了子代外出的风险。对于非常多外出务工的农民工来讲，外出是为了挣钱，却不一定能在城市立足。并且，这些外出劳动力从事的是城市较为低端的行业，有较大的失业风险。土地作为最稳妥的不动产，可以有效缓解城市的不稳定状况。把自己的承包地留给父辈在家耕种，自己在外务工，既维持了家庭的农业收入，同时又获得了外出务工收入，这使“过密”农业在原本巨大的人口压力下得到了一定程度的释放。

总之，老人农业不仅能满足当前庞大贫弱阶层和中下层兼业户老人的利益，而且也能满足家庭中外出年轻劳动力的利益，土地成为后者能够回去的“根”。从农业角度讲，老人农业是劳动密集-资本节约型的传统农业，但是却有巨大的社会效益。

（三）传统种田大户：熟人社会中的互惠

老人是当前农村人口结构的主体，但是考虑到乡村治理、社会和经济方面的作用，作为传统种田大户的小老人群体是当前农村社会中最为活跃的一个阶层。他们所构成的数十亩的小农农场则是超越于家庭，在社区熟人社会中形成的。比起老人农业中的老人群体，传统种田大户数量更少、劳动力素质更高。如果说老人是无法转移的劳动力结构，传统种田大户这批小老人群体还能在市场上获得就业机会。这是因为这些五六十岁的小老人不完全是因为无法获得市场就业机会而滞留农村的，而是因为赡养父母、养育小孩等诸多原因留在农村。当然很重要的一条就是，他们在农村也能获得一定的收入。

在阶层结构中，传统种田大户是一个非常重要的群体。在农村大量人财物外流的情况下，他们在经济上处于中下层，是农村的中间阶层，这根源于农村精英的外流。农村精英既包括经济精英和政治精英，又包括社会精英。经济精英的外流非常明显，即私营企业主等阶层大量的外流，他们的社会资源、居住空间和生活方式都已经发生了变化，是已经脱离农村的“农民”。政治精英的外流也开始明显。在资源匮乏的村庄，政治精英开始走向市场，或者是从乡村走向城市，“去政治化”成为一种趋势。乡村中的文化人之类的社会精英也开始向城市转移，剩下的都是中老年以上缺乏技能性的次级劳动力。最后，具备劳动力资源的青壮年劳动力也大量流出，这使得农村中的人、财、物集中向城市或城镇转移。在此情况下，具备一定劳动力资源的传统种田大户阶层就成为目前农村中最活跃的，在阶层结构中处于关键环节的中间阶层。

传统种田大户的中间阶层地位在多方面得到展现。首先，他们是乡村治理重要参与者。税费改革以后，乡村的主要矛盾开始发生变化，资源提取开始转向资源输入，传统种田大户从税费的缴纳者变成国家资源输入的对象。在税费改革以后，实际上传统种田大户的数量有所增加，他们在乡村治理中的重要作用更加突出。他们土地的规模较大，故他们关心农业水利、道路建设和国家一系列的惠农支农政策，他们往往是各个小组的小组长，甚至是乡村干部，即使是非直接的治理者，也是乡村治理的重要参与者，是乡村治理中的积极分子。其次，传统种田大户是农业生产中的主导者。虽然从数量上看，老人农业是小农农场的主体，但是传统种田大户由于种植规模较大，涉及的土地利益多，往往在公共品供给中更加积极。同时，他们在农业技术推广和农业技术推进方面甘当排头兵，勇于积极尝试，是农业生产中的主导者。再次，他们是社会事务的协调者。在农村社会事务中，尤其是在社会矛盾和纠纷中，传统种田大户阶层充当了重要角色。在产生社会矛盾和纠纷时，首先离不开乡村干部的协调，而作为中间阶层的传统种田大户在农村具有一定声望，往往能在社会矛盾和纠纷中起到润滑剂的作用，是农村社会事务的重要协调者。最后，传统种田大户阶层还是农村文化中的传递者。传统种田大户长期生活在农村，在农村的熟人社会中有较好的社会关系，他们对当地的文化习俗也有较好的了解，因此，在农村的人情关系中常常能充当重要的角色。比如传统种田大户常常在农村的红白喜事中成为重要角色，在平时的礼尚往来中更是充当了村庄传统的维护者和捍卫者角色。总之，传统种田大户这个阶层，在当前的乡村治理、农业生产、社会事务和文化传承中都有重要作用，他们是农村社会的中坚力量。

基于传统种田大户当前在农村社会的中坚角色，在自发土地流转中，他们成为阶层的“受益者”。不同于老人农业中获取土地仅依靠家庭，传统种田大户的土地主要都是来自于亲戚和邻居等熟人社会关系。当外出经商家庭和外出务工家庭举家外出，而家里老人不愿种地时，土地就要向外流出。此时流入土地的一般都是自己的近亲属或是在村庄中具有一定社会基础的“熟人”。传统种田大户不是天然的种田大户，他们一般是由于在村庄的社会交往中有一定的威望，并且热爱农业生产，才成了种田大户。由于他们在熟人社会中的先天性优势，他们当然也就较有可能成为家庭农场经营者。比如在地租上，他们不同于通过外力进入的大规模农场，他们依靠熟人中的互惠关系较为低廉地获得土地，并且取得较高的收益。比如，耕种了 40 亩土地的传统种田大户由于低廉的地租，与家庭农场经营者 100 亩的规模可能获得同样的利润。这完全就得益于熟人社会中的互惠关系和传统种田大户在城乡二元结构下，在农村政治经济文化中的重要作用。

(四) 小农农场:中国式留守经济

“留守”一词目前较多出现于对留守儿童的研究中,留守儿童是指父母一方或者双方外出打工而被留在家乡或者寄宿在亲戚家中,长期与父母分离而生活的儿童。很显然,“留守”一词具有特定的涵义,它是随着中国现代化的发展,农村劳动力大量外流,但又无法负担过高城市生活成本而不能让孩子随行的一种折中的后果。这是中国城市化发展过程中的现象,城市吸纳了农村劳动力,农村劳动力获得超出农业生产的收入,但是却以家庭不完整为代价。除留守儿童以外,其实还有一个重要的群体,就是留守老人。无论是小农农场中的老人还是小老人,实际上他们都很难在市场就业中获得较好的机会,因此仍然以农业生产为收入来源。

城市化是很长时期内的一个趋势,农民到城市务工,获取更高的收入,是大多数农民的选择。相比而言,留在农村很大程度上不是农民的主观意愿,而是农民的一种被迫。由于城市集中太多的资源,而农村虽然在国家资源的输入中恢复了生机,但是却难以与城市的交通、住房、医疗和教育等相媲美。于是,有市场就业机会的劳动力都走向了城市。无法在城市寻找到合适就业机会的农民就滞留于农村。很显然,从经济收入上看,不种地的农户一般比种地的农户要好。于是在农村,就有很多的农民会说,“像我们这种没有本事的农民才在家种地”,由此也可以看出,农民对种地并没有很高的积极性,很多时候只是一种别无选择的选择。从这个层面来讲,以小农农场为经营形式的农业劳动者几乎都由留守(小)老人构成,他们所形成的经济形式,可以被称为留守经济①。

黄宗智多次提出,半工半耕的经济模式是支撑农村家庭收入的两柄拐杖,在这里就可以理解为一柄拐杖是外出务工经济,另一柄拐杖就是留守在农村的中老年群体,尤其是老年群体所支撑起的留守经济。在本书

① 冯小. 留守经济:当前中国式小农经济的现实[J]. 南京农业大学学报(社会科学版),2013(6).

中，村庄贫弱阶层、以务工为主的兼业阶层和以务农为主的传统种田大户阶层，都构成了留守经济的主体。从严格意义上看，留守经济不仅包括了小农农场的小农经济，还包括了在农村务工兼业或其他副业方面的经济。但是，对于无法外出务工的劳动力而言，留守经济主要的构成还是依靠土地所产生的小农经济。这是因为依靠小农农场的小农经济，从经济收入上讲所获不多，但是却极大地减轻了家庭的货币支出，这种自给自足的生活方式虽然收入有限，但是支出也可以较少。

从词源上讲，“留守”一词带有负面之意，但是从功能上讲，留守经济具有巨大的政治社会功能。在中国现代化追求城市化的过程中，占人口三分之二以上的农村人口转移到城镇，是一个长期的过程，城市需要农村的廉价劳动力供给，农村劳动力需要高于务农的生产收入。但是城市的高昂成本阻碍了农村劳动力立足城市的愿望，此时老人“留守”。以土地为基础的留守经济却具有重大意义。第一，它构成了城乡二元结构之下的稳定器。留守经济构成了农村稳定的基石。当前农村的人、财、物大量外流，但是由于农村集体所有的土地制度，对于缺乏市场能力的个体，就能够满足基本的生活所需。基于国情，国家对于农民并无直接的养老制度，土地就成为广大老人的养老基础。小块土地上的基本经济制度就是农村社会稳定的基石。留守经济的存在为广大外出劳动力提供了收入的另一柄拐杖，同时能够为他们返乡提供可能。第二，留守经济构成了城乡二元结构的蓄水池。蓄水池的作用是蓄水，农村的留守经济在必要的时候，还可以向城市输入农村剩余劳动力，为城市的发展提供劳动力资源。另外，在城市无法立足的农村劳动力在经济萧条时，同样又可以返回农村，缓解失业劳动力的压力。

以小农农场为基础的留守经济，是中国城市化进程中特有的经济模式。虽为“留守”，但是却具有重大的社会功能。它是保障城乡二元结构稳定的重要经济模式，甚至有的学者认为这是理解中国经济奇迹和中国模式的关键①。

---

① 贺雪峰. 关于“中国式小农经济”的几点认识[J]. 南京农业大学学报(社会科学版), 2013(6):2.

四、小农家庭农场的未来

（一）小农农场的脆弱性

小农农场本身具有很强的生命力，但是在外力的干涉下，小农农场非常脆弱，也容易遭到破坏。就当前小农农场的形式来讲，分为老人农业和传统种田大户两种形式，他们建立在以代际分工为基础的半工半耕和自发土地流转基础之上，在政府未推动大规模的土地流转之前，小农农场能够很好地发挥在农业经营效率上的优势，同时能够很好地与村社共同体结合起来。但是，以政府为主导的规模化流转很容易把小农农场摧毁。其中最为关键的一点就是通过地租分化瓦解小农。

无论是老人农业还是传统种田大户，都是在家庭和村社熟人社会内以非市场化的土地流转而形成的。他们的地租为零或者是非常低。此时的地租是建立在亲属关系和人情基础上的，带有强烈的乡土逻辑和道义经济特征。但是，这种在不完全市场化条件下形成的地租一旦受到外力干扰就会遭到瓦解。在所有政府推动新型农业经营主体的地方，最基本的做法都是通过高地租从小农那里获得最为重要的生产资料——土地。在萍镇，自发土地流转与政府指导下的大规模土地流转的地租水平相差2～4倍，这瓦解了建立在自发土地流转基础之上的传统种田大户。同样的，老人农业也受到高地租的影响，部分人自动放弃了土地。

同样是土地流转，两种流转形式地租水平有天壤之别的原因，就在于决定地租水平的社会结构不同。对于建立在自发土地流转基础之上的小农农场，尤其是传统种田大户，其地租水平是由流入方决定的，此时流出方是对土地无需求的离农户（外出经商户和外出务工户），此时的土地价值已经降至最低。相反，对于政府为倡导新型农业经营主体而推动的大规模土地流转，力求最大程度上集中土地，那么就不仅是离农户、兼业户的土地，就是对土地有重大需求的传统种田大户阶层，也成为他们获取土地的来源。从需求程度上讲，自发土地流转是以无需求的农户为对象，而政府主导的规模化流转要以最有土地需求的农户为对象，这就造成了地租水平的社会结构变量发生了重大变化。从需求程度上讲，需求最低到需求最高之间，要求的地租水平是成正比的。那么，需求程度最高者要求的地租水平基本上要与自己经营的利润相当，这就决定了成规模化的新型农业经营主体需要支付很高的地租成本。

面临高地租，传统种田大户有三种选择：第一，支付同样的地租，转化为家庭农场；第二，退回到自家承包地面积；第三，把承包地流转出去。传统种田大户是对土地最有需求的群体，也最不愿意政府推动规模化流转，但是因为大规模流转土地比以前地租高数倍，流出方均会把土地转交给政府发展新型农业。传统种田大户具备一定的农业经验和种植技能，有向家庭农场转化的基础，但是这就需要传统种田大户支付高于原来数倍的地租，而且面积扩大之后，一次性需要支付的地租达数万元。比如，以政府资助的最低规模 100 亩为例，需支付的租金就是 5 万多元，而且其他的投资成本加大，对于一般资金欠缺的传统种田大户来讲，很难支付高额租金、扩大土地面积。而且，如果不支付高于数倍的地租，那就意味着传统种田大户只能耕种自家土地。传统种田大户一般是"小老人"群体，有一定的劳动力资源优势，如果从 20 亩地降到 5 亩地，那么直接的土地收入就会减少，自家生活受到影响，这些农民转而被迫外出务工，如果能就近找到适合的务工机会，他们就退回到耕种自家土地。但是如果无合适的就近就业机会，那么他们就会到城市务工。由于具有较少的职业技能，且年事已高，他们只能进入城市低端行业，工资较低。因此，面对高地租，即使有三种选择，最后也只能被迫地把土地流转出去。建立在自发土地流转、人情关系上的传统种田大户极其脆弱。因此，在一定程度上，土地流转是一种阶层的固化，贫者愈贫、富者愈富，规模化流转对底层不利[①]。

---

① 余练．大规模土地流转与农村阶层固化——基于湖北中部地区 L 村的调查[J]．中共杭州市委党校学报，2013(3)．

最后，在政府主导下的大规模土地流转中，老人农业也很容易被瓦解。老人农业建立在不计成本的劳动投入上，因为他们的劳动力本身不具有市场价值。但是政府主导的规模化流转，其一，改造了原来的小农生产系统。现有的土地格局和配套生产体系都是为规模化的现代农业而设计，原有的小农生产体系遭到破坏，要以增加生产成本为代价。其二，较长的土地流转期限促使了流转。老人农业最大的特点是老人从事农业生产，政府主导的土地流转一般土地流转时间长，老人由于年岁较高，害怕过几年土地不能流转出去，倾向于立刻流转土地。更何况，新的农业经营主体给付的地租水平与自己耕种的直接经济收入差距不是很大。这导致小农农场中老人农业的大量瓦解。

（二）小农农场的长期性

对农业经济史有深入研究的黄宗智教授一直认为，以家庭为单位的农场形式在中国的过去和现在都是最基本的经济单位①。即使在最近中央大力推动家庭农场这一新型农业经营主体的情况下，他始终认为，"小而精"的真正家庭式农场才是中国农业的正确发展道路②。他所指出的"小而精"的真正家庭农场实则是本书所指的小农农场。对此有同样认识的学者有三农研究领域的温铁军和贺雪峰等③。小农农场的长期性首先来自于庞大的中国社会底层群体，这一点已经在前文叙述。按照蔡昉的说法，即使刘易斯拐点已经到来，农业劳动力在目前需要的农业劳动生产率下也需要1.8亿人，而目前农业劳动力在农村也只有1.38亿人。但是

---

① 黄宗智. 中国过去和现在的基本经济单位：家庭还是个人？[J]. 人民论坛·学术前沿，2012(1).

② 黄宗智. "家庭农场"是中国农业的发展出路吗？[J]. 开放时代，2014(2).

③ 温铁军认为，中国由于资源禀赋制约，历来并无类似于西方的纯粹"农业"经济问题，中国主要面对的是农民问题和农村问题，靠土地的私有化解决农村问题是南辕北辙。参见：

温铁军. 小农均平地权与农业规模经营[J]. 战略与管理，1997(3).

温铁军. 靠"土地私有化"解决农村问题是南辕北辙[J]. 学习月刊，2008(11).

贺雪峰提出，当前的"三农"问题中，粮食和土地本来都不是问题，若把粮食问题和土地问题都看作问题才成了问题，维持小农生产结构可以让小农享受农业利益，从而提高农民弱势群体的利益。参见：贺雪峰. 为什么要维持小农生产结构[J]. 贵州社会科学，2009(9).

这1.38亿人中显然不包括属于次级劳动力的老人，如果加上这些次级劳动力，那么农村人口的绝对数量应该在3亿人以上。尤其是对于60岁以上的老人来说，由于他们欠缺市场技能，又丧失了完全的劳动能力，除农业就业机会以外，无法再就业。并且，由于农村底层人口众多，短期内完全无法解决所有人的就业问题，按照18亿亩的耕地面积和数亿的人口总数得出结论，小规模的小农农场是我们需要面临的长期国情。

另外，小农农场的长期性体现为小农农场强大的生命力。恰亚诺夫认为，以家庭为单位的农场形式都具有强大的生命力，因为它依靠“自我剥削”而非雇佣进行生产，从而能够不计生产成本的投入。在这一点上，小农农场体现得很明显。在恰亚诺夫的叙述中，他强调的是以家庭为单位的农场形式，在本书中实际上涵盖小农农场和家庭农场两种形式。在中国特有的土地制度下，同样是以家庭为组织单位的生产形式，小农农场和家庭农场却有巨大不同。从农业经营形式的生命力来讲，小农农场更具有竞争力。

与家庭农场相比，小农农场的竞争力表现在不计成本的投入上，由此也决定了经营逻辑的不同。与家庭农场不同，小农家庭农场获取土地的方式完全不同。小农农场的土地来源于自给——国家赋予的土地承包经营权，或者是熟人社会中自发的土地流转。即使是土地流转，这种流转也具有代耕的性质。这就决定小农农场所拥有的土地是零租金或者是低租金的。此时，地租的水平完全是由土地流入方决定的，是土地流转者最低的租金水平。但是，对于家庭农场来讲，他们获得的土地都是连片的，对土地的规模化程度要求高，同时对土地的平整度、基础设施有较高的要求。土地的连片获得，就决定了地租的水平是不愿流转农户的最高地租标准。比如在萍镇，建立在自发土地流转基础上的传统种田大户的地租按照当地的老亩，为每亩100斤稻子，但是，靠政府推动的土地流转形成的家庭农场的地租为400斤稻子。这就决定了他们在生产逻辑上的巨大不同。小农农场不仅劳动力不计生产成本，更重要的是，土地几乎也不算生产成本。但是，非建立在自发土地流转基础上的新型农业经营主体，从一开始就带有经营性质，因为从投入上讲，他们的资金投入要求经营一定要有赢利。因此，恰亚诺夫所指出的以家庭为单位的农场具有不计生产成本，以满足自身需求而非在市场上追求最大利润的特点，实际上只能针对这里的小农农场，对新型农业经营主体的家庭农场是无效的。从这一点来讲，小农农场是最具竞争力和生命力的组织生产形式。

再次，小农农场具有强大的抗风险能力。由于规模小，对机械依赖性较弱，小农农场在抵御自然灾害方面具有强大的优势。相反，即便是家庭农场，都要高度依赖机械化作业，这导致较大规模的农场在抗风险能力方面欠缺。

总体上来讲，由于农村剩余劳动力的转移问题和庞大的农村社会底层无法在短期内转移，从现实的国情来讲，小农农场这种农业经营形式还有漫长的时间要走。基于三种农业经营形式从成本-收益的角度来看，小农农场由于土地和劳动力结构的不同，能接受更低的收益，其地租水平而且还更低。从抗风险能力来讲，小农农场属于劳动密集-资本节约型农业，抗自然灾害的能力最强。

（三）小结

小农农场具有脆弱性和长期性，这看似是一个矛盾的命题，实际上并不矛盾。脆弱性是从政府扶持新型农业经营主体角度而言，小农农场容易被瓦解。但是从大范围环境和小农农场本身的性质来讲，它具有强大的生命力，而且这也是由中国现实国情决定的。

从农业现代化的角度和农业经营的角度而言，小农农场并非最优。随着农业劳动人口的减少，小农农场的规模也会逐渐地扩大。在短期内，小农农场无法消失，它存续时间长短的关键在于中国的人地结构关系。首先，小农农场存在的时间取决于农村剩余劳动力的转移。农村剩余劳动力越多，其对土地的依赖程度越高，人均耕地面积始终无法提高。剩余劳动力越少，人均耕地面积会相对扩大[①]。按照现有生产力，一对夫妻的耕作面积可以达到两三百亩，因此，小农农场劳动生产率的提高还有很大空间。其次，小农农场的逐渐消失还取决于庞大的老年人口的数量。在当前小农农场的小农经济体中，老人是主力军。由于人口基数大，农村老人的绝对数量大。如果要消除小农，庞大的老人数量的减少和适宜的养老保障制度等都是有待解决的问题。最后，附着在小农农场上的村社文化和治理结构等是更为重要的问题。小农农场的存废不仅是一个农业经济学问题，更是一个农民问题、农村问题，甚至是关乎整个国家现代化发展的重大问题。

① 虽然现在已经是“增人不增地，减人不减地”的土地政策，但是客观上，种地的人越少，耕种的面积就越大，这可以通过自发的土地流转来实现。

第六章　农业经营形式变迁的阶层动力

终极而言，这正是由市场控制经济体系会对整个社会组织产生致命后果的原因所在：它意味着要让社会的运转从属于市场。与经济嵌入社会关系相反，社会关系被嵌入经济体系之中。我们的主题是：这种自我调节的市场的理念，是彻头彻尾的乌托邦。除非消灭社会中的人和自然物质，否则这样一种制度就不能存在于任何时期；它会摧毁人类并将其环境变成一片荒野①。

——卡尔·波兰尼

以上是经济社会学家卡尔·波兰尼有关经济与社会的一段描述，从中我们可以看出波兰尼有关经济嵌入社会的经济社会学思想。“嵌入”是波兰尼思想的重要概念，也是他思想的逻辑起点。在波兰尼之前的经济学研究中，几乎所有的学者都存在一种假定概念——经济是由一个相互连锁的市场组成的体系，这个体系有时需要政府来克服市场失败的问题，但是经济终究还是由有机整合的市场组成的均衡体系，直到波兰尼提出嵌入理论。

“嵌入”一词表达了一种重要的思想，这种观点认为，经济并非像经济理论中所讲的，经济是自足的，事实上，经济从属于政治、宗教和社会关系，尤其是经济与社会之间有着非常密切的关系。这表明，波兰尼把经济行为看作一种非独立行为，是深深地嵌入在政治、文化和社会关系中的。鉴于此，他把19世纪之前的经济自洽论称为“脱嵌”。他说：“古典经济学家们想要创造一个经济已经有效脱嵌的社会，而且他们鼓励政治家们去追求这个目标。”不过，他认为，“这种自我调节的市场的理念，是彻头彻尾的乌托邦”，“要想创造一个完全自发调节的市场经济，就必须把人类与自然环境转变成纯粹的商品，而这必然会造成社会和自然环境的毁灭”。

恰如波兰尼的经济社会学思想那样，经济行为和经济的运行不单是

① 卡尔·波兰尼. 大转型：我们时代的政治与经济起源[M]. 杭州：浙江人民出版社，2007：25-26.

自发调节的过程，它既受到中央政府的干预，同时也深深地与社会、文化发生关联，完全“脱嵌”的经济是没有的。充分依赖于信任、相互理解和法理契约的市场交易行为，不可能不受到政治、社会和文化的影响。经济行为不受到政治和文化因素的影响是不可能的，脱嵌于社会的经济行为也是不可能的。这一点同样适用于萍镇农业经营形式的变化，很大程度上也适用于中国的整个农业变迁。

进一步本书中对萍镇农业经营形式变化的分析，也持有类似观点，即经济行为的发生和运行，甚至经济行为的变化、变迁，也深深地扎根于经济行为所生发的社会土壤中。从唯名论来讲，社会不过是单纯的名称，社会是由个人组成的，个人才是社会研究的对象①。既然社会是可“虚”可“实”的概念，个人又是分散的原子化个体，那么我们就通过连接个体和社会的纽带——阶层，来看待农业经营形式的变化与社会各阶层之间的关系。正如本书第二章所指出的，萍镇农业经营形式的变化，尽管借助于政府之力，小农农场在短时间内分化为小农农场、家庭农场和资本型农场三种农业经营形式，但是如果没有社会的分化，这是断然不可能发生的。

农村里上、中、下三个社会等级与三种农业经营形式之间有一种强烈的耦合性。如果没有市场就业机会的增加，如果农民还是均质化的传统小农(仅依靠几亩土地的生计型小农)，那么农业的变迁很难，农业经营形式的变动更是难以推进。市场就业机会的增加，导致了不同阶层的产生。不同的阶层拥有不同的资源禀赋，导致了他们有不同的利益诉求，因此对农业经营形式的选择具有阶层性的偏好。在陆学艺的阶层划分中，以职业分类为基础，以组织、经济和文化三大资源的占有状况为标准来划分社会阶层的理论颇具说服力②，对本书具有较大的启发。

借用陆学艺以组织、经济和文化作为三种重要的资源禀赋的观点，在农业经营形式变化中就体现为各阶层对各种生产要素的占有，具体为各

---

① 王思斌．社会学教程[M]．北京：北京大学出版社，2003.

② 陆学艺．当代中国社会阶层研究报告[M]．北京：社会科学文献出版社，2002：8.

阶层对资本、劳动力、技术和土地的占有。在这里,我们可以进行一定的变通,比如,生产要素中的技术其实在某种程度上与资本等同,或者与劳动力的知识相关,那么我们在分析时,把技术这种生产要素变量隐含于资本和劳动力这两种生产要素中。有关土地这一生产要素,其实与农民没有直接的"关系"——中国是实行农村集体所有制的国家,对于土地这一关键性生产资料的支配性权力掌握在国家手里,国家在农业经营形式变化中充当了支配性角色。不过,在农业经营形式变化的推动过程中,国家对土地资源的"再分配",也是根据各阶层自身拥有的资源禀赋来承接的。说到底,农业经营形式的变化,还是集中体现在各阶层所拥有的资本和劳动力资源两大生产要素上。

各阶层在资本和劳动力生产要素中具有不同的资源禀赋,因此在实现利益诉求时,对农业经营形式的选择具有不同的偏好。在发展主义话语下,在新一轮的农业变革中,各阶层与政府形成了不同的关系,进而推动了农业经营形式的变化,这就是农业经营形式变化的阶层动力。

一、经济精英:资本型农场兴起的动力

这里的逻辑应该展示的是三个等级的职业群体——资源禀赋——行动逻辑不同。

改革开放以后,随着市场经济的兴起,以私营企业主为代表的经济精英在整个社会结构中都成为受人瞩目的群体。由于拥有迅速积累财富的能力,他们不仅在经济上受到瞩目,而且在参政议政的政治权利上也备受关注。在国家关注"三农",解决"三农"问题的过程中,政府也欲借助经济精英来发展地方经济。在政府的干预下,萍镇资本型农场的兴起,全然离不开以私营企业主为代表的经济精英们的参与。

(一)"现代农业":政府的扶持

农业的发展一直都离不开政府的干预,从基本法律规则的制定,到对

几乎所有的农业商品的日常运营进行控制，都离不开政府的调控[①]。如果没有政府的干预，农业经营形式的调整也难以推动。资本型农场的发展当然也离不开政府的扶持。早在 20 世纪 90 年代初，农业产业化就是国家农业的改革目标之一，相关的产业化措施早已见诸各种政策文件。2008 年，中国加入世界贸易组织，农业问题在国际化进程中更加突出。提高粮食产量、降低粮食价格、提升粮食的国际竞争力，成为新时期推动农业现代化的目标之一[②]。另外，由于我国受到经典作家的影响，很长一段时间以来，在对现代农业的理解中，一直把现代农业与规模化的大农业相等同，在经营形式上就表现为资本型农场。萍镇资本型农场的兴起也与政府对现代农业的理解有关。

萍镇的资本型农场的兴起伴随着涉农项目的推行而展开。在土地综合整治和农业综合开发的项目实施中，原有的农田格局得到全面改造，小农原有的生产体系也得到改造。不种地的农民和种地的农民都与政府形成僵局，因为农田改造改变了原有的农田结构和生产系统，农民都在争取好田中与政府展开谈判。面对难以"分田"的局面和国家对现代农业的追求，地方政府决定在本地推动较大规模的资本型农场的发展。如果说，项目实施以后政府主导的土地流转是一种必然，那么对农业经营形式的选择则是一种偶然。这种偶然来自于经营方式的选择是地方政府所为，他们对现代农业和农业规模的判断直接关涉对农业经营形式的选择。

受农业规模化"理念"的影响，地方政府坚信，现代农业就是集约化、规模化和机械化的生产，规模"越大越好"。因此，在土地流转的初期，政

---

① 彼得·蒂默提出，国家对于农业的干预一直存在。"政府在农业发展中究竟起什么作用，一致的看法相当广泛，从基本法律规则的制定，到对几乎所有的农业商品日常运营进行直接控制"。由此可见，作者不仅承认政府对农业的干预，而且还强调政府对农业具有强干预的特征。参见：彼得·蒂默. 国家在农业发展中的作用[M]//何增科，周凡. 农业的政治经济分析. 重庆：重庆出版社，2008：318.

② 中央农村工作领导小组办公室主任陈锡文指出，"当前农业农村，最突出的就是三个问题：第一，农业的生产成本不断上升，成本上升就会导致价格不断上升，价格上升就会面临第二个问题，主要大宗农产品价格高于国际市场。第三，长期以来，人多地少，为了吃饱饭不得不追求粮食产量，对农业资源给予了太大的压力。解决这三个问题才能保持农村农业发展，所以必须要转变农业发展方式"。参见：陈锡文. 当前农业农村有三个突出问题[EB/OL]. http://news.xinhuanet.com/food/2015-03/06/c_127552038.htm.

府对土地经营的规模作出明确要求,即1000亩以上。由于涉及大量的资金,风险较大,在上千亩的大户计划的实施中遇到了难以流转的情况,于是,规模稍微向下调了。政府为支持大规模的资本型农场的发展,在财政上给予了全方位的优惠措施。从直接的大户补贴,到土地的再平整、银行借贷、农机补贴、农业政策性保险等,给予了大户从资金、生产到风险防控等一系列的配套支持。具体来讲,在大户的政策补贴方面,县镇共同给予大户财政补贴:大户流转价格不低于每年每亩350斤稻谷的,给予每年每亩50元的奖励;对于流转价格不低于每年每亩400斤稻谷的,给予每年每亩60元的奖励;对于流转价格不低于每年每亩450斤稻谷的,给予每年每亩80元的奖励。当地的流转租金为每亩400斤稻谷,因此,直接的财政补贴是每亩60元。为了鼓励大规模的资本型农场的发展,政府一开始就将近一个村的土地流转给大户任志宏,并且在每亩地400斤稻子租金的情况下,政府再给其补贴每亩50斤稻子的优惠政策。

从涉农项目的输入到规模化的土地流转,再到具体惠农政策的实施,政府不仅为大规模的资本型农场兴起解决了少数土地集中和基础设施建设问题,还在一定程度上进行了直接的资金扶持和为规模化农业提供全方位的配套服务。作为现代农业中的一种重要农业经营形式,资本型农场具备了向规模化经营的前期基础。不过,政府利用权力资源为现代农业的理想形式——资本型农场所提供的扶持措施,在实践层面上要铺开,离不开社会力量的参与,这就是经济精英的加入。

(二)经济精英:稀缺资源的掌握

现代农业与传统农业的最大区别在于生产力上有无"质性的突破"[①]。有无生产力的"质性突破",主要还是通过机械化和更好的农业技术水平来提高劳动生产率,更为直接的投资就是资本。只有拥有资本才

---

① 黄宗智在考察20世纪30年代华北小农经济时,也指出了传统农业向现代农业的转型,不仅是"生产关系的转变","关键的问题是:雇佣劳动是否伴随资本的积累及生产力的质性突破",有无"生产力的质性突破"才是小农经济的关键,这成为黄宗智在考察华北地区时判定经营式家庭农场是否出现质变的主要依据。参见:黄宗智. 华北的小农经济与社会变迁[M]. 北京:中华书局,2000:142-143.

能购买机械和从市场上获得较优的农资，一定的技术也是通过资本购买获得的。简而言之，就是通过资本投资促进生产力发展。在小农农场向资本型农场发展，实现劳动生产率跨越的过程中，通过资本这一生产性要素来提高生产力作用是明显的，这就是农业的“资本化”过程。

农业的“资本化”通过两个渠道完成：第一是政府投资，第二是私人投资。政府对农业的投资主要表现在土地、水利、道路和组织生产体系等方面，这部分资金主要用于公共品的供给。但是，只有国家的公共投入是不够的，私人性资本的持续投入是规模化能够真正实现的关键步骤。正如我们对资本型农场的资本投入进行分析一样，与传统农业相比，在大农场中资本投入的资本化程度非常高。以土地租金为例，占地 1000 亩的资本型农场，每年的土地租金是 52 万元。如果这笔租金能够在粮食收获之后再予以支付，那么就有了现金流对其他的固定资本和流动资本进行投入，尤其是机械及雇工资本投资。从笔者的调查来看，一般的大户都拥有大型的拖拉机、旋耕机、收割机等，而且通常都有数台大型拖拉机，不少的经营者还拥有插秧机、烘干机和厂房等，一般固定资本投资资金在 50 万元以上。另外，在流动资本的投入上，如一个季度对用于生产的种子、农药和化肥等的投入，每亩地至少需要 400 元(以小麦为例)，总共就是 40 万元，还有其他的雇工成本等。这样庞大的开支，对于年收入只有数万元，甚至对于收入在 10 万元以上的中间阶层而言，都是十分庞大的支出。

无论何时，拥有大量经济资源或组织(政治)资源，都是较高地位的表现，尤其是在农村，大量经济资源绝对是稀缺性的。不过，在市场经济中兴起的私营企业主和个体工商户等群体却有可能在较短的时间内积累起大量财富，拥有较少人才有的稀缺经济资源。调研发现，在萍镇本地兴起的 10 个资本型农场的经营者构成中，几乎每个大户的身份都与“老板”这一称谓相关，即使政府登记的经营者的身份为非老板人士，其合伙人也是“老板”身份。而且，一定程度上正是由于“老板”资金实力上有差异，才会选择是否和其他人一起合伙。经统计，萍镇的 10 个大农场中，每个大农场的经营者中都有与“老板”身份类似的经济精英，有的是私营企业主，有的是个体工商户。比如，在杉河村的3个资本型农场中，主要出资的经营者分别为农资商、粮食加工厂老板。旧林村只有一个资本型农场，土地面积达到2600亩，经营者的身份就是私营企业主，他不仅是粮食加工厂老板，还有一个农资店。旧塘村的大户中，主要的经营者身份是小型饮料厂老板、农技站工作人员、建筑公司老板等。来自茬冲村的大户，是多年从事汽车零配件行业的老板和有规模化种植经验的外出包地户。从大户的身份来讲，他们都是农村的经济精英，而且多有从事农业的经历。大户们多是在产前和产后环节涉农，比如，在产前环节销售农资的农资店老板，在产后环节收购粮食的粮食加工厂老板。在生产环节提供服务，比如他们中有的是农机商。大户中有几位是属于其他行业的“老板”，不过往往都有农业技术人员参股。这些以农资商、农机商和粮食加工厂为主导的经济精英，构成了资本型农场兴起的主要社会力量。他们拥有资本型农场几大生产要素中除土地以外最主要的生产性要素——资本。

（三）经济精英：资本利润的追逐

如果说小农和家庭农场经营者是在小农农场和家庭农场的家庭生产单位组织中利用自身的劳动力来获取劳动力的价值（不同之处在于前者是获取次级劳动力价值，后者是获取市场劳动力价值），那么由经济精英们所构建起来的资本型农场就是为了实现资本利润。在小农农场中，除了土地以外，劳动力是最主要的生产要素，由于其规模很小、土地细碎，农民使用非常传统的耕作方法，比如人工插秧、人力施肥、耕牛犁田等方式从事生产，对劳动力、科学选种、先进播种方式、耕作方式和管理方式要求甚低，总之，在对劳动力的体力和文化水平要求不高的情况下，这样的农业回报也是不高的。在小农农场的基础上，家庭农场对劳动力的要求有了质的提高，表现为对劳动力的体能和文化水平要求都较为严格，而且在农业生产的管理能力上也提出新的要求。但是，在这两种农业经营形式中，都需要劳动力付出艰辛的劳动，由自己的劳动产出价值。相反，资本型农场的利润来源完全不同。

早在一百多年以前，马克思就对资本主义生产方式作出了明确的界定。他认为，资本主义中最不同于一般经济形态的地方在于，资本的唯一目的是为了追求更多的资本，即 G-W-G′。资本之所以为资本，就在于它与一般性的生产要素——资金不同，它通过扩大再生产带来增值效益，通过剥削产生剩余价值，在生产关系方面表现为雇佣关系。当代农政学家伯恩斯坦对于资本主义生产方式做了更为详细的概括，即“普遍性的商品生产”“必要的积累”“劳动力商品”和一定的“原始积累”①。就这几点而言，资本型农场是典型的资本主义生产方式。这四点可以概括为拥有原始积累(资本)的经济精英，在商品化生产中，通过雇佣成为商品的劳动力，不断扩大积累的过程，其实质还是 G-W-G′。说到底，就是“资本家”(经济精英们)通过手中拥有的资本去扩大再生产，从而获取利润。在较大规模的资本型农场中，大户不直接从事农业生产，他们只对生产进行管理。正如马克思所分析的，利润的价值来自于对剩余价值的剥夺。经济精英拥有了原始资本，并对农业进行投资，目的是为了实现资本利润。

在萍镇，大户对农业的投资本质是对资本利润的追逐，不过，这里的利润不仅来自于雇工所创造的剩余价值。正如笔者前文对资本型农场经营方式进行的分析，资本型农场由于以雇佣为生产特点，在季节性雇工供给不平衡、劳动力成本较高和雇佣劳动力带来产出下降的情况下，资本收益可能并不高。在此情况下，资本型农场通过如下方式增加资本利润。

第一，加强管理。比如，在农业生产环节，加强对雇工生产效率的监督，用好代管人；采用绩效机制激励雇工多产出；利用面子竞争，对好的代管人进行表彰；实行“包产到户”，对于亩产较高的人实行奖励政策等。

第二，通过转包的方式，从“二包”手中加收地租。经营不善的大户利

① 伯恩斯坦．农政变迁的阶级动力[M]．王淳玉，译．北京：社会科学文献出版社，2011：37-41.

用与政府签订的土地流转租约，将土地再次发包。由于规模适度，200亩规模的家庭农场能获取较高的利润，因此，无法从政府流转土地的农户就从这些大户手中再次流转土地，成为“二包”。大户向“二包”收取高于政府规定的地租，形成了新时期类似于“地主”与“佃农”的租佃关系。在当地，大户向“二包”反租倒包，土地租金一般高出政府要求的租金100元。

第三，大户还通过与政府捆绑获得资本利润。资本型农场的兴起有很强的政府干预色彩，这种干预通过整改土地、供给公共品和给予专项资金的方式对大户进行扶持。尤其是直接对大户给予专项资金补贴，这成为大户直接收入的一部分。对于退出农业生产环节，并且将土地转包的大户，政府补贴没有直接扶持到种地者本人，而是给了大户，这造成“二包”与大户之间的紧张关系。通过以上方式，资本型农场获得了较为稳定的资本回报，满足了经济精英的资本回报需求。

（四）小结

一方面可以说，资本型农场的兴起是政府推动的，另一方面，我们可以看到，这种经营方式一旦形成，就有了一种路径依赖。萍镇资本型农场的形成，与政府有关现代农业的“理念”有关，在国家号召农业产业化的政策背景下，资本型农场的经营模式在农业的产前和产后能够降低生产成本，从而实现利润最大化。同时这种经营形式在与市场对接方面能化解小农与市场对接的难题，这些都是资本型农场所具有的优势。在粮食生产方面，由于雇工带来的结构性困境，要求资本型农场经营者有更丰富的管理能力，否则就有可能导致粮食产量的巨大下滑。在资本型农场兴起的过程中，以涉农行业的粮食加工厂老板和农机商为代表的私营企业主和个体工商户，在政府政策的鼓励下，被动或主动地进入到大农场的经营中，通过多种形式实现资本利润。即使因经营不善退出生产环节的大户，也能利用政策上的便利把土地进行转包，变成新时期的“新地主”。土地租金虽然在农民和大户之间有所平衡，但是出于减少大户因亏损不能支付地租的风险，政府提出了较有利于大户的土地租金，这为土地的再转包提供了可能。因此,大户们有两种策略:第一,自身进行精细化的管理,以农场盈利的方式获取资本利润;第二,如果经营不善或完全出于"地主"心态经营土地,那么他们也可以利用流传来的土地再次进行发包,从"二包"手中获得加高的地租,同时获得政府的大户补贴。因此,无论在何种情况下,大户都能够获取资本利润。正是由于政府的引导,经济精英对资本型农场进行了大量的投资,也因此政府所提供的政策性补贴也就必须持续。在地租水平一定的情况下,资本型农场对资本的投资回报满足了经济精英们的利益需求,这成为萍镇资本型农场能够持续的动力。

二、中间阶层:家庭农场崛起的动力

在本书第四章中,笔者已经对萍镇家庭农场的现状进行了详细描述,并且对家庭农场的经营效益进行了较为细致的展现。从经营形式上讲,家庭农场具有较高资本投入、高土地单位产出和高劳动生产率的特点。从效益上来说,除了支付的地租成本以外,家庭农场经营者能够获得较好的收益,家庭农场具有最佳规模效益的产出效益。仅从农业经营上讲,既然家庭农场在经营形式上具有最佳规模效益的特点,那为什么家庭农场在最近几年才在萍镇大面积推开,而且政府一旦推开之后,为何能在较短的时间内得到迅速的发展呢?这一切都与农村社会结构中中间阶层的大量兴起有关。以村干部、农民工和部分传统种田大户为主导的农村中间阶层,在被市场化日益裹挟的农村,与家庭农场这种经营形式进行了强有力的结合。在政府进行土地改造和土地流转的基础上,中间阶层抓住培育家庭农场的契机,利用自身劳动力的特点和具备的经济基础,对农村的经营形式进行了重新的改造。农村中间阶层的兴起,成为家庭农场崛起的动力。

(一)中间阶层:政府提供的契机

农业的发展从来离不开政府的干预,对于新型农业经营形式的培育当然也离不开政府的干预。尤其是在中国农村实行土地集体所有制，农民具有承包经营权的情况下，要把土地进行集中，没有政府的干预是不可能做到的。家庭农场的兴起，得益于政府给予农村中间阶层以一定的政策契机——项目下乡和规模化的土地流转。

土地的细碎化和配套设施的落后导致土地无法集中连片经营，是土地无法规模化的客观原因。从这个角度出发，国家意欲推动农业现代化，就务必对土地格局进行重新整治。以专项资金的方式对农村的土地进行综合性的治理，在萍镇主要包括土地综合整治和农业综合开发项目。这两个项目虽然稍微有区别，但是都是为了达到"田成块、路相连、渠相通、林成网、旱能灌、涝能排、适应机械化耕作"的现代农田格局，为当地的农业现代化提供最基本也是最重要的农田基础设施。这就为农业的集约化、机械化生产提供了可能。最为重要的是，政府通过土地流转的方式把不种地和种地的农户进行了区分，从而为现代化农业中最主要的生产要素——土地资源的获得提供可能。

在无政府干预的条件下，目前农村自发的土地流转已经非常普遍。但是，这种自发流转下的土地很难实现规模化的集中经营，最主要的两个原因就是土地无法连片以致过于分散，以及土地的细碎化和缺少适合规模化的农田设施。首先是土地无法连片问题。在自发土地流转中，不种地的农户会把土地交给滞留在农村的农户，土地流出户和流入户之间往往是亲戚、邻居或朋友关系，这些土地流出户的土地分散，无法集中在一起，这就决定流转过来的土地再多，也是分散、无法连片的土地，也就无法最大程度上利用机械，并且也无法把先进技术投入农业生产中，劳动生产率无法提高。这是制约农地规模化经营的最大障碍。不过，政府主导的土地流转就解决了第一个问题，即土地的分散和连片问题。

政府主导下的土地流转，把不种地的农户和种地的农户的土地进行分离，对于继续种地的农户的土地集中划片，对于不愿种地的农户的土地也集中划片，同时对后者的土地进行对外发包，而且土地发包的规模在100亩以上[①]，这从侧面推动了农业的规模化、集约化和机械化经营。在当地，这种土地模式被称为“三权分离（对土地的所有权、承包权和经营权进行分离）、虚拟地块（对农民土地‘确权不确地’，不确定具体的地块位置）、两次流转（先把不种地的农户的地块交给集体，实行土地的一次流转，再由村集体对外发包土地，即为土地的二次流转）、合理收益（政府合理规定土地租金，租金归农户所有）”的土地流转模式。这样的土地流转模式把分散的土地集中起来，为规模化农业的发展创造了条件。无政府的介入，自发的土地流转不可能走向现代化的规模经营方式。

一方面，政府通过土地项目的实施，把细碎的土地连片，而且提供现代农业所具备的道路、沟渠和水利等配套设施，这就为现代化的经营形式——家庭农场的推行提供了基础。另一方面，在项目整治的基础上，地方政府推动的土地流转方式彻底地把土地的集中化程度提高，为劳动生产率的提高奠定了关键的基础。在流转方式上，政府对于家庭农场这种经营方式的扶持，在相关的政策文件中得到了具体的阐发[②]。由此，在政府干预下的规模化经营开始发展起来。显然，这样的农业经营形式的推行，为农村的中间阶层提供了契机。

（二）中间阶层：市场化的劳动力

在对阶层分化后各阶层的比较中，笔者早就指出，中间阶层与底层大众最大的分化是由劳动力的性质决定的。劳动力能够进入市场，导致了他们之间的分层。同时那些没有进入城市市场的村干部和部分传统种田大户，实际上是在其他资源获得上得到了满足。因此可以说，农村中间阶层与底层大众最大的区别在于劳动力性质的不同。一个有能够进入市场

① 对土地流转面积设置的限制可以从两个方面来看。第一，从农业的角度来讲，有利于规模化的实现，从侧面推动了农业的集约化和机械化水平，从而提高劳动生产率。第二，对于无资金的农户来讲，较大规模的农地流转，给他们设置了障碍。

② 见本书附录C《关于鼓励家庭农场建设发展的通知》。

的劳动力，一个有较难进入市场的劳动力，能够进入市场的劳动力较容易获得市场性工资，而未能进入市场的劳动力则不计成本地从事小农农场的生产。从劳动力的性质上讲，家庭农场这种经营形式才能满足具有市场化劳动力的中间阶层。当然，他们的劳动力特点也满足了家庭农场中劳动力的需求形式。

从劳动力的价值——回报来讲，在市场化浸润的农村社会，大量的农民工和村干部已经不满足于依靠小农农场来满足家庭生计，而且随着家庭支出的增多，小农农场也难以满足家庭生计。市场的开放为剩余劳动力的转移提供了条件，同时劳动力的价值也得到充分实现。这是很多农民离开土地，确切地说是农民离开生计型农业的原因。但是，政府干预下推动的家庭农场很好地满足了这部分劳动力的需求，让他们可以在土地上实现自身的价值。

与在家务农的小农不同，这部分中间阶层需要的是与务工相当的收入水平，这在小农农场中无法实现（这就是所谓的隐性失业问题）。但是在家庭农场这种经营形式中，劳动力的市场价值可以得到实现，一对夫妻耕种 100 亩左右的土地，如果有较丰富的经验，那么就能有 5 万～8 万元的年收入，这可以与务工性收入持平。若经营 200 亩左右的家庭农场，减去租金之后的收入也在 10 万元左右，这对相当部分的群体都具有吸引力。因此，有条件的种田大户、村干部和农民工等群体构成了家庭农场兴起的社会阶层力量。在劳动力价值的实现方面，家庭农场体现了完全充分的市场就业。

与其他阶层相比，中间阶层的劳动力也最能适应家庭农场经营形式中对劳动力生产要素的要求。与农村的社会底层相比，中间阶层最主要的资源体现为劳动力资源；与精英阶层相比，中间阶层最大的价值是依靠自身的劳动力，而精英阶层的价值在于掌握经济资源、政治资源或文化资源。与传统的小农经济不同，家庭农场这种经营形式对劳动力的要求更高，这表现在劳动强度更高、劳动时间更长、对劳动的技能性要求更强、对劳动力的管理能力要求较高。

首先，家庭农场在劳动的强度和时间要求上，对劳动力的体能要求较高。新型农业经营形式的家庭农场的规模一般在200亩左右，农作物的生长周期一定，农忙集中在较短的时间内。比如，每年的上半年一般较轻闲，但是7—9月为农忙季节，此时对劳动力的需求程度极强，不仅需要经营者本身有较好的体能，同时还要从市场上雇用劳动力以满足农忙所需，这是小规模的小农农场完全无法达到的劳动强度。从时间上来讲，经营家庭农场需要的时间更长，由于种植规模大，在农业生产时耗费的时间更长，虽然可以机械化耕作，但是，在劳动时间和劳动强度上都是老人劳动力较难完成的。中间阶层由于年龄层次低、体能好，能更好地从身体上适应家庭农场的经营形式。

其次，家庭农场对劳动力的技能性和劳动力的文化知识水平有更高的要求。如果说小农农场中的农民只是以一种简单的重复性生产的老人劳作方式耕作土地，那么家庭农场对劳动力的需求是需要有一定管理水平和知识水平的“文化青年”。在家庭农场的经营中，需要劳动力较好地掌握农业的生产性知识，对于农药、化肥，尤其是除草剂的使用等，要掌控较好的技能；不仅对于如何使用农资，而且对于农资使用的时间都要有较强的掌控能力。另外，在机械的使用上，也需要建立在一定时间的专业培训和熟悉的基础之上，这亦非一般的老人所能掌握的。

最后，对于市场的敏锐性，对家庭农场面对市场生产农产品的经营方式来讲，是一种非常必要的能力，这涉及农资的购买，对于农产品的出售尤其重要，是经营者获得利润的关键之一。当地农民有一句话常常被提及，那就是“科学种田”。以往以三五亩地进行生产，对种子的选取、化肥的使用和除草的技能性要求均不高的传统耕种方法，老人方能应付。但是，面对如此系统、复杂和高要求的种植方式，文化和技能水平不高的次级劳动力难以承担。

农村中间阶层拥有市场化的劳动力，在劳动力的年龄结构上满足家庭农场对于劳动力较强体能的要求。同时这个阶层的劳动力拥有较为丰富的文化知识，在习得农业技能方面和在农业市场化的过程中，具备农村底层大众所不具备的劳动力资源，而且在家庭农场中能够获得与市场就业同等或更高的劳动力价值回报，因此，在适应家庭农场对较高的劳动力使用要求的同时，家庭农场也适应了农村中间阶层对劳动力价值回报的要求。

（三）中间阶层：一定的资金积累

如果说传统农业主要的生产要素是土地和劳动力的话，那么现代农业最不同于传统农业的一点就是它的高资本投入，以及由高资本投入所带来的技术上的不同。从各个层面上讲，传统农业都是一种低成本的简单再生产。笔者已经在第三章中对小农的低成本投入做了详细的描述，对于家庭农场中的较高资本投入也做了清晰的对比，这里，我们再回顾一下，如果要对家庭农场进行经营，需要的资金大致是多少。

家庭农场完全不同于自发的土地流转大户和只种自家承包地的农户，家庭农场最大的一笔开支来自地租。每亩地每年需要 500 多元（400 斤稻子）的土地租金，就最低 100 亩面积的家庭农场而言，也要 5 万多元（在政府的文件中，家庭农场的租金基本都是要预付的，后来还加入了每亩 50 元的风险金，也需要预付）。在每年农资的投入上，如果以先种小麦计算，每亩地的农资投入是 400 元左右，100 亩就是 4 万元。在农机的投入上，如果拥有一辆大型拖拉机，那么所有的农业机械和生产性工具的投入就可能达到 10 万元。也就是说，如果从村集体流转 100 亩土地，那么投入一般在 10 万元以上，对于以生计型农业为主的底层大众来讲，资金成为他们想扩大规模的最大障碍。

在自发的土地流转中，有一个颇值得关注的群体，就是传统种田大户，在本书第三章小农农场的两种形式中，笔者对这个群体做了专门的描述。从劳动力的年龄结构和在农业中具备的生产性技能来讲，他们是小农农场经营主体中最具活力的一个群体。从农业经营的角度看，他们最有可能扩大生产规模、提高农业的劳动生产率、增加农业收入。但是，这个群体由于长期以耕种二三十亩的土地为主要收入来源，在进行新的农业经营形式——家庭农场的扩张中难以支付较高的地租和进行较多的生产性投入，因此，他们常常在政府主导的土地流转中被瓦解，这也构成在新的农业经营形式的推动中，传统种田大户分化的主要原因。在政府主导的土地流转中，依靠低地租的互惠的道义经济消失，传统种田大户要么退回到种自家承包地的状况，要么升级为上百亩的家庭农场。这是传统种田大户在新的农业经营形式上所面临的困境，对于其他的社会底层而言，这种困境也同样存在。

但是，家庭农场对较高资本投入的要求，是农村中间阶层所具备的。农村的中间阶层以农民工、村干部和部分种田大户和小生意人为主，从收入的来源上看，这个阶层主要凭借劳动力资源（或者是体力活和劳力活）获得一定的经济回报，而且他们获得了具有市场劳动力价格的回报。这个群体最低的年收入一般在3万～5万元，在当地甚至可以达到10万元，比如很多技能性建筑工人的收入，一对夫妻也有可能年收入达到10万元。因此，在资金积累上，他们的家庭具备经营家庭农场所要求的经济条件。对于这个阶层来讲，规模化种植的经验和对规模化种植的风险控制能力，才是这个阶层是否能够加入新型农业经营主体的重要因素。

（四）小结

家庭农场是一种新型的农业经营形式，它与小农农场全然不同。由于规模一定、土地集中连片，在使用机械化和现代农业技术方面更加充分，劳动生产率得到极大的提高，同时经营者的收入也得到大幅提升。对于家庭农场兴起所需要的土地、资本、劳动力等生产要素，是原有小农群体所无法支撑的。在政府的干预下，零碎和分散的土地被集中起来，规模化经营所需要的道路、水利设施得到整改，规模化的流转势在必行。由于农民内部的分化，不种地的农民在政府的动员下，将土地进行规模化流转，而其他农民在高地租和其他因素的考虑下，也将土地的经营权进行流转，土地被政府集中起来，开始向具有规模化经营的农村中间阶层进行发包。

农村的中间阶层由于拥有市场化的劳动力和一定的资金积累，在政府提供土地的情况下，具备家庭农场所需要的土地、劳动力和资本。在劳动强度要求较高、劳动时间要求更长、劳动技能性和管理方面全面化提高的情况下，这个阶层能较好地满足家庭农场的需求。另外，这个阶层具备家庭农场所需要的一定资本。在政府提供土地流转渠道的契机下，他们成为家庭农场兴起的内生动力。而且，这个阶层越多，小规模小农农场中的土地流出就会越多，从而为政府全面化地推动规模化的土地流转提供了更强有力的社会基础。农村中间阶层的壮大，一方面在瓦解传统农业，另一方面，他们也成为新型农业经营形式——家庭农场兴起的内生社会动力。

三、底层大众：小农农场持续的动力

以萍镇为例，我们可以看出小农农场具有强大的生命力。在国家推动新型农业经营主体以前，萍镇几乎都是以小农农场为主的经营形式。在国家推动新型农业经营主体——家庭农场和资本型农场以后，小农农场的总面积也占到了萍镇总耕地面积的40％左右。在国家彻底推动新型农业经营主体发展的初始阶段，小农农场在初始平整土地的三个村只占10％～20％的比例。在随后一两年的时间里，政府在对土地流转和新型农业经营主体推动的同时，更加尊重农民的意愿，小农经营的比例回升到50％左右。在之后平整土地的各个村里，这个比例基本维持稳定。从总体来看，小农农场分布的情况有几种：在政府平整土地并且大力做工作的三个村，只有10％～20％的农户为小农农场；在政府平整土地后，遵从农民意愿的几个村，小农农户的比例是50％～60％；在政府未进行土地平整的其他行政村，小农农户的比例是100％，但是，传统种田大户已经开始在向适度规模经营迈进，这个比例也占土地面积的50%。在政府的主导下，在对新型农业经营形式进行全方位改造的情况下，为什么小农农场能够如此顽强地存在呢？笔者在第三章已经指出，小农农场具有低资本投入、高土地生产率的优点，但也具有低劳动生产率和低收入的极大弊端。那么这种传统的农业生产方式何以能够持续存在，而且具有较强的生命力呢？这完全取决于经营主体——底层大众本身所具有的特征。

(一) 底层大众:不计成本的劳动力

在本书第三章中，笔者已经具体地指出，小农农场的经营者都是老人和小老人群体，中青年劳动力极少。在小农农场这种经营形式中，这些中老年群体形成了以耕种自己承包地为主的一般农户，以及在自发土地流转基础上生成的传统种田大户。从社会资源来看，这几个群体拥有的政治资源有限、经济资源不足，同时，拥有的劳动力资源也欠缺。因此，他们成为农村社会的底层。可以看到，这个阶层基本上处于以老人和小老人为主体的年龄结构中，他们的劳动力具有几个特点，第一是身体素质差，第二是知识素养欠缺，这两点决定了农村社会底层实际上是由较次的劳动力所构成的，无法进入市场的劳动力就不具有价值。不过，这同时也决定了这个阶层在经营糊口/生计农业时具有了天然的优势——劳动力不计成本。

恰亚诺夫曾经指出，作为以家庭为组织生产单位的经营方式，小农农场具备雇佣农场所天生不具备的一个特点，就是能够在消费—生产之间寻求平衡，农民通过“自我剥削”的方式获得利润，同时能够接受比资本型农场低得多的利润。这虽然讲出了家庭组织生产的本质，但是，它没有对劳动力的“性质”进行详细分类。比如，很显然的一个问题是，同样是自雇型劳动力，为什么老人就能以“自我剥削”的方式接受小规模农场的低投入和低回报，而农民工等中间阶层就不能接受，这个问题的本质与劳动力的性质有关。对于底层大众来讲，他们在农村中生活在最底层，既缺少政治资源、文化资源，又缺少经济资源，他们与中间阶层最大的不同就在于劳动力的“不完整”。这个群体由于身体条件差，或者知识技能陈旧（少部分是出于家庭的完整性考虑），难以在市场上获得就业机会，因此，他们对于经济的回报要求不高，与小农农场这种低投入和低回报的劳动生产方式具有很大的亲和性。

同样是以自雇劳动力为主的家庭生产组织，为何家庭农场的经营者无法接受低回报的小农农场经营方式呢？其原因在于中间阶层身体条件好、知识储备多、创新能力强、技能丰富，他们的劳动力具备了市场价格。在其他就业机会和小农农场所获得的收入对比中，他们会进行理性的精确计算。在小农农场无法带来高于市场提供的劳动力价格时，中间阶层就会谋求其他的就业机会。我们常常可以听到农民讲，“种几亩地，还不如打几天工。种地一年到头每亩地不到一千的收入，打工一个月就是几亩地一年的收入！”

通过对比，我们发现了一个非常重要的事实：对于主要依靠劳动力资源的农村社会底层和农村中间阶层，劳动力的价值决定了他们对于农业经营形式的选择偏好。由于经济资源薄弱，劳动力资源也不足，低资本投入和劳动密集型的小农农场适应了社会底层的需要。小农农场组织本身的“自雇劳动力”具有能够接受更低回报的特点，换言之，农村社会底层与中间阶层相比，他们具有比中间阶层更大的优势——他们的劳动力性质决定了他们能够接受更低收益的劳动力经营形式。农村社会底层以劳动力价值为零作为参照，农村中间阶层以其他就业机会的劳动力价格为参照，因此低资本投入—低利润回报的高劳动密集型小农农场完全符合社会底层的生活所需。这也解释了在有政府推动的规模化流转的村庄中，小农农场基本维持在50%～60%的原因，这也与表3-1和表3-2中种田户的比例相吻合。

相比于家庭农场和资本型农场对于农业的高资本投入和较高劳动力资源的要求，底层大众以次级劳动力的低要求回报率为主要特征。这恰恰说明恰亚诺夫所讲的家庭组织相对于资本型农场在劳动力消费—生产均衡方面的优势,在一定程度上还需要参考劳动力本身的价值—回报特点,只有这样才能说明小农农场能够持续存在的原因。

(二)底层大众:生存权的政治话语

农业部门从来都不是一个纯经济部门,作为能生产国家战略物资——粮食的农业部门,它除了追求农业的效益外,还有一个重要的职能,那就是保障农民基本的生活来源。中国的农业问题,根本上涉及的是土地问题和农民问题,尤其是涉及必须依靠土地解决温饱问题的"底层大众"。

著名政治学家米格代尔认为,农民与政治、革命有很强的相关性。在历史上的很多时候,革命都是由底层发动的。农民是否会进行组织性的革命取决于三个因素:第一,一定得有农民因经济危机而不断扩大市场参与;第二,农民的这种市场参与充满了由腐败、垄断以及结构不完善引起的危险和损失;第三,拥有号召力的农民革命领袖和革命组织的出现。导致革命因素的第一条和第二条其实都与农民的生计有关,尤其与农民的土地生计有关。当农民的基本生计来源——土地资源遭到剥夺时,无其他就业机会的农民就会陷入绝对的贫困,"当经济危机进一步加深时,农民找不到任何能减轻他们所受压力的合适的国家制度网络",此时革命就可能发生。反之,在自给自足的农村地区,"革命组织者就会发现他们很难进入","对于那些由势力强大和警惕性高的地主继续提供各种重要资源的地区来讲,情况也是一样的"①。

对于农民生计问题的政治社会考察,斯科特的观点与之一致。斯科特指出,"生存伦理"②不仅是农民的行动逻辑,而且也是他们对统治者做出的政治和道德评价原则。对于负担的轻重或对于"剥削"的认定,农民

① 米格代尔. 农民、政治与革命[M]. 李玉琪,袁宁,译. 北京:中央编译出版社,1996:197-199.

② 斯科特. 农民的道义经济学:东南亚的反叛与生存[M]. 程立显,刘建,译. 南京:译林出版社,2013.

的检验标准通常不是"被拿走了多少",而是在缴纳地租之后"剩下多少",是否以维持家庭生存为底线,这就是农民所确定的"一切以生产为中心"的价值取向。一旦严重违背其"生产伦理",致使其陷入生存无以为继的状况,农民的革命就有可能发生。从中可以看出,给予农民生存保障,不仅是一个基本的经济问题,还是一个重大的政治问题。尤其对丁我们这样一个社会主义初级阶段的国家来讲,尤其如此。

农村问题和农民问题是新民主主义理论的重要组成部分,实现"耕者有其田"是理论的核心内容。毛泽东就认为,农民问题的核心是土地问题,不合理的地权关系是中国农村发展不合理的根本原因,因此只有实现平均地权,"耕者有其田",才能解决土地问题,解决农民问题,从而解决农村问题,解放生产力[①]。底层农民,即受剥削的农民通过革命的方式获取土地生存权,也就成为新民主主义革命的根本动力。从这个角度来讲,农民与土地问题是天然联系在一起的。给予农民"耕者有其田"的土地权力,就是一个关于政治权力的问题。

如此一来,我们就更能够理解当前农业问题的深层次问题,这是涉及农民、土地与政治权力的问题。在市场化日益发展的今天,农民的异质化增加,原本"职业"上的农民开始向"身份"上的农民转化,但是很多无法转移出去的农业劳动者,依旧是"职业"上的农民,而没有转化到市场中成为"身份"上的农民,这就注定了以糊口为目的的生计型农业无法转化到以营利为目的的高资本投入的现代农业中去。

我们可以看到,在政府引导的土地流转中,即使在外出经商和外出务工人数较多的村民小组,只要留守的老人和贫弱阶层对土地有需求,或者外出经商者、务工者愿意保留承包地,政府都会本着农民自愿的原则,对于想种地的农民给予种地的权利。在现实层面,土地问题也就不仅是农民的生存问题,尤其对于那些还需要以土地为生计来源的"底层大众",土

---

① 毛泽东. 毛泽东农村调查文集[M]. 北京:人民出版社,1982.
毛泽东. 毛泽东选集[M]. (第一卷). 北京:人民出版社,1991.

地问题或农业问题还是一个政治问题。农民拥有"生存第一"的政治话语,而且也仅拥有依靠土地为生的权利时,维持小农农场的社会基础就已经天然具备了。

(三)底层大众:短期内无法消除

有人说,现今的中国农民有七亿人,有人说只有不到三亿人。这组数据之所以会出现如此大的差距,是由于其对于农民本身的定义就存在一定的偏差,其所指的到底是身份上的农民,还是现在经营小规模面积的农业劳动者,又或者是将未能完全进入城市的农民工包括在内,我们不得而知。可以肯定的是,即使把农民中已经分化出来的职业群体,比如私营企业主、个体工商户和农民工等剔除,仅以现有的农业劳动者为单位,这个阶层的绝对数量也足够庞大。以上所提到的老人农业、兼业户和传统种田大户就属于这个群体。从绝对量来看,这样的家庭很多,而且人口数字庞大,无法从根本上消除,这是小农农场持续的阶层动力。

首先,从社会底层产生的原因来看,他们主要受制于自身劳动力性质、家庭生命周期的限制,且无可避免。第一,无论是小规模的老人农户、兼业户还是传统种田大户,都是以老人和小老人为主,尤其是无兼业的小规模老人农业和传统种田大户,他们除了农业之外,较少有其他收入来源。这几个群体之所以成为农村社会底层,主要不是因为经济和社会原因,而是由这个群体所拥有的劳动力结构本身造成的。恰亚诺夫用消费均衡的家庭劳动力结构来构建家庭劳动力与家庭农场规模大小的微观家庭经济学,同样,借用家庭生命周期的理论,我们也看到农民在自身劳动力结构与就业偏好之间的选择。

我们对一个家庭的劳动力结构进行分析。以一个大家庭为例,家庭成员可分为老中青三代,即老人、中年人和未成年的子代,这样的家庭劳动力结构是一个普遍而稳定的结构关系。尽管在不同时期,家庭劳动力可能有一定的变动。比如在家庭的某个生命周期,可能子代已经构成了市场劳动力，父母一辈也并未退出劳动力市场，完全可以谋得一份职业，那么一个家庭中就可以有两代人在市场中谋得就业机会，而且没有新的家庭人口负担。此时，以家庭为单位的经济收入就可能在最优时期。但是，在家庭中，几乎大多数时期，都有退出市场劳动的老人或小老人。这部分老人无法进入养老保障体系，一亩三分地就成为他们自身生活来源的基本保障。

每个家庭的生命周期中都会存在老中青三代不同的年龄层次和劳动力结构。在市场化就业机会增多的情况下，中年和青年人有外出务工机会，甚至可以创业经商，但是，老人是无法在现有的城乡二元结构中转移的，此时就需要一定的制度手段和政策手段对这部分人的生活予以安排。留守在农村的次级劳动力的劳动力性质具有几个特点：第一，年龄大，身体上无法从事负重的劳动；第二，知识贫乏、技能单一，这为他们从事脑力劳动设置了屏障。从城乡二元结构来讲，这样的劳动力在农村才能实现经济、社会和文化上的安置。"以地养老"，不仅解决了小农的生计来源问题，还建立在以代际分工为基础的半工半耕模式上，它有助于保持家庭的完整性和维系村落共同体。

总之，家庭生命周期决定了次级劳动力的存在，作为社会底层，次级劳动力短期内难以消除。以老人、贫弱家庭、部分兼业户和传统种田大户构成的农村社会底层，以老人和小老人群体为主，其劳动力的性质决定了他们无法进入市场，无法取得作为市场经济回报的经济收入，从而也导致他们长期处于社会底层的阶层格局。由于受到自身家庭条件和劳动力资源禀赋的束缚，农村社会底层与小农农场之间形成了一种高度契合的人地关系结构。

（四）小结

以老人、小老人、兼业户和贫弱阶层为主体构成的农村社会底层，与中间阶层和精英阶层相比，在经营小规模小农农场方面具有天然的优势，那就是完全不计成本地付出劳动力，而且是不以市场价格为参照的劳动力付出，这是这些农村社会底层所具有的经营上的优势。无论基于主观还是客观原因，农村社会底层的农民由于无法融入市场，注定必须以土地为生计来源。从政治的角度来讲，“生计第一”的政治话语是一切社会稳定的根基，因此给予需要土地和只适应小农农场耕作方式的农民以土地权利，是合理的正当理由，这成为底层大众经营小农农场的政治合法权益。最后，对于由于家庭生命周期和生理原因造成贫困的农民，短期内无法予以转移和给予他们保障，而且他们的绝对数量庞大，这就注定了小农农场的长期存在是一种必然。总之，底层大众构成了小农农场持续发展的阶层动力。

四、“类橄榄型”结构与农业经营形式变迁

在谈及社会结构时，我们一般都提及“金字塔型”和“橄榄型”(或称为纺锤体)社会结构。中产阶层占多数、上层和上下层比例占少数的社会结构被学者们认为是最稳定的社会结构。在中国，由于长期存在的户籍制度和经济发展的原因，农业人口占总人数的绝大多数，虽然近年来经济得到快速发展，但是以中产阶层为主导的“橄榄型”社会结构一直仅存在于学者想象中[①]。如果我们把社会作为一个整体来看待，中产阶层在整个社会结构中所占的比例较小，很难说中国进入或即将进入橄榄型社会结构。但是，如果我们把城市和农村作为一个独立的社会整体来看，那么对城市或农村的社会结构就可能有不同的判断。

不言自明，中国的城乡二元结构是一个长期的制度设计结果，这导致城市人和农村人有不同的社会心理。相对城市人，大多数农村人(农民)属于社会底层，“虽然农民在整个经济社会分化结构中处于下层，但他们

① 大多数学者认为中国尚未进入“橄榄型”社会，甚至认为中产阶层的壮大只是一种一厢情愿的幻想，比如李强提出的“倒丁字型”社会结构、孙立平提出的“断裂社会”等，说明“橄榄型”社会结构尚未到来。

的比较对象往往不是城里人，不是其工作城市的市民，而是老家村庄熟人社会的邻里亲戚"[1]，从这个角度来讲，把农村作为一个社会结构来研究有其合理性[2]。另外，本书的研究对象是农业变迁问题，这一话题直接涉及农业，与之相关的是农民和农村，因此，把农村作为独立的社会结构进行剖析是有意义的。

(一)"类橄榄型"中的"类"

由于农村私营企业主的兴起和非农就业机会的增加，笔者认为，单就农村社会来看，农民的分化实际上形成了"类"橄榄形状。所谓"类橄榄型"社会结构，是指农村社会结构中有"橄榄型"社会结构的一些特质，但是又有一些区别，因此只是"类橄榄型"的社会结构。它的"类橄榄型"社会结构表现在几个方面。

第一，它仅仅是就农村社会而言的。由于本书的分析对象是农业，因此只是对农民和与之相关的农村社会结构进行考察。如果把城乡二元结构作为一个整体社会来看，无疑农村大部分的农民还处于底层，当然有的学者提出农民工可以作为游走于城乡之间的第三类群体，构成城乡二元结构之外的"三元结构"[3]。

第二，对于"中产阶层"或中间阶层实际上特指的阶层范围和群体，与本书中的"中间阶层"并不完全对应。比如，典型的中产阶层被认为是"白领"[4]，在中国包括"私营企业主、乡镇企业家、小业主和小商贩等个体户、党政干部和知识分子、外企白领、企业管理者和一些自由职业者等"，对于"中间阶层"本身也是一个泛化的"阶层群"(笔者称之为"杂领")[5]。不过

---

① 陈柏峰. 中国农村的市场化发展与中间阶层[J]. 开放时代，2012(3).

② 实际上，对农村社会结构做单独的研究在社会学中早已有之，费孝通根据中国农村中人与人的社会关系和交往原则，总结出了乡土社会的性质就是"差序格局"的。不过，这主要是对社会性质的判断，与之不同的是，本书主要从阶层的角度把农村作为独立的社会结构来考察。

③ 李强. 农民工与中国社会分层[M]. 北京：社会科学文献出版社，2012：326.

④ 米尔斯. 白领：美国的中产阶级[M]. 周晓虹，译. 南京：南京大学出版社，2006.

⑤ 周晓虹. 中国中产阶层调查[M]. 北京：社会科学文献出版社，2005：2-8.

从农村社会结构出发，本书中所包含的职业者在农村社会稳定和社会再生产方面也有与常规中产阶层类似的作用，把他们作为农村的"中间阶层"也是合理的。

第三，之所以称为"类橄榄型"社会结构，主要是因为这样的一种结构具有"阶段性"和"暂时性"。如孙立平所讲的，要看一种关系是否"定型"，主要从四个方面进行判断，"阶层之间的边界、内部的认同、阶层之间的流动性和阶层的再生产"是否形成[①]。我们看到，农村现在的"橄榄型"社会结构并没有定型。这是农民分化出来的上中下的社会结构，很大程度上基于国家的制度设计——户籍制度，而且在高速发展的城市化和工业化进程中，这样的结构具有不稳定性。另外，在农村的中产和底层之间的阶层流动，主要还是由于家庭生命周期造成的，阶层之间的流动性还是频繁的。

农村社会在经济收入上已经形成较为清晰的上中下的分层结构，并且在居住空间、社会交往和人情消费等方面形成分层，这个"类橄榄型"的社会结构是基本成立的。

（二）"类橄榄型"中的"橄榄"

"橄榄型"社会结构特征的核心点在于经济结构的"中产化"。张宛丽认为，如果中产阶层能够达到就业人口的30%左右，就能构成推动现代社会发展、引导社会消费、稳定社会形式、定型社会规范和主流社会价值的社会结构性力量，这就构成"橄榄型"社会中产阶层的最佳规模。陆学艺提出，当一个国家或社会中产阶层的人口比例达到40%以上时，政治和经济状况就会相对稳定、社会秩序相对较好。这表明占三分之一以上的人口只要达到整个社会结构经济收入的中等水平，那么国家就已步入"中产阶层"社会，即"橄榄型"的社会结构初步成型。如果我们将农村社会结构作为一个独立的社会结构，则在农村，中间阶层已经占有相当比

① 孙立平. 利益关系形成与社会结构的变迁[J]. 社会,2008(3):10.

例。正如笔者在第三章中抽样得出的数据所表明的，外出务工家庭和以务工为主的兼业户家庭所占比例就有40%以上(28.7%+15.8%)，另外实际上还有其他的村干部家庭和部分传统种田大户家庭等。这些家庭的年均收入普遍在3万～10万元，他们处于村庄家庭经济收入的中等水平，看似只是完成了家庭再生产，但是实际上却维系了村庄的稳定和发展。比如，在房屋修缮、人情支出和村庄建设方面，正是这样的阶层群体决定了村庄的维系、发展和繁荣，起着中间阶层的作用。从全国大部分农村地区来讲，这部分群体的比例也不少，因此，我们所讲的农村的"中间阶层"初步成型。

从比例上来讲，农村的上层精英逐渐增加，底层群体有逐渐减少的趋势。农村中的精英主要有政治精英和经济精英。首先，政治精英的比例一般都比较固定，因为数量有限，但是经济精英则不同。在最近十来年，农村经济精英的数量增多，并且掌握的资金量也更多。根据陆学艺的《当代中国社会阶层研究报告》和相关研究表明，以私营企业主为代表的经济精英甚至影响了整个社会结构。这部分精英群体在农村社会的影响也越来越大，他们是"庄外的庄里人"①，他们不仅与村庄，还与村庄以外的乡镇、区县等政府有着莫大的关联，甚至和村庄以外的政治精英都在某种程度上达成了资源共享。

其次，在农村中，底层大众的人数确实在下降。农村底层大众的产生不是因为社会性因素，主要是由家庭生命周期造成的。比如处于家庭生命周期中劳动力数量较多的时期时，家庭从市场中获取资金的数量就较多，对于家庭生活水平和质量的提高有很大作用。如果家庭生命周期处于小孩和老人人口较多时，就有可能进入底层。特别是作为老年人，如果他们作为独立的核心家庭，此时他们的生理年龄决定他们不能作为市场劳动力。部分贫弱家庭也是如此，他们也成为农村的底层。随着劳动力

① 吕德文．村庄政治中的庄外的庄里人——J村选举观察[EB/OL]．http://www.snzg.cn/article/2006/1114/article_2000.html.

“刘易斯拐点”的到来，农村社会的绝对底层主要是由于其生理因素造成的。

另外，农村的橄榄型社会结构还体现在其他方面。李路路等认为，除了客观性的社会位置(这被他称为“结构”)以外，还有就是关于“行动”(社会行动模式)的考察，具体是通过“居住空间、生活方式、社会交往与阶层认同”等指标展开[①]。在周晓虹主编的《中国中产阶层调查》一书中就详细地考察了中产阶层的认同、消费、闲暇生活、社会交往、教育文化和政治参与等。如果我们从居住空间、生活方式和社会交往、阶层认同方面来看，农村的上、中、下层的确表现出了一些不同。比如在居住空间上，经济精英和以农民工、传统种田大户为代表的中间阶层以及由贫弱阶层构成的底层大众间有所区别。精英包括经济精英和政治精英，他们的生活重心开始脱离村庄，大多在外购房。尤其是经济精英，除了人情往来以外，日常交往可能都是超社区的，并且在消费方式上他们与大众也表现出明显差异。另外，作为中间阶层的农民工、一般村干部和部分传统种田大户等，在居住空间、消费结构和社会交往等方面都有自身的独特性。

从经济方面来看，农村社会呈现出中等收入阶层占多数、精英阶层比例逐渐扩大、底层收入群体逐渐减少的态势。农村社会在经济分层上表现出类似橄榄型社会结构的特征。经济上面的分层构成了农村上、中、下层分化的核心，直接导致上、中、下层在生计型农业和谋生型农业上态度的不同。分化构成农业变迁的阶层动力。

(三) 农村社会结构转型

在所有热衷于社会结构的研究中，均把社会结构作为一个整体来看，由此得出了基本上底层占多数，中层和上层占少数的“断裂社会”、“倒丁字型”社会结构和“上层寡头化、下层碎片化”的社会的论断。但是如果把

---

① 刘精明，李路路. 阶层化：居住空间、生活方式、社会交往与阶层认同[J]. 社会学研究，2005(3).

城乡二元结构分开来看，农村社会结构就会完全不同。农民的市场性务工收入对于农民收入具有影响，一个家庭形成的阶层结构层对于农村社会结构具有举足轻重的意义。农村的“类橄榄型”社会结构是转型期农村社会结构的一种独特现象。但是，这样独特现象的形成却是一个较为漫长的过程，因此，它也有相对的“稳定性”，正是由于这种“稳定性”，才使多元的农业经营主体长期保持。

一直以来，“熟人社会”“差序格局”“礼俗社会”“血缘和地缘”是乡土社会最富于想象力和解释力的概念。正如费孝通先生所讲的，从空间上来讲，乡土社会是不流动的[①]；“血缘是稳定的力量，地缘不过是血缘的投影，不分离的。‘生于斯，死于斯’把人和地的因缘固定了。生，也就是血，决定了他的地”[②]。传统社会是一个乡土的社会，是以血缘关系为纽带的差序格局的社会，这种社会基于农业，“黏在土地上”是乡土社会的最大特点。“无讼”“长老统治”和“礼治秩序”是乡土社会运行的法则，正如实质主义者所主张的，农民在农业社会中最核心的问题是解决生存问题。固守于土地的农业经济，固化了农民的交往范围和社会流动，“互惠”既是熟人社会中的交往规则，同时也是一种基于生存的经济法则，道义经济其实就是建立在为生存而抗争的基础上。

市场带来了分工，也带来了分化，同时带来了社会结构的变化。“类橄榄型”的社会结构导致农村经济、政治和社会交往的变化。最为重要的“黏在土地”上的人地关系也在发生变化。谋生和谋利既然都是农民的“内在属性”，它在一定条件下就会促使农民的“谋利”性质的增长，此时农民的“理性化”和“工具化”特征就更加突显。农民的道义与农民的理性到底谁是农民行为的本质，这确实是一个无需再争论的问题。恰如本书所讲的，农民建立在土地上的道义经济问题，在商品化发展到一定程度时，

① 原话为“不流动是从人和空间的关系上说的”，见：费孝通．乡土中国·乡土本色[M]．北京：三联书店，1985：3.

② 费孝通．乡土中国·血缘和地缘[M]．北京：三联书店，1985.

便会迎刃而解。一旦建立在乡“土”基础上的道义经济遭到瓦解，农村的整个熟人社会的关系就会进行新重构。“半熟人社会”概念就是这种社会转型期农村社会性质的一个反映[①]。

笔者认为的“半熟人社会”是基于传统—现代这个二元框架中的“三维框架”，它是建立在转型期村庄异质性、村庄社会多元、地方性共识逐步丧失的基础上的。在笔者看来，这些外在的特征如果正在改变熟人社会的行为逻辑的话，那么土地经济的变革才是更为彻底的。“类橄榄型”社会结构从微观上改变着土地经济上的“道义”法则，反过来又影响着社会性质的变化。

（四）结构转型与农业经营形式变迁

“类橄榄型”社会结构具有重大的社会意义，同时，“类橄榄型”社会结构在某种程度上导致农业性质发生根本变革。正如本书导论部分对农民行为性质的讨论，农民行为是“道义”还是“理性”，这并非一个真问题。“道义”和“理性”不过是农民行为的不同侧面，它们共同构成农民行为。也正如对农业经营形式的讨论，以小农农场为主要形式的小农经济是好还是坏，可能不是一个真问题。以小农农场为代表的农业经营形式在农业效率上存在简单式的再生产，劳动生产率低下，但是却具有社会效益和政治效益。不过，在农民日益分化的转型社会，农民中只有农村社会底层——农业劳动力者对于生计型农业的需求较大。“类橄榄型”农村社会结构导致了不同农民对不同农业经营形式的选择。

“类橄榄型”社会结构对农业经营形式形成重大影响。首先，“类橄榄型”的农村社会结构不仅代表了分化，而且代表了分化的程度，在质和量上出现了重大的变迁。正如本书第三章中表 3-1 和表 3-2 所证明的，农民

① 贺雪峰．未来农村社会形态：“半熟人社会”[N]．中国社会科学报，2013-4-19．

早在十年前，贺雪峰就对半熟人社会做过考察，参见：贺雪峰．论半熟人社会——理解村委会选举的一个视角[J]．政治学研究，2000(3)．

的分化，尤其是不种地的农民在户数比例上已经达到50%，如果按劳动力的年龄结构比例来算，这一比例会更大。从这个意义上讲，农民中的很大部分群体已经不再满足于小农农场这种生计方式了。农民的分化对于农业转型很重要，但是这还不够，分化足以达到一个临界点才可能真正地推动农业转型。“类橄榄型”社会结构假设，农民的分化已经在量上呈现出重大的变化。那就是说，农村社会结构不仅是一个分化的社会，而且具有了“中间大、两头小”的特点。

首先是“中间大”的“橄榄型”社会结构，这代表以外出农民工和村干部等群体为主的阶层占有相当大的比例，这个中间阶层的形成对于生计型农业——小农农场的瓦解具有重要意义。农民工和村干部等阶层早已有之，但是这样一个群体具备如此庞大的规模和巨大的社会影响力是最近十来年的事情。尤其是在最近几年中，城镇化越来越成为农民工和农村其他中间阶层的选择，在经济地位上他们已经摆脱了生计农业的状态。从频繁的农地自发的土地流转中我们就能看出，正是由于农村精英阶层和中间阶层在比例上到达一定程度，才致使传统种田大户在农村社会中的普及发展。

其次，“两头小”的精英阶层的兴起和农村社会底层人口的减少，对于农业经营形式的变迁同样具有重大意义。精英阶层的兴起在人数上不多，总体比例较小，但是这个阶层所拥有的经济资源和政治资源占有绝对优势，他们成为脱离或半脱离村庄的权势阶层，在推动农业转型中具有绝对作用。正是少数精英的崛起和农村中间阶层的扩大，减少了原先完全处于底层社会的农业劳动者，扁平的社会结构被形塑为“类橄榄型”的社会结构。少数的农村底层群体由于其劳动力无法向市场寻求价值，在农村与小农经济中形成了稳定的留守农业经济。

农村中间阶层的壮大和经济精英的兴起，对于传统生计农业向经营性的现代农业转化具有重要意义。这两个阶层的扩大，直接导致人地关系结构的改变，农地的规模开始逐渐扩大。

第七章　结论与讨论

20亿农民站在工业文明的入口处，这就是在20世纪下半叶，当今世界向社会科学提出的主要问题。长久以来，马尔萨斯的忧虑首次变得如此现实。在所有的大陆，人口都比生产的必需品增长得更快。从全球来看，农业的生产过剩不再会是令人恐惧的了，食品的欠缺令人焦虑不安，只有工业社会的管理和生产技术可以解决这个问题。

经验证明，技术在工业国家农业耕作中的普及要比在其他地方快得多。法国或美国的农业生产增长1倍要比印度农业生产增长10%更为容易，苏联在半个世纪中取得了工业生产的巨大成就，但难以满足自己的需求。令人困惑不解的是，农业国家更缺少解决自己吃饭问题的能力，他们反而要向工业国家乞食[①]。

——孟德拉斯：《农民的终结》

以上是法国社会学家孟德拉斯对20世纪小农社会面对工业社会来临时做出的判断——农业国家虽然以农业为主，但是缺少解决自己吃饭问题的能力，“反而要向工业国家乞食”，只有工业社会的管理和生产技术可以解决食品的欠缺问题。根据法国乡村现代化的历史，孟德拉斯描绘了法国乡村在技术引入以后，农村在土地意义、劳动方式、知识习得和农民意识的变化等方面，最终从传统的“小农”转变为农业产业工人，这一过程被他称为“农民的终结”[②]。与本书相似，孟德拉斯所讲的农民的“终结”实际上是传统小农被市场化参与度高、机械化使用程度高的新型农场经营主体所取代。在孟德拉斯笔下，法国农业的转型实际上是在工业化进程中完成的，“经济高速增长、工业化迅速推进……农业劳动者纷纷离开土地，轻而易举地在城市里找到工作”。

这一描述与中国当下发生的情况非常相似。李培林指出，“现在在中国的行政版图上，几乎每天都有约70个村落消失，每一年都有上万的村

① 孟德拉斯．农民的终结[M]．李培林，译．北京：社会科学文献出版社，2010：3．

② 农民的“终结”，准确地说是“小农”的终结，而不是“农业劳动者”的终结，实则是传统小农小规模经营形式的终结。

落在中国行政版图上消失。这些数千年的村落解体后，农民怎样融入与他们完全不同的城市是一个亟需解决的问题”①。不论李培林有关中国“村落终结”的速度是否有夸张之嫌，但是农村的“空壳化”或者说“凋敝”正在发生。类似于法国农业社会现代化经历的时代背景，中国经济的高速增长创造了大量的就业机会，稍具备劳动能力的农民轻而易举地就能在城市里找到工作，而且收入高于在家务农，这促使农村人口迅速地向城市集中。不过，孟德拉斯也提出，农业人口外流只是农业进步的必要非充分条件，农村的发展需要有文化和身体素质强的青壮年劳动力，“需要新一代的青年农业生产者对经济的前途和乡村职业的高尚重新确立信心”，“利用这种人口外流再次获得土地和扩大经营规模，并在技术现代化方面作出异乎寻常的努力”②，也就是说，农村社会的改变需要人力资本的投资。在这个方面，中国的农业是否也能朝着法国农业的现代化轨迹演进，似乎也取决于中国农村人口的转移，或者说是中国当下农村的阶层结构。

一、内容总结：阶层结构与农业经营形式变迁

本书前面几章对几种农业经营形式的概况、经营效益和性质做了较为详细的描述，并且对农村社会结构转型与农业经营形式变迁的内在关系也做了较为深入的分析。在笔者看来，农村“类橄榄型”社会结构的形成对于农业经营形式从传统农业向现代农业转型具有重大意义。以私营主为代表的经济精英的兴起和农村中间阶层在量上的不断扩大，导致对生计型的传统小农农场的依赖度越来越低。在国家进行涉农项目整改中，对规模化的土地流转，分化的农民表现出不同的态度，这既是小农农场瓦解的阶层基础，同时又是新的农业经营形式兴起的内在动力。新型农业经营形式在农业经营效率和投入-产出比上，在不同程度上满足农村中间阶层和精英阶层的利益，在资本和劳动力的资源禀赋上，精英经营和

① 李培林．村落的终结：羊城村的故事[M]．北京：商务印书馆，2010：2.

② 李培林．村落的终结：羊城村的故事[M]．北京：商务印书馆，2010.

中间阶层适应了新型农业经营形式的需要。于是，传统农业向现代农业的转型在政府的干预下随即发生。

表 1-2 和表 1-3 对本书的内在逻辑进行了说明。本书认为，农村“类橄榄型”社会结构的形成具有重要意义。第一，“类橄榄型”的社会结构表明农民的分化已经导致了农村社会结构转型。“两头小，中间大”的“类橄榄型”社会结构带来了上、中、下三个阶层结构在资源禀赋和对小农农场态度上的巨大不同。第二，“类橄榄型”社会结构表明农民分化不只是分化，而且已经作为一种“结构”对现有的小农经济造成了一定影响。尤其在政府有意推动规模流转、推动现代化的农业经营形式的过程中，这个数量较少的精英阶层和数量较大的中间阶层，在瓦解小农经济的过程中呈现出结构性力量。否则，国家推动的规模化流转是完全无法展开的。

土地的规模化流转为传统农业向现代农业的转型提供了基本条件。规模化、集中连片的土地是现代农业集约化、机械化的前提，但是仅提供生产资料——土地是不够的。资本和劳动力的投入不能仅依靠政府，同样，其他生产要素的配置也只能在非政府的社会群体中满足需求。农村“类橄榄型”的社会结构既为土地规模化流转的实施提供了阶层基础，同时也为新的农业经营形式的兴起提供了充足的其他生产性要素——资本和劳动力。

不同的阶层具有不同的资源禀赋，在资本和劳动力资源上有着极大的差异。表 1-2 和表 1-3 对“类橄榄型”社会结构中的精英阶层、中间阶层和农村底层所拥有的资源禀赋进行了详细的描述。在资本这一稀缺性的生产要素中，农村的经济精英占绝对主导地位，因此，在资本型农场的发展过程中，政府通过各种政策性的扶持，在经济精英的参与下，完成了萍镇农业的第一次转型。不过，在农业经营效率上，家庭农场的适度规模效益显然更能够保证粮食安全。农业转型的方向开始向家庭农场这种经营形式转变。在资源禀赋上，拥有一定的资金和具备较好的农业管理技能的高质劳动力，成为家庭农场兴起的必备基础。庞大的农村中间阶层在资源禀赋上与家庭农场具有强大的亲和性。

不同的农民具有不同的资源禀赋，在对传统小农农场、现代化的家庭农场和资本型农场的选择上，表现出了较大差异，故而在政府的干预下推动农业转型，是传统农业向现代农业转变的内生性动力。

二、理论发现：嵌入与阶层农业

自20世纪40年代波兰尼在其著作《大转型：我们时代的政治与经济起源》一书中提出“人类经济嵌入并缠结于经济与非经济的制度之中”以来，市场的嵌入性问题作为经济社会学的重大议题被充分讨论。经济结构运行时，“宗教和政府可能像货币制度或减轻劳动强度的工具与机器的效力一样重要”①，作为制度过程的经济不可能脱嵌于社会，自我调节的市场理念更是“彻头彻尾的乌托邦”②，这就是波兰尼所持有的经济嵌入社会的观点。农业转型，尤其是农业经营形式的变迁，在理论上，是一种经济行为的变迁或转型，但是正如前文所分析的，农业经营形式的变迁不仅是由资本、劳动力和技术等生产要素的变化所导致的，更多的，与社会关系——阶层结构的变迁有着密切联系。

（一）农业的嵌入性问题

1944年，波兰尼出版了《大转型：我们时代的政治与经济起源》，距离此书出版已经过去了70多年，但是它在经济社会学中仍然有着影响力。在有关经济和市场与社会关系的讨论上，波兰尼具有重大贡献。以往的研究总是认为，经济本身是个“由相互连锁的市场组成的体系，这个体系能通过价格机制自动调节供给和需求”，这一理论的背后，是假设经济与社会是毫不相干的领域，甚至其认为，即使经济与社会有关

① 刘世定．嵌入性与关系合同[J]．社会学研究，1999(4)．

② 卡尔·波兰尼．大转型：我们时代的政治与经济起源[M]．冯钢，刘阳，译．杭州：浙江人民出版社，2007：25-26．

系，也是社会对经济的从属。波兰尼对此提出了批判，从人类学的研究成果中他指出，19世纪之前的人类经济体系的三种组织原则是“互惠”“再分配”和“家计”，除此之外，还有体现市场功能的“交换”。在波兰尼看来，唯一体现市场功能的“交换”实际上也是从属于社会的[①]。即使在19世纪工业革命以后，自由主义思想家所信奉的“自我调节的市场”，在波兰尼看来，这种经济“脱嵌”于社会、凌驾于社会之上的自由市场，不过是“彻头彻尾的乌托邦”。三个关键性的要素——劳动力、土地和货币化商品，仅是“虚构的商品”而已，一个脱嵌的、完全自发调节的市场是十分野蛮的力量，“除非消灭社会中的人和自然物质，否则这样一种制度不能存在于任何时期”，此时，人类社会兴起的“社会保护运动”也必将反作用于这样的社会。因此，“嵌入”是经济运行的本质，“脱嵌”是一种彻底的乌托邦。

这一理论在传统农业转向现代农业的农业转型问题上同样适用。农业经营形式的变迁作为农业转型中显著的表现方式，是一个典型的农业经济学的问题。以往的研究，无论是政治经济学、农业经济学还是农民学，都是从生产要素或组织的角度来思考这一问题的，因此，从外显的形式来讲，农业经营形式表现为土地、资本、劳动力、技术等生产要素的不同配置和组织生产的不同模式。但是，鲜有学者把农业经营形式的变迁这一经济学问题转化为一个社会学问题。与此稍微相关的是从“人口”视角对农业转型和变迁进行的考察，但是很难说这是一种“嵌入”视角。黄宗智作为经济史学家，从人地关系的角度针对农业转型（传统农业走向资本主义农业）提出了创新性的解释，那就是，对于人口压力导致的看似发展的小农经济，实际上是一种内卷化的增长，不是真正的发展。在这里，他

---

① 波兰尼提出，“与互惠、再分配和家计可能在社会中不占主导地位这一点相同，交换的原则同样可以在一个社会中居于从属地位，而由其他原则在社会中占据更重要的位置”，“在我们的时代之前，没有任何哪怕只是在原则上由市场控制的经济曾经存在过”。参见：卡尔·波兰尼. 大转型：我们时代的政治与经济起源[M]. 冯钢，刘阳，译. 杭州：浙江人民出版社，2007：49，37.

把“人口”作为一个外生的影响变量，从形式论的角度对农业的转型提出了中国农业无法转型的客观变量。沿着“人口”解释路径，笔者实际上是从实体论的角度对“人口”这一变量进行更为详细解读的。

笔者把“人口”这一变量社会学化，在人地结构关系中，把“人”的分化作为一种内生性的社会结构变量进行分析。此时，农业经营形式变迁甚至农业转型的问题，不再是一个单纯的农业经济学问题，生产要素的变化，比如资本下乡、农业技术的改良或者土地的规模化流转，虽然对农业经营形式的变迁有着重大影响，但是对于农业变迁所嵌入的社会因素作用不容忽视，甚至其起到决定性的作用。单从经营形式变迁的效率角度而言，各种生产要素和组织的作用的确不可低估，但是忽视了对农业嵌入于社会的考察是完全不够的。在波兰尼的理论中，经济嵌入社会，此时的社会其实是被作为一个“整体”来看待的，这颇有哲学讨论之嫌，倾向于对嵌入的整体性解释，所以有人将之命名为“整体主义方法论”[①]。但是，在另一个对经济社会学有着重要影响的大人物——格兰诺维特看来，嵌入的方式是不同的。

在“嵌入”构成新经济社会学的重要概念以来，格兰诺维特对“嵌入”概念进行了更为微观和中观的应用性研究。他把波兰尼“嵌入”的哲学概念操作化为两个层面：第一，研究人的行动；第二，在“嵌入”的具体内容上，把人际关系网络作为要素，作为社会学研究中一个主要的关注领域[②]。可以说，波兰尼是在抽象程度层面对经济行为进行社会学的反思，用制度嵌入来批评自由主义经济学；而格兰诺维特把“嵌入”的概念实体化，从人的行动和人际关系网络来对经济和社会关系进行具体化分析。对于本书来讲，波兰尼和格兰诺维特对嵌入概念的阐发都是非常有意义的。波兰尼提出的“嵌入”开启了经济和社会之间的关联，笔者对农业变迁的理解也是在经济与社会之间建立联系。同时，这样一种“嵌入”并不

① 符平．“嵌入性”：两种取向及其分歧[J]．社会学研究，2009(5)．

② 刘世定．嵌入性与关系合同[J]．社会学研究，1999(4)：76．

只表现在社会层面，与格兰诺维特的“个人行动”和“关系网”相比，笔者找到了一个介于“社会”和“个人”之间的中间变量——阶层结构，或者说社会结构。个人与经济行为，或者社会与经济运行之间，都能从“嵌入”的角度去理解，但是更为重要的一个问题是，社会结构与经济行为之间的关系，其实也是非常直接的。农业变迁的阶层动力，即是对农业经营形式变迁的经济社会学“嵌入”视角的一个引用。

（二）“阶层农业”：农业变迁的阶层动力

从新经济社会学“嵌入”观点出发，波兰尼和格兰诺维特分别从整体社会和个人行动两个层面对经济行为进行反思和概念的操作化研究，这对于本书对农业变迁的认识有重大影响。在此基础上，笔者提出“阶层农业”这一概念。所谓阶层农业是指，在农业转型或农业经营形式变迁的过程中，作为一种经济行为的演变，除了要受到资本、土地、劳动力和技术等生产要素的影响以外，农业的转型和经营形式的变迁深深地嵌入社会中，扎根于人地关系结构，特别是由“人”-农民这一结构性变量——农民所构成的社会结构中。在这里，从整体性的社会角度（波兰尼的整体社会嵌入观）来看，显然是无法完全解释农业变迁的，因为，农业人口并没有显著的消失或减少，至少从户籍人口上看是这样的。另外，如果从个人行动和关系网的角度（格兰诺维特行动关系网视角）来看，显然难以把个人与农业转型和变迁联系在一起。

在社会和个人之间，一个很好的变量解释了“阶层”：阶层所导致的结构性变迁，导致不同农民对于生计农业的选择具有不同的偏好，导致资源禀赋决定阶层的结构性力量对于农业经营形式变迁的动力。农业转型最终嵌入在阶层结构化的社会结构中，“阶层农业”表明了阶层之间的竞争和博弈。

1. 精英的结盟：资本与权力

在关于土地流转的研究中，有人把政府推动的规模化流转看作阶层结构再构的过程，同时也是新的地权配置变革的一部分[①]。这一点同样适用于农业变迁的过程，实际上这也是地权和阶层结构再造的过程，而且它既是阶层的再造，同时又是阶层之间本身力量博弈的结果。从这一点上来看，笔者认同有的研究者提出的解释性概念——“阶层农业”[②]。

阶层农业实际上表明了地权（这里主要是指土地的经营权流转，与农业经营形式的转变相比，这里重点强调的是经营者主体）的性质，具体指的是，农业经营形式转变（这实际上是土地产权的改变，具体为土地经营权的改变）中主要的决定性的力量是以农民分化下的阶层为基础的“社会结构”。它表现为阶层之间力量的竞争，同时它也是阶层组合和阶层所拥有的资源禀赋的能力的体现。

在农业转型的过程中，农业经营形式的道路选择一方面与组织形式本身所带来的效益有关，另一方面也是各种阶层力量博弈的结果。以各阶层行为主体的利益为基点，在农业转型（地权转换）中，借助各阶层的资源禀赋和在村庄中的结构性位置，各个阶层实现了新的组合方式和在农业经营权变革中的新“权力”。作为政治精英，他们会从“国家的视角”来思考农业的性质和结构性位置，治理农业是他们的首要目标[③]。政治精英对于现代农业的定位和认识，直接关系到农业道路的选择问题。从农业国或发展中国家走向城市化的发达国家，既是国家的决策，也是中国工业化的必由之路，在此情况下，资本化农业就成为政治精英们大力扶持的农业经营形式。在农民分化的基础上扶持大户、培育中等适度规模的家庭农场、减少小农农场，就成为国家治理农业的新视角。因此，农业转型实际上很大程度上是权力与资本、劳动者这几种资源拥有者所展开的有

① 陈成文，罗忠勇．土地流转：一个农村阶层结构再构过程[J]．湖南师范大学社会科学学报，2006(4)．

② 田先红，陈玲．阶层地权：农村地权配置的一个分析框架[J]．管理世界，2013(9)．

③ 龚为纲提出，国家对于农业的治理也在“转型”，国家以“项目制”为切入口，实现对农业治理体系的转型。

龚为纲．农业治理转型——基于一个全国产粮大县财政奖补政策实践的分析[D]．武汉：华中科技大学博士学位论文，2014．

关地权的竞争和博弈。

农业转型过程中的组织、技术、人口和资本的动力性因素，实际上均被转化为农民分化后的阶层之间的关系。在前面的文中我们已经提出了以私营企业主为代表的经济精英成为资本型农场的主要经营者，以村干部、农民工和传统种田大户为主的农村中间阶层构成了家庭农场的主要社会基础，而缺乏市场就业能力的老人(小老人)和贫弱阶层是小农农场的主要社会性力量。在农业变迁的地权新格局中，实际上背后有一定的逻辑可循。

从土地产权的角度来看，早有人提出“谋地型乡村精英”[①]这一概念，农地经营权转换本身实际上也孕育了“谋地型乡村精英”。本书中的乡村精英，重点是指作为国家代表的基层政治精英和占有大量经济资源的经济精英。尽管他们有不同的利益诉求，但是由于改革目标一致，在地权变革的社会行动中构成了权力和资本的结盟。从上面的论述中可以看出，单从农业效率的角度来讲，资本型农场在生产环节并不是最优的，但是为何能在当地迅速发展呢？大户能够不断地流入土地，当然需要政府的扶持，而在这一过程中，政府自身的利益也能得以实现。从农业转型的这个结果来看，实际上经济精英和政治精英是获益最大的群体。

从资源禀赋来讲，经济精英和政治精英掌握了农业变迁过程中最为重要的资源——资本和权力(直接涉及的是土地资源的分配)，这两种资源实际上构成农业变迁中最为重要的两种核心资源。资本构成现代农业中最为主要的生产要素，它是实现劳动力市场化、生产资料市场化、生产工具机械化和技术创新的推动力，而正是由于农业的回报较低和资本的稀缺，传统农业难以向现代农业转化。因此，资本的拥有者在新的农业改

① 臧得顺. “谋地型乡村精英”的生成——巨变中的农地产权制度研究[M]. 北京:社会科学文献出版社,2011.

书中指出，乡村社会中的社会力量在地权配置中起着重要作用，在以土地流转和土地征用为表现形式的地权变革中，他们掌握着行政村的地权权力。

造中就成为资源的垄断者。而且,在新的农业变迁或者说地权变革中,土地(经营权)资源的分配实际上是权力者在国情判断后对形式的一种判断和应对。从发展的角度看,国家或权力与"资本"保持一致,利用资本的力量对土地进行改造,在一定时空内成为权力实施者的一种实践逻辑。在乡镇一级实行土地(经营权)分配的就是基层的政治精英,主要是乡镇政府干部。

在农业变迁中,以私营企业主为代表的经济精英和以乡镇干部为代表的政治精英掌握了资本和土地资源的调控权,因此,这两个阶层实际上主导着整个农业变迁过程。从农业变迁的地权变革的收益来讲,乡镇政治精英,甚至村干部等国家代理人,共同实现了国家"意志",也就实现了自身利益。在压力型体制或者说"锦标赛体制"中,地方和中央总体目标是一致的,地方上推动地权变革和农业变迁,一方面是为了在改革和发展话语中实现自身的政治目标①,另一方面在一定程度上也实现了自身的经济利益(比如在土地整治和土地流转中,国家以项目制的方式向下输入资源,地方基层精英实际在一定程度上实现了自身的经济利益)。如果传统农业能够平稳地过渡到现代农业,基层政府和政治精英们才是这场地权变革的最大获利者。虽然基层政府和政治精英们没有直接参与到地权变革中,但是他们制定了适合自身的游戏规则。

在直接参与农业变迁的社会各阶层中,获利最大的是经济精英。他们掌握了大多数稀缺的资本生产要素,因此,国家的资源输入和项目直接与之对接。尽管经营效率非最优,从粮食安全的角度也不值得提倡,但是从收益的角度而言,经济精英仍然是较大的获利者。第一,经济精英转化为大户以后,可以直接获得国家的项目资金和政策性的扶持,比如龙头公司的政策性贷款、政策性的农业保险、每亩50~80元的补贴和农机补贴等。第二,通过转包的形式直接从转包人手中获得再次流转地租,即使不

① 欧阳静.策略主义与维控型政权[D].武汉:华中科技大学博士学位论文,2010.欧阳静指出,政府的政治行为不仅代表了国家意志,也涉及自身部门的利益。

参与经营，也能获得每亩地100～200元的补贴与地租。第三，通过代理人的管理模式，降低大农场风险，保证粮食收益，获得资本收益。第四，通过投入产前和产后环节，获得生产环节以外的资本利润。资本进入粮食生产环节有风险，但是资本竞相进入土地经营权中，那表明资本基本能实现利润。

有关市场转型过程中精英的再生与循环，一直都是学者们关注的重大话题。有的学者提出精英是循环的（或称为更替或重组），有的学者提出市场转型中精英是延续或继承的关系（被称为精英的再生产），不过无论精英是再生的还是循环的，实际上权力和资本的所有者是改革中最大的受益者。有学者提出，一项措施或政策实施之后，“人们会发现，无论这些措施或政策的取向是什么，在利益结果上几乎都没有太大的差别，该对谁有利还是对谁有利，该对谁不利还是对谁不利。”[①]这或许是当前阶层再生产的逻辑。

2. 中间阶层：农业转型关键

如果说在农业变迁的地权格局中，政治精英以权力实现自身的政治目标，并寻求经济寻租，经济精英以资本为基础进一步实现利润，那么中间阶层在农业变迁中更多的是实现自身的劳动力价值。虽与政治精英和经济精英不同，但是中间阶层却是最富有活力的群体。从村庄内部的经济分层结构来看，他们收入中等，对于家庭的再生产起重要作用。在村庄社会结构中，他们在人情和互助方面是村庄社会中的主体，能够在政治精英、经济精英和底层大众中起到很好的缓冲作用。

农民工、村干部和传统种田大户代表着农村最主要的劳动力资源，尤其是其中最为庞大的农民工群体。农民工在城市中是底层，但是回到村庄，他们却是村庄中的“中层”，在心理认同上，农民工主要还是以村庄人群作为参照。无论是以务工还是以务农为主的传统种田大户，他们的“经

① 孙立平. 利益关系形成与社会结构变迁[J]. 社会，2008(3)：12.

济行为"都是为了实现劳动力的价值。拥有较为丰富的劳动力资源是农村中间阶层所具备的主要特征。在政府对传统农业进行改造的过程中，各个阶层从其自身对农业的需求出发而表现出对规模化土地流转的不同态度。在生计型农业中，中青年群体很难实现其劳动力价值，即所谓的"隐性失业"问题大量存在，因此，他们只能脱离农村，从事更能实现其劳动力价值的非农职业。其他一些中间阶层就采取"兼业"(外出务工或任村干部)和扩大土地面积的方式来实现他们自身的劳动力价值。在农业变迁中，作为不同于资本型农场的家庭农场，它能够适应市场需求，同时也能够在土地生产率和劳动力生产率方面实现优化，更重要的是能够最大程度上实现劳动力的自身价值。

在小农农场之类的生计型农业中，收入居中的阶层的态度极其重要。由于耕种的土地规模小，不足以完全解决农民的生存需要，因此青壮年劳动力流出农村、走向市场，实际上他们对生计型农业的依赖程度较低。进一步研究发现，通过自发流转土地的形式获得土地的农民就成了政府推行规模化流转的阻力。但是同时，他们拥有较为娴熟的生产技能，如果拥有一定的资本积累，他们也最有可能成为新型农业经营形式中的推动力量。对于村干部，他们当然是站在改造农业的立场上，对生计型的农业进行全面的改造。

在农村，除了较为少数的经济精英和部分的政治精英外，实际上大多数人都是收入在中等水平的中间阶层。他们主要靠较少的土地生产资料或者几乎完全靠出卖劳动力来维持自身生存或家庭再生产，他们对于生计型农业的态度就成为农业变迁的关键，而他们则成为农业变迁主要依靠的阶层力量。从这一点来看，农业变迁是否实现了绝大多数中间阶层的利益是关键点。

从阶层的收益来看，中间阶层总体是受益的。首先，仅从地租的角度来看，农民工是受益阶层，从自发的土地流转到规模化的土地流转，地租上涨了几倍，从经济上看，这几乎等同于他们自己进行小规模生产的利润，因此此时的劳动力价值是有成本的。不仅如此，农民工群体由于自身所具备的经济资源和劳动力优势，他们很有机会成为家庭农场的经营者，可以在最大程度上实现自身的劳动力价值。其次，村干部也从农业变迁或新的地权变动中实现了政治和经济上的收益。村干部更多考虑的是政治目标，同时作为底层政府，他们自身的经济利益也能得到实现。比如，小规模农业转为较大规模农业之后，乡村治理的对象发生了变化，从服务分散的小农到大户，面对的主体开始发生变化。国家向地方输入的资源增多，同时从外部(市场)获取的资源也在增加。村干部群体从“无事可做”到“跑步前进”，实现的实际上也是自身的政治利益和经济利益。而且在土地流转过程中，他们直接参与到新的经营形式中来，成为新型农业经营主体的经营者，获取到更多的土地收益。

值得一提的是，传统种田大户实际上是生计型农业的既得利益者，从小农农场迈向家庭农场和资本型农场，既增加了他们在资本上的投入，同时也增加了管理技能和经营上的风险。当然，如果在具备资本、劳动力和技术的情况下，他们也能在更大程度上实现劳动力价值，成为家庭农场的经营者。

3. 底层大众：长期存在

前面已提出，农村的底层大众实际上是老人(小老人)、贫弱阶层、部分以务农为主的传统种田大户和部分兼业农民。底层的农民只是农民群体中的一部分，但是在改革开放前后，这部分农民代表的是整个农民群体，不过随着市场经济的发展和就业机会的增多，农村劳动力开始分化。以改革开放为起始点，均质化的农民从生计型农业的状态逐步过渡到有多样化生计需求的农民。众多对小规模生计型农业有需求的农民，成为小农农场持续存在的阶层基础。

不同于城市的社会保障制度，除了土地，留守于农村的底层大众再无其他基本的生存资料。集体土地所有制所形成的小农农场既是一种经济制度，同时又是一种政治制度和社会制度。底层大众的存在，使得原本简单的农业经济学问题变得更加复杂化。

如果把小农农场作为一个单纯的农业经济学对象来讲，小农农场也并非无优势可循。目前，大多数研究将小农农场作为一种传统农业进行批判。这种批判其实是建立在农业作为一种“产业”，也要创造价值的国际分工体系来讲的。从资源的优化配置来说，农业经济部门认为，农业的高成本和高价格无法参与国际市场竞争，农民的增收也成为一个问题[①]。但是，这只是建立在对农业创造经济价值方面来讲的。对于底层大众，农业是生存的基本需求，如果农村很大部分的基本就业问题都无法得到解决，那么谈农业的国际竞争力就只是一纸空文。并且，从经济学来看，小农经济也有较高的价值，“闲暇经济”其实是“以地养老”的经济行为。以老人、小老人和贫弱阶层为代表的底层大众，并无来自国家的基本养老保障，在“养儿防老”的传统养老模式瓦解的情况下，经营土地就是这些“留守群体”最好的养老方式，也是他们“就业”和维持村庄共同体的经济行为方式。土地首先应维持农民的基本生活，在底层人口数量居多的情况下，生计型农业的维持是基础的，否则这就会成为一个政治问题。

如斯科特所讲的，当农民处于水深火热中时，“生产经济学”其实就是一个有关“生存”“正义”“剥削”“权力”和“反叛”的政治问题[②]。生存权为最高的权利，小规模家庭式农场对于底层农民是一种刚性需求，如果生存权遭到“剥夺”，将会给社会带来不稳定，“反叛”也将成为一个重大的政治问题。如果对底层大众的经济需求进行“剥夺”，会直接带来留守人口的经济问题，涉及的是政治问题和社会问题。从村庄和社会稳定的角度来讲，这种“高资源，高消耗”的农业经济范式，其实是适合底层农民的经济模式。从资源的有效配置来讲，机械化程度高固然能够减少对劳动力资源的需求，但是，留守人口的劳动力资源不应该按照市场的劳动力价格进

① 陈锡文. 国新办举行解读加快农业现代化建设若干意见情况发布会·陈锡文答中国国际广播电台记者[EB/OL]. http://www.scio.gov.cn/xwfbh/xwbfbh/xczb/.

② 斯科特. 农民的道义经济学:东南亚的反叛与生存[M]. 程立显,刘建,译. 南京:译林出版社,2013.

行衡量，而是无市场就业机会的“零调值劳动力”。农业经济不仅是一种经济模式，也是一种生活方式，还是维持村落共同体的基本经济制度。

“闲暇经济”是费孝通先生在考察云南禄村时提出的经济术语，按照费孝通的解释，消遣经济是更看重“消遣”而不是着重“消费”的经济。小农农场的小农经济，其实就是维持着低成本、低消费的闲暇经济。土地规模小，不以市场为目的，五六个月农忙、五六个月农闲的季节性农业，将生产和生活融合在一起，村落共同体则是建立闲暇经济的场所。

从农业经济上来看，小农农场并非乏善可陈，更主要的是，由于这个阶层的结构性存在，在中国庞大的农村人口中，以老人和贫弱阶层为主体的底层大众得以满足其对小农农场这种传统农业的底线生产需要，因此，这种农业经营形式构成了农业转型中的一种持续张力。

4. “阶层农业”：中国农业的道路选择

很显然，我们看到农民的分化——阶层已经构成了农业变迁的基本动力。生计型农业和经营型农业（或者说传统农业和现代农业）是农业发展的两个阶段，农民对于农业经营形式的选择不仅是农民主观意愿的体现，更是经济社会发展水平高低的反映。在社会转型时期，农民在农业经营形式上的选择反映了分化的农民之间的冲突，农业变迁或地权变革根本就是农民分化后结构性的阶层力量的一种反映。有研究者指出，在农民经济和农民行为研究中，有关农民经济的谋生性质（糊口经济或谋生经济/自然经济）是农民经济的首要和基本特征，而农民的谋利则是农民经济的内在特征，因此非此即彼的做法实际上都太过强调某一方了。笔者认为，农民经济性质的突破，很大程度上取决于“谋利”还是“谋生”的经济行为主导。“一旦农民经济的谋利特征发展强大到足以左右甚至压制其谋生特征时，农民经济就在取得突破，资本主义萌芽也就产生了”，“只有在谋生和谋利特征作用下的农民分化已经出现，而农民经济之外的社会经济力量也已取得相当程度的发展之时，这种突破才会发生。或者说，农民经济必须放到更为宽广的社会经济背景之下来理解”。[①]

不过，农民对于进行谋生还是谋利的经济行为其实也并非泾渭分明，或者说并非所有的农民都在“逐利”，仍然有很多的农民停留在生存线上下，这就是农业转型的现实困境。从长期来看，小农农场向家庭农场和资本型农场转型是一种趋势，但是在短期内，从全国大部分地区来看，小农农场占主导、多元经营形式并存的格局将长期存在，这实际上也是由农民分化——阶层的结构性因素所决定的。

第一，底层大众在短期内会始终存在，给予底层最基本的生存保障不仅是传统农业的必然要求，更是对稳定社会的一种必然要求。邓小平同志就指出，“中国社会主义农业的改革与发展，从长远的观点看，要有两个飞跃。第一个飞跃，是废除人民公社，实行家庭联产承包为主的责任制。这是一个很大的前进，要长期坚持不变。第二个飞跃，是适应科学种田和生产社会化的需要，发展适度规模经营，发展集体经济。这是又一个很大的前进，当然这是很长的过程。”小农农场满足了底层大众的经济需求，并且构建了村庄共同体，在人与地固定的村落社会，货币化交换较少，农户以低收入和低支出维持家庭再生产。再从城乡关系来看，短时期内农业人口不会急剧下降，中国的城市化率即使提高，但农民的绝对人口仍然庞大，超过 100 亩的规模化农业也不可能全面实施。总之，底层大众对小农业的需求决定了小农农场这种经营形式必将长期存在。

第二，农村中间阶层的兴起和不断扩大，导致他们对农业经营形式有不同的选择。国内农产品价格的“天花板”与国内生产成本“地板”的抬升所形成的“双重挤压”[②]，使小规模农业越来越无利可图。与之相比，劳动

① 黄春高. 分化与突破:14—16 世纪英国农民经济[M]. 北京:北京大学出版社，2011:24-25，62.

② 原话为:(中国国际广播电台记者)“您刚才也提到现在我们国家国内农产品的价格逼近‘天花板’，国内生产成本这个‘地板’不断抬升，形成双重挤压。一号文件里提出，现在要改善农业补贴的导向性和效能，并且会选择一些地区展开试点，想问一下现在试点工作展开得怎么样?”

陈锡文. 国新办举行解读加快农业现代化建设若干意见情况发布会·陈锡文答中国国际广播电台记者[EB/OL]. http://www.scio.gov.cn/xwfbh/xwbfbh/xczb/.

力价格成本却持续上涨，在小农农场中，农村中间阶层难以获得与外出务工相当的收入，因此，劳动力向第二、三产业转移。通过弃农务工的形式(农民工)，或者是通过兼业的形式(兼业户、村干部等)，抑或通过扩大土地面积的形式(传统种田大户)，农户直接或间接地放弃小农农业，这就是媒体大呼的“农村无人种田”现象。实际上，农村不是无人种田，而是无青壮年劳动力种田。与小农农场形成对接的是，农村传统种田大户自发地生成了。在地块细碎、水利系统遭受破坏、基础设施欠佳的情况下，传统种田大户对于先进生产工具和农业技术的使用进程仍然步履维艰，因此，政府推进的家庭农场迎合了这部分人对于新兴农业经营形式的需求。从农业的角度来看，家庭农场能够较好地与市场对接，人力资源成本更低，满足了农民增收的需求，实现了劳动力在农业上的增值。从本质上讲，只有农村中间阶层扩大，才能使更多的人退出小规模农业种植，才能进一步地减少农民对于小农农场的生计型需求。

第三，精英阶层的壮大，能够在最大程度上促进农业转型。从本质上讲，只有农村的精英阶层能够最快地实现“农转非”，能够最迅速地向城市转移，这批精英对小农农场的需求最低。在政治精英、经济精英和社会精英这几种精英中，经济精英的扩张速度最快，力量也最强大，他们能够较快地向城市转移。以私营企业主和个体工商户为代表的农村经济精英的扩大，有可能加快农业人口减少的速度，实现农业的规模化经营。对于农民来讲，在政治资源、经济资源和社会资源中，最主要的资源是经济资源，经济资源能够最快速地实现农民社会身份的转变。在推动农村城镇化的过程中，经济精英具有重要作用。扩大精英阶层，是实现农业转型的坚实基础。因此，政府会不遗余力地动员经济精英参与到农业转型过程中，在农业转型的过程中，以经济精英为基础形成的资本型农场的主要作用是促进农业的技术创新，加快先进生产工具的投入和降低生产成本，引入市场等。

纵观农业变迁研究，不同学者从资本、组织、技术和人口的角度对农业的转型提出了不同的解释和预测。不过，从本质上讲，中国的农业问题主要还是农民的问题。深究之下，我们发现农民其实是由不同的分层结构构成的，阶层结构构成了“行动”的基础，不同阶层的农民对“谋生”和“谋利”的农业有着不同的利益需求，地权的变革本质是阶层结构在经济上的反映。农民的分化构成了现实问题的基础，阶层结构既是问题形成的根源，同时又是短时期内难以解决的问题。因此，以小农农场为基础，家庭农场、资本型农场同时并存的局面将长期存在，但是小农农场不断向家庭农场和资本型农场等资本化和市场化的现代农业转型是必然的。

（三）对农业经营形式变迁路径的再思考

在本书导论部分，笔者对农业经营形式变迁的路径进行了文献梳理，从理论上来看，经典作家主要根据雇工的多少来判断农业经营形式变迁的路径，即区分资本型农场和农民家庭组织。从组织形态来划分，农业经营形式的类型划分主要有雇佣形式的资本型农场和农民家庭组织，这是一种非常简洁和直观的类分法，对于理解农业经营组织具有重大意义。但是，这一二元划分法和有关农业经营形式变迁路径的“一元论”论断，在笔者看来都有失偏颇。首先，从世界范围内看，农业经营形式变迁的路径并非“一元”。同时从微观的个案来看，即使在具体的时空背景下，农业经营形式变迁的路径也并非遵循一元的演化路径，至少在一定时间来看是如此，这说明农业经营形式变迁的路径是多元的。

首先，从世界各国情况来看，农业经营形式变迁并没有遵循统一的路径。既有以机械化、资本化投入程度高的大农场为主的美国农业，也有以小农合作社形式为主的日韩模式，更有以中国户均不过十亩的散户为主的小农农业。这表明世界各国由于资源禀赋的不同，在农业经营形式变迁的路径上并不一致，农业的效率，或者说农业的劳动生产率和土地生产率并非农业变迁的唯一决定性变量。

第二，个案研究表明，农业经营形式的变迁在具体的时空背景下也具有“多元性”。这从萍镇农业经营形式变迁的路径可以看出。农业经营形式的变迁，在一定程度上不仅是“经济效率”的优胜劣汰，还在很大程度上体现为人地关系结构中人所构建的阶层关系。在农民分化所构成的阶层结构中，分化的农民其实对于经营形式有不同的选择偏好。以生产工具简单、劳动生产率极低的小农农场来讲，其农业产出几乎很难维持家庭再生产，但是，不少农民对其依赖度依然极高。这部分农民主要代表了农村的中下阶层，尤其是农村的底层。这部分农业劳动者的特点为年龄大，无法从事较高强度的体力活，文化水平也不高，因此，小农农场的低投入和低产出与这个阶层的特点是完全吻合的，而且在利益诉求上也满足了农村社会底层对于经济和社会的满足。“以地养老”的小农模式，具有强大的社会基础。农村社会底层对于农业经营形式的选择如此，农村中间阶层和精英阶层对于农业经营形式的选择和表达偏好也是如此，这恰恰符合了本书中所讲的农业的“嵌入性”这一观点和农业经营形式变迁的性质问题。

“阶层农业”是理解农业经营形式变迁的一个视角。它表明农业经营形式的变迁深深嵌入于社会、嵌入社会结构中。在一定的时空背景下，农业经营形式演变的路径并非“一元”的，非放之四海皆准的。经验表明，即使是以家庭为单位的农业组织生产单位，也并非是单一的一种形式。由于在资本、土地、劳动力和技术方面投入不同，也呈现出经营逻辑的巨大差异，从而体现出完全不同的性质。所以，从本质上讲，即使是保持了“家庭”这一经营形式的外壳，在农业性质上也迥然不同。

总之，经典作家对于农业经营形式演变的路径不是资本型农场就是农民家庭生产组织的一元论划分，对于我们理解农业变迁和农业转型本身具有重要意义。但是，在农业变迁的现实场域中，可以看到各种经营形式的并存、多元化的农业经营形式并存。在一定的时空背景下，农业经营形式也并非一元的。

三、政策反思:中国农业向何处去?

中央一号文件对“三农”问题的关注已经持续了十多年,转变农业发展方式,加快建设现代农业,成为最近几年中央一号文件最显著的主题。一号文件对现代农业的关注,从侧面反映了加快农业经营形式的转变,实现传统农业向现代农业发展的农业转型,已成为政府部门关注的问题之一。在财政、税收和金融等方面,国家配套了诸多的惠农政策向新型的农业经营主体倾斜,这在很大程度上加快了传统小农经济向现代农业经营形式的转变步伐。但是,正如笔者所提出的观点,农业具有嵌入性,农业经营形式的变迁更大程度上取决于农民群体本身对于生计型农业的依赖程度。农村剩余劳动力的转移程度和次级劳动力的安置问题,成为农业转型的关键。由于庞大的农村社会底层的存在,农业经营形式的变迁和农业转型必将是一个漫长的过程。在国家的推动下,在未来一段时期内,新型的农业经营形式也会大量出现,多元化的农业经营形式格局是中国农业的未来走向。

(1) 在绝对数量上,小农农场的小农农业仍将是主导。

小农农场是在数量上占绝对主导地位的农业经营方式,在相当长一段时期内存在。小农农场的长期性是由农村庞大的次级劳动力和无法转移的剩余劳动力所决定的。本书前文对小农农场存在的阶层动力进行了详细的分析,在此不再赘述。需要说明的是,小农农场这种经营形式虽然在劳动产出率和提高农民收入方面有很大瓶颈,但是这种农业经营形式不仅具有经济功能,还具有社会功能和政治功能,小农经济与村社共同体和基层政府的治理之间也有某种关联。因此,小农农场这种小规模的农业经营形式还有相当长的路要走。

(2) 新型农业经营主体——家庭农场可能在未来得到较快发展。

本书第四章中,笔者对家庭农场的经营效率进行了详细的分析。家庭农场由于具有了适度的规模，在土地生产率和劳动生产率上具有双重效益。它在保证粮食基本不减产的情况下，能极大地降低对劳动力资源的需求，从这个方面来讲，家庭农场是未来新型农业经营形式发展的一个方向。但是家庭农场的兴起，务必要借助政府的行政力量，这是由现有的土地生产格局决定的。对分散、细碎化的土地生产格局及生产基础设施的改造，需要国家投资，这只能是部分有项目的村庄才能实施，有了项目才能推动规模化的土地流转。

从萍镇这个个案来看，有两点政策措施对于农业规模化的实施至关重要：涉农项目的实施和政府推动的规模化流转。首先是土地综合整治和农业综合开发等涉农土地整治项目，它对农业生产格局的改造，对于规模化农业的实施具有举足轻重的作用。这是从国家层面对现代农业的基础设施和配套的公共品进行公共投资，对于土地的连片、集中经营和机械的使用作用甚大。另外就是政府主导的规模化流转的实施。有关土地整治的涉农项目从生产格局上为集中的规模化经营提供了生产上的便利，但是推动规模化经营的关键一步是政府主导的规模化土地流转。同样是土地流转，政府主导的规模化土地流转与自发的土地流转具有巨大区别。自发的土地流转，由于土地细碎和零散，对于劳动生产率的提高没有显著帮助。而政府主导的规模化流转，动用行政手段，对地块进行了调整，使土地流入户的土地集中、连片、成规模，这是提高劳动生产率的重要一步。从这个层面来讲，农业规模化的实施即使在具备条件的地区，也需要政府的投入。

(3) 资本型农场作为农业产业化的一个重要方面，在未来会占有一定比例，但是在生产环节龙头企业不宜加入，尤其是在粮食生产方面。

资本型农场由于规模大、资金雄厚，对于机械化和先进技术的使用在所有经营形式中是最突出的，而且资本型农场有利于与市场结合，这些都是资本型农场的优势。但是，资本型农场在粮食生产环节，很难避免雇工所带来的产量下降和管理难等问题。不过，在产前和产后环节，资本型农场仍然具有一些优势，尤其是在非粮食生产领域。这表明，资本型农场只能成为新型农业经营形式中的一元，而且比例不可能很大。

以上笔者从阶层农业的角度和农业经营效率本身对中国农业的未来做出了简单的判断——多元化的农业经营形式并存，小农农场数量占绝对主导，但是向越来越多的家庭农场和资本型农场转化是未来的趋势。在政策上有几点需要引起注意。

第一，在政府极度重视传统农业向现代农业转型，加快转变农业经营方式的背景下，对当前仍然经营小农农场的农业劳动者要给予足够的重视，这是当前项目下乡和政府主导的规模化土地流转中需要重视的问题。以萍镇为例，我们看到，当政府大力推动涉农项目发展，大力在示范村推动规模化流转和现代农业经营方式时，容易忽视小农利益。这样的工作动员，可能使部分想种地的农民无法种地。这一点应该引起所有试图推动涉农项目进而推动规模化土地流转的行政村的注意。对这一点的违背，就可能带来其他的治理难题。

第二，在构建新型农业经营主体的过程中，对于土地整治项目进村的项目制，其实施效果应该引起政府的充分重视。土地整治项目构成了土地规模化经营的基础，也是提高劳动生产率的关键环节。无论是对于小农生产，还是对于构建的规模化的新型农业经营主体而言，实际上都需要对农田、水利、道路等基础设施进行改良，因此，土地整治项目应该充分地考虑到各个群体对于经营形式的需求。在涉农项目实施过程中，项目实施的效果和项目方案与农民偏好出现了严重偏差，这对于农业生产具有重大影响。从萍镇的经验来看，在项目实施过程中，过于脱离群众和基层组织，因此，在项目中务必考虑群众参与和监督。

第三，在有条件实施规模化土地流转的地区，在充分尊重农民意愿的情况下，政府对新型农业经营形式的构建，应该以家庭农场为主，不宜提倡大规模的资本型农场。在相关文件中，对于资本型农场从事生产环节工作，并没有给予适当的抑制。比如在十八届三中全会中就提出，“加快构建新型农业经营体系。坚持家庭经营在农业中的基础性地位，推进家庭经营、集体经营、合作经营、企业经营等共同发展的农业经营方式创新”，并且明确“鼓励和引导工商资本到农村发展适合企业化经营的现代种养业，向农业输入现代生产要素和经营模式”。从农业经营效率的角度考虑，对于农业企业等资本型农场进入粮食生产环节不应该予以提倡。

总体来看，在国家推动新型农业经营体系，推动农业经营方式转变和加快农业转型的过程中，不宜操之过急。由于中国的人地结构和劳动力向城市的转移需要较长的时间，以小农农场为基础的小农农业必将在较长时间内存在，不过，家庭农场的数目将会增多，资本型农场在非粮食产业和粮食的非生产环节的扩大也是一种必然。

附录 A　加快农村土地经营权流转推进农村土地规模化经营

番县萍镇政府

2010 年 3 月

一、基本情况

萍镇位于番县东南部，距县城约 21 千米，总面积为 91.6 平方千米(其中，林地有 4.6 万亩，耕地有 3.4 万亩，水面有 1.6 万亩)，辖 13 个村(居)委会、243 个村民组，人口为 30 973(其中农村人口为 29 390)。境内工业企业少，农村外出务工人员多，2009 年，全镇常年外出农村劳动力为 8900 多人，农业生产主要依赖妇女和中老年人，多为粗放经营，土地产出效率低，发展现代农业更是无从谈起。针对上述情况和问题，近年来，我镇认真调研，努力探索，积极推进农村土地承包经营权流转工作。目前，全镇通过转包、租赁、互换、代耕等方式，规模流转土地面积达 3.4 万亩，占土地总面积的 35.4%。其中，经营 50 亩以上的林地规模户有 47 个，经营面积为 11 563 亩，占林地总面积的 25.14%；经营 100 亩以上的耕地规模户有 25 个，经营面积为 13 182.66 亩，占耕地总面积的 38.77%，其中经营 1000 亩以上耕地的有 5 户，超过 2000 亩的有 2 户。规模经营遍及全镇 13 个行政村。

二、主要做法

(一) 搭建农村土地经营权流转平台

为规范农村土地经营权流转工作，镇政府专门成立了领导小组，并设立农村土地经营权流转服务中心，与镇农经站合署办公，在各村委会的配合下，积极为土地流转双方提供政策咨询、信息发布、洽谈组织，以及合同登记备案、立卷归档等服务。与此同时，加大奖励扶持力度。除上级政策资金扶持外，镇政府在财力困难的情况下，每年拿出十几万元，用于奖励和补助在开展农村土地流转工作中表现突出的村委会、农村专业合作经济组织和土地规模经营户。

（二）鼓励各类经营主体参与农村土地流转

一是鼓励种田能手、养殖能人在农村承包土地，如种田能手吴江雨在旧塘村集中租赁耕地185亩种植优质稻。全镇类似的种田能人已有8人，共经营土地1799亩。二是支持农业技术人员依法承包农村土地。镇农技干部郭昌玉集中承包林地128亩从事林木种植，村农技员胡传华集中租赁耕地220亩种植优质稻，均在当地起到了良好的示范和引导作用。三是吸引本镇外出成功人士返乡从事土地规模经营。例如，麻仁村包欣欣长期在上海做蔬菜配送生意，2008年回乡集中承包485亩耕地，种植时令蔬菜和瓜果，直接供应上海市场。四是鼓励农业产业化龙头企业承包农村土地。萍镇HQ米业有限责任公司2008年5月在镇国家土地整理项目区集中流转耕地2244.03亩，以作为企业原料基地。五是打破地域界限，允许外地人到本镇农村承包土地。先后有合肥人方忠在旧塘村、杉河村承包土地1007亩，凤台人刘新军在杉河村承包土地741亩，南陵人吴小宝、陈恩年分别在杉河村承包土地1170亩、635亩，繁昌人卢锦明、王中村分别在旧塘村、杉河村承包土地2003亩、1077亩，南陵人杨继久在旧塘村承包耕地135亩，长湖人何良雨在旧牌村和韩塘村集中流转林地867亩。六是支持农业专业合作经济组织参与农村土地流转。萍镇隆岗西瓜合作社通过集中租赁耕地532亩，种植大棚蔬菜和无籽西瓜，目前无籽西瓜已成为隆岗村的主导产业。

（三）探索农村土地经营权流转新模式

我镇国家级土地整理项目总投资为2587万元，根据项目设计，平整后的土地要成为田成块、路相连、渠相通、林成网、旱能灌、涝能排，具备适度规模经营条件的现代农田。项目工程于2009年3月完工，共整治出耕地面积12 000亩。为发挥项目区土地效益，我镇在县政府和县农委的指导下，引导项目区内农户按照自愿联合、民主管理的形式，成立金泰水稻种植专业合作社，统一对项目区内土地进行集中流转或经营，探索形成了以“三权分离、虚拟地块、两次流转、合理收益”为特点的农村土地流转新模式。具体表现在：对整治后的土地所有权，只确权到村民组，同时以原土地承包合同为依据，将农户在项目区内的实际承包面积确定为土地承包经营权收益面积，但不确定地块具体位置，这样就使农户在项目区内的承包地块“虚拟化”。项目区内拥有土地承包经营权的农户，通过“一上一下”的方式进行两次流转。“一上”，即农户统一书面委托授权合作社集中流转土地经营权；“一下”，即需要耕种土地的农户可向合作社提出申请，其耕种面积可多于或少于原承包面积，农户承包之后剩余的土地，由合作社集中对外流转。2008年，金泰水稻专业合作社共对项目区内2729.03亩土地进行了集中流转。其中，HQ米业有限责任公司租赁了2244.03亩，租期为8年，租金为每亩每年400斤中籼稻或折现金支付；长湖绿兰子蔬菜公司租赁了485亩，租期为20年，租金为每亩每年400元。2009年，通过全县范围内公开招标的方式，对项目二期工程杉河村、旧塘村两村的7700亩土地进行了流转。此外，将需要耕种土地的农户也视为土地经营权的流入者，以其原承包面积为基数，对多种土地按同等价格收取租金（稻谷或折合成价款），少种土地给予补偿；国家给予农民的综合直补、粮食直补等仍属原承包户所有；项目区以村民组为单位集体享有村民组土地所有权，如项目区耕地被征收，改变了土地用途等所获得的补偿收益，政策规定应分配到承包农户的部分，按农户拥有的土地承包权面积占村民组在该区域的所有权面积比例进行分配，土地面积变化后，按比例重新核定项目区各农户的土地承包权田亩数。上述做法既保证了农户的土地承包收益，又保障了农户对土地的远期收益，得到了广大群众的赞同，被当地农民称为“想种田的有田种，不种田的有饭吃”。同时，在项目区土地流转完成后，在上级领导帮助下，积极探索非项目区土地流转模式，并于2010年3月在菜铺村成功流转非项目区土地591亩。

三、几点体会

(一)尊重农民意愿,是促进农村土地流转的前提

农村土地流转工作必须坚持“依法、自愿、有偿”的原则,在稳固农村土地承包关系的基础上进行,不能伤害农民群众的切身利益。

(二)培育、扶持各类经营主体,是促进农村土地流转的基础

农村土地流转只有通过各类经营主体的积极参与,采用规模化、集约化经营方式,才能最大限度地提高土地利用率和产出率。

(三)构建土地流转服务体系,是促进农村土地流转的保障

农村土地流转工作政策性强,程序要求高。要在进一步加强金融信贷支持、完善农业政策性保险制度、强化农业社会化服务体系的基础上,建立健全相关制度和纠纷调处机制,只有这样才能保证农村土地流转工作的顺利进行。

附录B　提升农业产业化水平促进现代农业发展

——2012年农业产业化推进会汇报材料

番县全县总面积为586平方千米，人口为28万（其中农业人口为21万），现有耕地16.8万亩，林地32.6万亩，可养水面有4万亩。近年来，我县始终把推进农业产业化发展摆在农业农村工作的突出位置来抓，强化政策引导，加大资金投入，不断提升农业产业化水平，全面形成蔬菜、畜禽、经果林、粮油棉、水产等特色农业板块，同福食品、金丰粮油、溜溜果园集团、华园米业等一批国家级、省级农业产业化龙头企业在市场竞争中逐步取得优势，对农业经济发展和农民增收发挥了重要作用。2011年，全县农产品加工业产值达51.8亿元，与全县农业总产值之比为3.95∶1。农业产业化的加快发展，有力地促进了我县农业增效、农民增收。

一、主要做法

（一）落实扶持政策，推进农业产业化发展

制定扶持农业产业化和土地流转等的政策，并出台农业产业化专项资金管理办法和农民专业合作社规范化建设意见，引导和鼓励社会资金参与农业产业化经营，积极争取上级项目和资金的支持，努力提高资金使用效益和农民专业合作社规范化建设水平，推进农业产业化健康发展。

（二）明确发展目标，重点培育主导产业

按照“区域化布局、专业化分工、规模化生产、一体化经营”的思路，将蔬菜、畜禽、经果林、优质粮油、水产等作为农业五大主导产业进行培育。

积极打造中国休闲食品之乡，重点加强以同福食品为代表的营养快餐、以溜溜果园为代表的果脯、以兄弟实业为代表的炒货等休闲食品产业集群建设，现已拥有12个休闲食品系列、100多个品种。

（三）优化产业布局，大力发展特色农业

培育形成了一批具有规模效益、品牌效益和产业聚集力的优质农产品基地。萍镇隆岗村国家级标准化农业示范区优质西瓜种植面积达到1000多亩；荻港镇庆大村50亩以上葡萄种植户有11户，100亩以上种植户有5户；我国八大名枣之一繁昌长枣申报了有机食品和地理标志产品；国家级畜禽遗传资源保护品种萍铺村"伍华鸡"和峨山千军村"千军岭"竹林鸡养殖户已发展到180余户，总饲养量达156万只。隆岗村、庆大村、千军村、库山村等村先后被认定为省"一村一品"专业示范村。

（四）注重体制创新，探索产业化新路子

一是土地流转制度的创新。结合峨山和萍镇实施农业综合开发和土地整理项目的契机，首创"三权分离、虚拟地块、两次流转、合理收益"确权不确界的土地承包经营权流转新模式，全县累计流转耕地6.76万亩。二是经营模式的创新。建设和完善HQ米业有限责任公司的"龙头企业＋专业合作社＋家庭农场"的经营模式，实行"一集中、五统一、一分离"。三是投资体制的创新。鼓励多渠道、多层次筹集资金，投入农业产业化经营，形成以农户、企业投入为主，国家、集体、个人多元投入的新机制。

（五）培育经济组织，发挥桥梁纽带作用

坚持把农民专业合作经济组织在项目申报、立项和财政资金倾斜上与农业产业化龙头企业同等对待并优先考虑。大力支持萍铺伍华鸡、隆岗西瓜、荻港庆大葡萄等农民专业合作社的发展，并成功打造萍铺伍华鸡、"繁星"牌西瓜和"繁园"牌葡萄。目前，全县共有农民专业合作社98家，其中，国家级示范社1家、省级3家、市级5家，市级先进农民专业合作社18家。

（六）加强科技服务，提高产业化经营水平

建立健全畜禽、良种繁育、饲料销售、动物防疫、病虫防治等服务体系，进一步完善农村信息和农业信息"一站通"，千方百计把市场、企业、农户联系在一起，提供全程的技术支持、良种支持和信息支持，提高农业产业化的科技水平。

（七）创新机制，形成多元化的招商引资模式

一是以商招商。在招商的同时把客商作为一个重要的传承点，通过在我县安家落户的客商联系其他客商来我县实地参观、考察，使他们先"热身"后"投资"。二是上门招商。对了解到的投资信息，我们主动上门，迎上去，有针对性地登门拜访，邀请来我县实地参观、考察投资。三是以情招商。积极寻找在省外的战友会、同学会等，通过他们的推介，积极宣传繁昌，为招商引资工作"牵线搭桥"。

二、取得的成效

（一）龙头企业快速发展，带动能力明显增强

近年来，同福食品、溜溜果园、丽仁农牧、格林美等一批龙头企业相继落户我县并不断发展壮大。拥有市级以上农业产业化龙头企业 25 家，其中，国家级农业龙头企业同福食品年总产能达 20 多亿元，直接带动种植农户近 10 万户，并为 5000 多名劳动力解决了就业问题。截至 2012 年 10 月，农产品加工业产值达 50.1 万元。

（二）基地规模不断壮大，主导产业日益凸显

全县现有百亩以上粮油种植大户 109 户，百亩以上水产养殖大户 50 户，500 头以上生猪养殖大户 56 户(一万头以上生猪养殖大户 7 户)，年饲养量万只以上家禽养殖大户 150 余户。拥有无公害农产品生产基地 16 个，繁昌长枣、伍华鸡、苗木花卉、笋竹两用林、大中型养猪场、优质粮油、名特优水产品、精细蔬菜等基地不断发展壮大，传统产业转变为主导产业，新兴产业逐步转变为优势产业。

（三）产业链条不断延长，利益联结渐趋紧密

农业产业化发展由偏重于生产基地建设向基地建设、农产品加工、品

牌开发等协同发展，农业产业链条不断拉长，农产品附加值不断提高。利益联结机制不断完善，在规模以上龙头企业中，通过合同、合作、租赁等形式与基地和农户进行联结的达到90%以上。

(四) 合作组织蓬勃发展，品牌战略强力推进

全县现有农民专业合作社98个，入会成员有3005人，带动农户20 295户。37个农产品获得绿色食品认证，26个农产品获得无公害农产品认证，4个农产品获得有机食品认证，省名牌农产品2个，省名牌产品4个，“同福碗粥”被认定为中国驰名商标，“伍华鸡”等3项标准被认定为地方标准。品牌效应不断增强，农产品竞争力和市场占有率不断提高。

(五) 招商引资取得新突破

近年来，同福食品、溜溜果园集团、兄弟实业、繁阳养殖公司、天源牧业、龙腾生态农业、格林美、丽仁农牧等相继落户我县。农业招商工作取得成效，提升了我县农业产业化经营的整体实力。

2005年以来，我县先后被评为农业产业化示范县、指导合作经济组织发展先进单位、实施农民专业合作社信息化建设工程先进单位、全省农业产业化工作先进集体、全省休闲农业与乡村旅游示范县。2011年，番县食品加工示范园区被认定为省级农业产业化示范园区。

三、下一步工作打算

(一) 加大龙头企业扶持力度

围绕省农业产业化“671”倍增计划和长湖都市型现代农业发展规划，深化政银企合作，支持龙头企业做大做强，加快产业集群发展，全面推进省级农业产业化示范区建设。

(二) 大力加强品牌质量建设

鼓励企业争创国家、省级驰名商标、名牌产品，做大、做强“生态品牌”“原产地品牌”等特色品牌，提升品牌影响力。

（三）逐步构建现代营销体系

积极推进农业产业化龙头企业与超市的联合与合作，大力推进连锁经营、直供直销、网上交易等现代营销方式，逐步建立灵活有序的农产品市场供应网络体系。

附录C　关于鼓励家庭农场建设发展的通知

各镇农经站、工商所：

为深入落实中央一号文件精神，创新农业生产经营体制，进一步推进我县家庭农场建设，提高农业集约化经营、标准化生产、社会化服务水平，现就我县家庭农场建设发展，通知如下。

一、鼓励发展家庭农场

家庭农场是指以农户家庭为基本生产经营单位，以家庭成员为主要劳动力，从事农业规模化、集约化、商品化生产经营，以农业收入为家庭主要收入来源，实行自主经营、自我积累、自我发展、自负盈亏和科学管理，并在工商部门办理家庭农场注册登记的新型农业经营主体。

二、家庭农场条件

1. 适度规模。种植业：粮棉油集中连片规模在100亩以上，设施蔬菜（含瓜果）在20亩以上、露地蔬菜在30亩以上，苗木花卉等在100亩以上。畜禽业：猪、羊、牛年出栏在100头以上，家禽年出栏2万羽以上、蛋禽存栏5000羽以上，其余畜禽规模按排泄物产生量折算达到相应标准。水产业：规模养殖面积在100亩以上、精养面积20亩以上。种养结合的综合性农场在各项标准达上述标准的50%以上。土地、山场、水面流转年限3年以上。

2. 经营管理。具有一定的生产、管理水平，注重农业标准化生产，推广应用新品种、新技术、新材料，机械化操作水平较高，品牌意识和产品市场竞争力较强，农产品质量安全水平较高，对周边农户具有明显示范带动效应，产品销售渠道较完备，基本实现订单生产和销售。

三、登记注册流程

家庭农场经营主体为个人经营或家庭经营的个体工商户，由各家庭农场所在地工商所负责登记注册，并提交以下材料。

1. 核准通知书。

2. 申请人身份证复印件。

3. 村委会出具的经营场地证明。

4. 县农委或镇农经站出具的家庭农场核实情况证明。

5. 当事人不能到场的还需出具委托书以及委托人、被委托人的身份证复印件。

四、家庭农场管理

县工商局各工商所负责对家庭农场的注册登记，按照相关法律法规实施监管，对已开办的家庭农场要加大帮扶力度，实行定期和不定期的回访制度，积极主动帮助其解决在经营过程中遇到的困难和问题。

县农委负责对家庭农场的管理，制定、落实相关扶持政策，指导家庭农场开展规模化、集约化、商品化生产经营，引导具备家庭农场雏形，从事农业生产经营的农户向家庭农场经营模式转变，同时对农业生产有热情，懂经营、会管理，有一定资金保障的人员，积极引导其领办、创办农村家庭农场，扩大家庭农场群体，推动农业生产经营体制创新。

2013 年 4 月 10 日

参考文献

[1] 恰亚诺夫. 农民经济组织[M]. 萧正洪,译. 北京:中央编译出版社,1996.

[2] 孟德拉斯. 农民的终结[M]. 李培林,译. 北京:社会科学文献出版社,2010.

[3] 范德普勒格. 新小农阶级:帝国和全球化时代为了自主性和可持续性的斗争[M]. 潘璐,等,译. 北京:社会科学文献出版社,2013.

[4] 马若孟. 中国农民经济[M]. 史建云,译. 南京:江苏人民出版社,2013.

[5] 米尔斯. 白领:美国的中产阶级[M]. 周晓虹,译. 南京:南京大学出版社,2006.

[6] 米格代尔. 农民、政治与革命[M]. 李玉琪,袁宁,译. 北京:中央编译出版社,1996.

[7] 舒尔茨. 改造传统农业[M]. 北京:商务印书馆,2010.

[8] 詹姆斯·斯科特. 农民的道义经济学:东南亚的反叛与生存[M]. 程立显,刘建,译. 南京:译林出版社,2013.

[9] 速水佑次郎,等. 农业发展的国际分析[M]. 北京:中国社会科学出版社,2006.

[10] 伯恩斯坦. 农政变迁的阶级动力[M]. 王淳玉,译. 北京:社会科学文献出版社,2011.

[11] 弗兰克·艾利思. 农民经济学:农民家庭农业和农业发展[M]. 上海:上海人民出版社,2006.

[12] 番县人民政府. 番县县志[M]. 内部稿,1993.

[13] 番县人民政府. 番县县志[M]. 内部稿,2006.

[14] 垄断企业推高化肥价格上涨[EB/OL]. http://www.snzg.net/article/2008/0505/article_10199.html.
[15] 马克思恩格斯选集[M](1-4卷). 北京:人民出版社,1995.
[16] "中国农民工战略问题研究"课题组. 中国农民工现状及其发展趋势总报告[J]. 改革,2009(2).
[17] Bernstein H. From Peasant Studies to Agrarian Change[J]. Journal of Agrarian Change,2001,1(1):1-56.
[18] Shanin T. Peasantry:Delineation of a Sociological Concept and a Field of Study[M]. European Journal of Sociology,1971,Ⅻ:289-300.
[19] USDA. Agriculture Fact Book [M]. Hallberg,1998:6.
[20] Wolf E. Types of Latin American Peasantry:A Preliminary Discussion [M]. American Anthropologist,1955(57):452-471.
[21] 彼得·蒂默. 国家在农业发展中的作用[C]//何增科,周凡. 农业的政治经济分析. 重庆:重庆出版社,2008.
[22] 边燕杰,等. 跨体制社会资本及其收入回报[J]. 中国社会科学,2012(2).
[23] 蔡昉. 刘易斯转折点——中国经济发展新阶段[M]. 北京:社会科学文献出版社,2008.
[24] 蔡昉,等. 中国农村改革与变迁[M]. 上海:格致出版社,上海人民出版社,2008.
[25] 陈柏峰. 土地流转对农民阶层分化的影响[J]. 中国农村观察,2009(4).
[26] 陈柏峰. 中国农村的市场化发展与中间阶层[J]. 开放时代,2012(3).
[27] 陈成文,罗忠勇. 土地流转:一个农村阶层结构再构过程[J]. 湖南师范大学(社会科学学报),2006(4).
[28] 陈翰笙. 帝国主义工业资本与中国农民[M]. 上海:复旦大学出版

社,1984.

[29] 陈翰笙. 解放前的地主与农民:华南农村危机研究[M]. 北京:社会科学文献出版社.

[30] 陈锡文,陈昱阳,张建军. 中国农村人口老龄化对农业产出影响的量化研究[J]. 中国人口科学,2011(2).

[31] 陈锡文. "三农"问题的创新与挑战[N]. 上海早报,2014-3-27.

[32] 陈锡文. 发展家庭农场不能硬赶农民走[EB/OL]. http://epaper.oeeee.com/A/html/2013-06/11/content_1874247.htm,2013-06-11.

[33] 陈锡文. 农村土地改革不能突破三条底线[EB/OL]. http://news.ifeng.com/exclusive/lecture/special/chenxiwen2/, 2014-02-17.

[34] 仇立平. 职业地位:社会分层的指示器[J]. 社会学研究,2001(3).

[35] 戴建中. 现阶段中国私营企业主研究[J]. 社会学研究,2001(5).

[36] 董正华. "农业资本主义",还是"农民的生产方式"? [J]. 人民学术·论坛前沿,2014(1)(下).

[37] 董正华. 关于现代农业发展的两个理论问题[J]. 马克思主义与现实,2006(1).

[38] 恩格斯. 法德农民问题[M]//马克思恩格斯选集:第4卷. 北京:人民出版社,1972.

[39] 樊平. 社会流动与社会资本——当代中国社会阶层分化的路径分析[J]. 江苏社会科学,2004(1).

[40] 费孝通. 江村经济:中国农民的生活[M]. 北京:商务印书馆,1997.

[41] 费孝通. 乡土中国 生育制度[M]. 北京:北京大学出版社,1998.

[42] 费孝通. 乡土中国·血缘和地缘[M]. 北京:三联书店,1985.

[43] 费孝通. 学术自述与反思[M]. 上海:三联书店,1996.

[44] 冯小. 留守经济:当前中国式小农经济的现实[J]. 南京农业大学

学报(社会科学版),2013(6).
[45] 符平."嵌入性":两种取向及其分歧[J].社会学研究,2009(5).
[46] 高强,刘同山,等.家庭农场的制度解析:特征、发生机制与效应[J].经济学家,2013(6).
[47] 龚为纲.农业治理转型?——基于一个全国产粮大县财政奖补政策实践的分析[D].武汉:华中科技大学,2014.
[48] 顾建洲.农业的出路在于发展中国特色的家庭农场[J].学海,1994(4).
[49] 关付新.我国现代农业组织创新的制度含义与组织形式[J].山西财经大学学报,2005(3).
[50] 桂华,贺雪峰.再论中国农村区域差异[J].开放时代,2013(4).
[51] 桂华."没有资本主义"的中国农业发展道路[J].战略与管理,2013(11/12).
[52] 桂华.中国农业生产现状及其发展选择[J].中国市场,2011(33).
[53] 郭于华."道义经济"还是"理性小农":重读农民学经典论题[J].读书,2002(5).
[54] 国家统计局.2011年我国农民工调查监测报告[EB/OL].http://www.stats.gov.cn/tjfx/fxbg/t20120427_402801903.htm.
[55] 国研专稿.我国农民工工资上升的成因及趋势[EB/OL].http://www.drcnet.com.cn/eDRCnet.common.web/docview.aspx?leafid=21199&docid=3238072&version=integrated,2013-06-21.
[56] 韩俊.在家庭经营基础上推进农业现代化[N].人民日报,2012-01-18(7).
[57] 韩鹏云,刘祖云.新中农阶层的兴起与农村基层党组织建设转型[J].理论与改革,2014(1).
[58] 贺雪峰.当下中国亟需培育新中农[J].人民论坛,2012(9).
[59] 贺雪峰.关于"中国式小农经济"的几点认识[J].南京农业大学学

报(社会科学版),2013(6):2.

[60] 贺雪峰.简论中国式小农经济[J].人民论坛,2011(8).

[61] 贺雪峰.论半熟人社会——理解村委会选举的一个视角[J].政治学研究,2000(3).

[62] 贺雪峰.论农民经营的规模——以安徽繁昌调研为基础的讨论[J].南京农业大学学报,2011(2).

[63] 贺雪峰.农业问题还是农民问题? [EB/OL]. http://www.sohu.com/a/100478068_119738.

[64] 贺雪峰.取消农业税后农村的阶层及其分析[J].社会科学,2011(3).

[65] 贺雪峰.慎重稳妥推进农村改革——十八届三中全国决议涉农条款解读 [EB/OL]. http://www.snzg.cn/article/2013/1210/article_36221.html.

[66] 贺雪峰.谁是农民? [J].经济导刊,2014(3).

[67] 贺雪峰.未来农村社会形态:"半熟人社会"[N].中国社会科学报,2013-4-19.

[68] 贺雪峰.为什么要维持小农生产结构[J].贵州社会科学,2009(9).

[69] 贺雪峰.组织起来[M].济南:山东人民出版社,2012.

[70] 侯麟科.农村劳动力大规模转移背景下的中国农村社会分层分析[J].中国农村观察,2010(1).

[71] 黄春高.分化与突破:14—16 世纪英国农民经济[M].北京:北京大学出版社,2011.

[72] 黄冬娅.私营企业主与政治发展:关于市场转型中私营企业主的阶级想象及其反思[J].社会,2014(1).

[73] 黄志辉,麻国庆.无"法"维权与成员资格——多重支配下的"代耕农" [J].中国农业大学学报(社会科学版),2011(1).

[74] 黄志辉.自我生产政体:"代耕农"及其"近阈限式耕作"[J].开放时代,2010(12).

[75] 黄宗智."家庭农场"是中国农业的发展出路吗?[J].开放时代,2014(2).
[76] 黄宗智.发展还是内卷?十八世纪英国与中国——评彭慕兰《大分岔:欧洲,中国及现代世界经济的发展》[J].历史研究,2002(4).
[77] 黄宗智.华北小农经济与社会变迁[M].北京:中华书局,2000.
[78] 黄宗智.没有无产化的资本化:中国的农业发展[J].开放时代,2013(3).
[79] 黄宗智.制度化了的"半工半耕"过密型农业[J].读书,2006(2)(3).
[80] 黄宗智.中国过去和现在的基本经济单位:家庭还是个人?[J].人民论坛·学术前沿,2012(1).
[81] 黄宗智.中国隐形农业革命[M].北京:法律出版社,2010.
[82] 黄宗智.长江三角洲小农家庭与乡村发展[M].北京:中华书局,2006.
[83] 黄祖辉,陈欣欣.农户粮田规模经营效率[J].农业经济问题,1998(11).
[84] 黄祖辉,张忠根.论粮田规模经营中社会化服务体系的构造[J].浙江社会科学,1997(3).
[85] 黄祖辉.论农户家庭承包制与土地适度规模经营[J].浙江社会科学,1999(4).
[86] 黄祖辉,等.沿海地区粮田规模经营:农户心态、行为与政策启示[J].中国农村经济,1996(6).
[87] 江东平,宫成喜.前进中的家庭农场[J].财政研究,1985(2).
[88] 蒋辉.苏南地区进一步发展家庭农场的探讨[D].苏州:苏州大学,2008.
[89] 卡尔·波兰尼.大转型:我们时代的政治与经济起源[M].冯钢,刘阳,译.杭州:浙江人民出版社,2007.
[90] 考茨基.土地问题[M].上海:商务印书馆,1937.

[91] 柯志明.米糖相克:日本殖民主义下台湾的发展与从属[M].台北:群学出版,2006.
[92] 郎友兴,郎友根.从经济精英到村主任:中国村民选举与村级领导的继替[J].浙江社会科学,2003(1).
[93] 黎东升,曾令香,查金祥.我国家庭农场发展的现状与对策[J].福建农业大学学报(社会科学版),2000(3).
[94] 李春玲,吕鹏.社会分层理论[M].北京:中国社会科学出版社,2008.
[95] 李春玲.当代中国社会的声望分层[J].社会学研究,2005(2).
[96] 李春玲.当代中国社会的消费分层[J].中山大学学报(社会科学版),2007(4).
[97] 李春玲.断裂与碎片:当代中国社会阶层分化实证分析[M].北京:社会科学文献出版社,2005.
[98] 李路路.私营企业主的个人背景与企业“成功”[J].中国社会科学,1997(2).
[99] 李培林,张翼.消费分层:启动经济的一个重要试点[J].中国社会科学,2000(1).
[100] 李培林.村落的终结:羊城村的故事[M].北京:商务印书馆.
[101] 李培林等.中国社会分层[M].北京:社会科学文献出版社,2004.
[102] 李强.“丁字型”社会结构与“结构紧张”[J].社会学研究,2005(2).
[103] 李强.改革开放30年来中国社会分层结构的变迁[J].北京社会科学,2008(5).
[104] 李强.关于中产阶级的理论与现状[J].社会,2005(1):37.
[105] 李强.农民工与中国社会分层[M].北京:社会科学文献出版社,2012.
[106] 李强.社会分层十讲[M].北京:社会科学文献出版社,2008.
[107] 李强.转型时期冲突性的职业声望评价[J].中国社会科学,2000

(4).
[108] 李文治,魏金玉,经君健. 明清时代的农业资本主义萌芽问题[M]. 北京:中国社会科学出版社,1980.
[109] 李祖佩,冯小. 论精英俘获与基层治理[J]. 探索,2012(5).
[110] 列宁. 列宁全集(第 22 卷) [M]. 中共中央马克思恩格斯列宁斯大林著作编译局,译. 北京:人民出版社,1963.
[111] 列宁. 列宁全集(第 3 卷) [M]. 北京:人民出版社,1984.
[112] 林辉煌. 江汉平原的农民流动与阶层分化:1981—2010——以湖北曙光村为考察对象[J]. 开放时代,2012(3).
[113] 林毅夫. 制度、技术与中国农业发展[M]. 上海:上海人民出版社,2005.
[114] 刘成斌,卢福林. 非农化视角下的浙江省农村社会分层[J]. 中国人口科学,2005(5).
[115] 刘凤芹. 农业土地规模经营的条件与效果研究:以东北农村为例[J]. 管理世界,2006(9).
[116] 刘付春. 都市郊区农民农研究[D]. 上海:华东理工大学,2011.
[117] 刘精明,李路路. 阶层化:居住空间、生活方式、社会交往与阶层认同[J]. 社会学研究,2005(3).
[118] 刘世定. 嵌入性与关系合同[J]. 社会学研究,1999(4).
[119] 刘欣. 市场转型与社会分层:理论争辩的焦点和有待研究的问题[J]. 中国社会科学,2003(5).
[120] 卢锋. 中国农民工工资定量评估(1979-2010) [J]. 北京大学中国经济研究中心工作论文,2011(11).
[121] 卢福营. 治理村庄:农村新兴经济精英的社会责任[J]. 社会科学,2008(12).
[122] 卢晖临,李雪. 如何走出个案[J]. 中国社会科学,2007(1).
[123] 卢晖临. 社区研究:起源、问题与新生[J]. 开放时代,2005(4).
[124] 陆学艺. 当代中国社会阶层研究报告[M]. 北京:社会科学文献出

版社,2002.
[125] 陆学艺.农民的分化、问题及其对策[J].农业经济问题,1990(1).
[126] 陆学艺.中国私营经济、私营企业主阶层产生、发展的实践和理论演变[J].中国社会科学院研究生院学报,2003(1).
[127] 陆学艺.当代中国社会流动[J].北京:社会科学文献出版社,2004.
[128] 罗必良.农地经营规模的效率决定[J].中国农村观察,2000(5).
[129] 罗伊·普罗斯特曼,等.中国农业的规模经营:政策适当吗?[J].中国农村观察,1996(6).
[130] 吕德文.村庄政治中的庄外的庄里人——J村选举观察[EB/OL]. http://www.snzg.cn/article/2006/1114/article_2000.html.
[131] 吕新雨.乡村与革命:中国新自由主义批判三书[M].上海:华东师范大学出版社,2013.
[132] 马克思.资本论[M].中共中央马克思恩格斯列宁斯大林著作编译局,译.北京:人民出版社,2004(1867).
[133] 毛丹,任强.中国农村社会分层研究的几个问题[J].浙江社会科学,2003(3).
[134] 毛丹.一个村落共同体的变迁:关于尖山下村的单位化的观察与阐释[M].上海:学林出版社,2000.
[135] 毛泽东.毛泽东农村调查文集[M].北京:人民出版社,1982.
[136] 毛泽东.毛泽东选集(第一卷)[M].北京:人民出版社,1991.
[137] 梅建明.再论农地适度规模经营——兼评当前流行的"土地规模经营危害论"[J].中国农村经济,2002(9).
[138] 孟捷,李怡乐.改革以来劳动力商品化和雇佣关系的发展——波兰尼和马克思的视角[J].开放时代,2013(5).
[139] 米尔斯.白领:美国的中产阶级[M].周晓虹,译.南京:南京大学出版社,2006.

[140] 秘舒.无声的底层与底层的声音——“底层研究”述评[C]//李友梅,等.当代中国社会分层:理论与实证.北京:社会科学文献出版社,2006.

[141] 农业部农村改革试验区办公室.从小规模均田制走向适度规模经营[J].中国农村经济,1994(12).

[142] 欧阳静.策略主义与维控型政权[D].武汉:华中科技大学,2010.

[143] 秦海霞.关系网络的建构:私营企业主的行动逻辑[J].社会,2006(1).

[144] 秦晖,金雁.田园诗与狂想曲[M].北京:语文出版社,2010.

[145] 秦晖.当代农民研究中的“恰亚诺夫主义”[M]//恰亚诺夫.农民经济组织.北京:中央编译出版社,1996.

[146] 渠敬东.项目制:一种新的国家治理体制[J].中国社会科学,2012(5).

[147] 任守云.市场嵌入与自我剥削——李村商品化过程研究[D].北京:中国农业大学,2012.

[148] 舒尔茨.改造传统农业[M].北京:商务印书馆,2010.

[149] 斯科特.农民的道义经济学:东南亚的反叛与生存[M].程立显,刘建,译.南京:译林出版社,2013.

[150] 孙立平,王汉生,等.改革以来中国社会结构的变迁[J].中国社会科学,1994(2).

[151] 孙立平.利益关系形成与社会结构的变迁[J].社会,2008(3).

[152] 孙立平.总体性资本与转型期精英形成[J].浙江学刊,2002(3).

[153] 田先红,陈玲.阶层地权:农村地权配置的一个分析框架[J].管理世界,2013(9).

[154] 王春光.农村流动人口的“半城市化”问题研究[J].社会学研究,2006(5).

[155] 王春光.中国职业流动中的社会不平等问题研究[J].中国人口科学,2003(2).

[156] 王刚,全广明.试论国营农场的家庭农场规模问题[J].农业技术经济,1984(6).

[157] 王光全.中国家庭农场模式初探[J].理论与当代,2013(4).

[158] 王贵宸.关于职工家庭农场的几个理论问题[J].中国农村经济,1986(4).

[159] 王立新.农业资本主义的理论与现实:绿色革命期间印度旁遮普邦的农业发展[J].中国社会科学,2009(5).

[160] 王立新.印度绿色革命的政治经济学:发展、停滞和转变[M].北京:社会科学文献出版社,2011.

[161] 王铭铭.社会人类学与中国研究[M].桂林:广西师范大学出版社,2005.

[162] 王铭铭.社区的历程:溪村汉人家族的个案研究[M].天津:天津人民出版社,1997.

[163] 王思斌.社会学教程[M].北京:北京大学出版社,2003.

[164] 魏程琳.阶层分化、消费竞争与农村老年人闲暇——基于浙江金村实地调查[C]//黄宗智.中国乡村研究.福建:福建教育出版社,2015:142-162.

[165] 温铁军.靠"土地私有化"解决农村问题是南辕北辙[J].学习月刊,2008(11).

[166] 温铁军.小农均平地权与农业规模经营[J].战略与管理,1997(3).

[167] 文礼鹏.近现代英国农业资本主义的兴衰[M].北京:中央编译出版社,2013.

[168] 沃特斯,马尔科姆.现代社会学理论[M].杨善华,李康,译.北京:华夏出版社,2000.

[169] 吴毅."双重角色""经纪模式"与"守夜人"和"撞钟者"[J].开放时代,2001(12).

[170] 吴毅.村治变迁中的权威与秩序:20世纪川东双村的表达[M].

北京:中国社会科学出版社,2002.
[171] 吴毅.何以个案 为何叙述——对经典农村研究方法质疑的反思[J].探索与争鸣,2007(4).
[172] 奚建武.农民农:城镇化进程中一个新的问题域[J].华东理工大学学报(社会科学版),2011(3).
[173] 项辉,周威锋.农村经济精英与村民自治[J].社会,2001(12).
[174] 邢成举,李小云.精英俘获与财政扶贫项目目标偏离的研究[J].中国行政管理,2013(9).
[175] 徐嘉鸿.农村土地流转中的中农现象——基于赣北Z村实地调查[J].贵州社会科学,2012(4).
[176] 徐立幼.也谈职工家庭农场的定义[J].中国农村经济,1987(6).
[177] 徐勇."再识农户"与社会化小农的建构[J].华中师范大学学报(人文社会科学版),2006(3).
[178] 许庆,伊荣梁,章辉.规模经济、规模报酬与农业适度规模经营——基于我国粮食生产的实证研究[J].经济研究,2011(3).
[179] 杨华."中农"阶层:当前农村社会的中间阶层——"中国隐性农业革命"的社会学命题[J].开放时代,2012(3).
[180] 杨华.农村阶层关系研究:兼论党在农村的阶层基础和群众基础[D].武汉:华中科技大学,2012.
[181] 叶敏等.驱逐小生产者:农业组织化经营的治理动力[J].开放时代,2012(6).
[182] 于建嵘.岳村政治[M].北京:商务印书馆,2001.
[183] 于作富,齐维林.职工家庭农场的形式、规模及发展趋势[J].中国社会科学,1987(2).
[184] 余练.被流转:规模化土地流转中的政府动员与策略——基于皖南萍镇和鄂中龙村的实证调研[J].江苏大学学报(社会科学版),2017(6).
[185] 余练.大规模土地流转与农村阶层固化——基于湖北中部地区L

村的调查[J].中共杭州市委党校学报,2013(3).
[186] 余练,刘洋.流动性家庭农场:中国小农经济的另一种表达[J].南京农业大学学报(社会科学版),2013(6).
[187] 喻闻.农产品供应链案例研究[M].北京:中国农业科学技术出版社,2008.
[188] 袁松.富人治村:浙中吴镇的权力实践[D].武汉:华中科技大学,2012.
[189] 臧得顺."谋地型乡村精英"的生成——巨变中的农地产权制度研究[M].北京:社会科学文献出版社,2011.
[190] 张厚义.私营企业主阶层在我国社会结构中的地位[J].中国社会科学,1994(6).
[191] 张静.土地使用规则的不确定:一个解释框架[J].中国社会科学,2003(1).
[192] 张梁."化肥依赖症"伤的不只是农民.[EB/OL].http://www.snzg.net/article/2011/1026/article_25937.html.
[193] 张谦,杜强.终结的开始?——当代中国的农业现代化和农民阶层的分化[C].中国研究.2008(7,8):187-214.
[194] 张谦.中国农业转型中地方模式的比较研究[C]//黄宗智.中国乡村研究.福建:福建教育出版社,2013:3-27.
[195] 张宛丽.非制度因素与地位获得[J].社会学研究,1996(1).
[196] 张宛丽.现阶段中国社会新中间阶层的构成特征[J].江苏社会科学,2002(4).
[197] 张翼,侯慧丽.中国各阶层的人口数量及阶层结构[J].中国人口科学,2004(6).
[198] 张友德,丁元.家庭农场问题初探[J].新疆社会科学,1984(4).
[199] 张忠根,黄祖辉.规模经营:提高农业比较效益的重要途径[J].农业技术经济,1997(5).
[200] 赵方田.关于职工家庭农场的定义[J].中国农村经济,1986(8).

[201] 赵阳.城镇化背景下的农地产权制度及相关问题[J].经济社会体制比较,2011.

[202] 赵赟.近代苏北沿海的“走脚田”与“农民农”研究[J].中国农史,2012.

[203] 折晓叶.村庄的再造——一个“超级村庄”的社会变迁[M].北京:中国社会科学文献出版社,1997.

[204] 郑杭生.社会学概论新修[M].北京:中国人民大学出版社,2003.

[205] 周飞舟.财政资金的专项化及其问题:兼论“项目治国”[J].社会,2012(1).

[206] 周其仁,杜鹰.初论专业户[J].中国社会科学,1984(1).

[207] 周其仁.家庭经营的再发现——论联产承包制引起的农业经营组织形式的变革[J].中国社会科学,1985(2).

[208] 周晓虹.再论中产阶级:理论、历史与类型学[J].社会,2005(4).

[209] 周晓虹.中国中产阶级:现实抑或幻象[J].天津社会科学,2006(2).

[210] 周晓虹.中国中产阶层调查[C].北京:社会科学文献出版社,2005.

[211] 周雪光.基层政府间的“共谋现象”——一个政府行为的制度逻辑[J].社会学研究,2008(6).

[212] 朱光磊,杨立武.中国私营企业主政治参与的形式、意义和限度[J].南开学报(哲学社会科学报),2004(5):91-97.

后　记

求学至今已有二十余载，在这二十多年的校园生活中我体味过各种酸甜苦辣。在读博以前，我从没有想过自己有一天会致力于社会科学研究，致力于文字创作，但是受到周围浓郁学术氛围的影响，我逐渐踏上了在我看来神圣而艰辛的学术之路。说它神圣，是因为学术研究有它自己的使命，它不仅能使人们丰富知识、创新理论，而且还能指导社会实践，某种程度上关系着国家的命运决策。说它艰辛，是因为对我这样一个理论功底不强、学术思维能力平平的小女子来讲，这并不容易。不过，既然走上了这条道路，就应该秉持执着的精神，以积极、乐观的心态去对待，虽不能做到最好和最优，也要尽自己的努力去做好。只有持之以恒、勇往直前，才能达到自己理想的终点。

在本书撰写的过程中，我深感自己的不足，也深知这一作品还存有很多问题，但是，毕竟它于我而言是一次非常重要的尝试，既然它已经破茧，即使不完美，我觉得也有必要把它呈现出来。未来的路还很长，我相信在不断的求索中，可以逐渐通过其他的方式对它进行完善。这本书稿是我在二十多年的求学生涯中花费精力最多的一次“作业”，也是对我自己的一个交代。在华中科技大学读硕士和博士研究生的这七年是不平凡的七年，七年里我收获了很多，这离不开以下师友们的帮助。

首先要感谢我的导师吴毅教授，感谢他在我硕士入学时，不计较我的愚钝而把我收归门下，并给予我信任和学习上的指导。更感谢他在博士生名额有限的情况下，容留我再留校深造四年。他严谨的治学态度和深厚的研究功底，深深地影响了我。这从他对待一篇文章的态度上可见一斑：从论文的选题、结构、行文逻辑、概念使用到文中的错别字他都会细心审阅，以致我不成型的文章都不敢给他看。现在毕业了，我多么希望他还能时常给予这样的指导！令我印象非常深刻的，还有他在课堂上神采飞扬的样子。他的“中国政治社会变迁”课程，理论解释自成一体，广受学生们的欢迎。对吴老师，我既崇敬、爱慕，又有些敬畏，但是每当他和蔼地对着我微笑时，我心里的害怕就消失了。事实上，吴老师是一个很可爱的人！另外，还要感谢我的师母胡蓉女士，她的美丽大方、行事的干脆利落给我留下了深刻的印象，她对学生的疼爱也让人难忘。

其次要感谢贺雪峰教授。从读硕士以来，我深受贺老师及其所带领团队的影响。在读硕士的这三年中，我一直在读书会学习。从一开始拖后腿，到最后坚持下来，离不开贺老师孜孜不倦的教导和督促。读书会是加油站，是检验场，是试金石。通过读书会，各年级学生之间建立起了深厚的学术友谊。可以说，这三年里取得的进步很大程度上得益于贺老师为我们组织的读书会。读博期间，贺老师为我们提供了调研平台，建立了相互学习的竞争机制，使我们不断成长。贺老师身体力行、“顶天立地，长期坚持”的学术作风极大地激励了学生。他对学术的热忱，让我们知道对宗教般虔诚的学术研究是如何成为可能的，另外还要感谢苏明华女士，她的贤惠和勤劳、她对团队的热爱和支持，令人敬佩，感谢她对我们的关心。

衷心地感谢社会学系的各位老师在我的学习与成长中所给予的支持和帮助。感谢孙秋云教授，在华中科技大学学习的几年中，孙老师是我接触最多的教授之一，他帮我完成硕士论文答辩，又对我博士论文开题和答辩提供帮助与支持。对于他，我感受到的是温暖。感谢王茂福教授、石人炳教授、张小山副教授、郑丹丹副教授、刘成斌副教授、张雯老师、刘晶老师；感谢西南政法大学的罗兴佐教授，自我在重庆工作以来，曾多次当面聆听他的学术见解；感谢北京师范大学的董磊明教授、海南师范大学的王习明教授和云南大学的王启梁教授。在求学路上，能够聆听各位老师的教诲，实属有幸。

感谢华中科技大学乡村治理研究中心所有同仁！在校的七年时间

里，读书、调研、讨论和写作，都有你们的陪伴，这让我原本艰辛而枯燥的学术研究生活变得生动活泼起来。尤其要感谢杨华、郭亮、桂华等师兄在我读博期间和本书的撰写过程中所予以的帮助，同时感谢其他师兄及师姐在这七年中的鼓励和帮助，他们分别是陈柏峰、吕德文、范成杰、龚春霞、欧阳静、李德瑞、田先红、宋丽娜、张世勇、汪永涛、刘洋、陈辉、赵晓峰、刘燕舞、郭俊霞、王会、周娟、黄鹏进、何绍辉、狄金华、陈锋、耿羽、王德福、林辉煌、陈讯、陶自祥、韩鹏云、桂晓伟。在这里还要特别感谢与我同年级的同学，他们是李祖佩、李元珍、龚为刚、孙新华、刘锐、夏柱智、谭林丽、徐嘉鸿、袁明宝、李宽、刑成举、王君磊、魏小换。另外还要感谢低年级的师弟及师妹，他们专注的学习态度和对学术的执着追求，砥砺我不断前行，他们是王海娟、陈靖、冯小、曾红萍、田孟、谢小琴、刘锐、余彪、吴秋菊、王丽惠、陈义媛、管珊、魏成林、印子、李永萍等。感谢同门的吴帆（师兄）、燕红亮、陈祁、王勇、王誉霖和李灵等，和他们的交流和讨论让我碰撞出思想的火花，他们对学术的热爱真挚而纯粹。

感谢安徽芜湖萍镇的乡镇干部和农民群众，在那儿调研的半年时间里，他们给予了我热心的帮助，他们中有不计其数接受我采访的老百姓、给我提供伙食的村民、积极帮我安排调研任务的乡镇干部和村干部。尤其感谢乡镇干部陈友军，村干部刘林、陈万勇等，他们热情好客，积极协助我调研，不仅为我提供人脉上的支持，而且还提供诸多信息，多次接受我采访。他们的友爱善良让我铭记于心。另外，我还要特别感谢巢湖市盛桥镇的乡镇干部，在与我毫无交情的情况下，他们热情地为我安排调研地点，在此谨表谢意！

最后我要感谢我的父母、亲戚和爱人。感谢父母对我的疼爱，他们辛苦挣钱供我上学，这才有了今天的我。感谢我的姨父，重庆大学的何跃老师，是他把我引入学术道路，可以说他是我最早的学术启蒙老师。上大学时，我经常出入他家，他家的书香气息潜移默化地影响了我，这也可能是我现在从事这项工作的重要原因。感谢三姨张蓉老师，她和善亲切，给予了我生活和工作多方面的关怀，是我生活工作中的良师益友。最后感谢我的丈夫李清伟，感谢他这么多年以来对我的关怀和包容。从初中勤奋的老班长，到高中的学霸，他一直都是我学习的榜样。从大学开始，他陪伴我一路走到今天，我们曾一起面对过很多困难，这进一步增进了我们的感情。现在我们的宝贝毛毛已经九个多月了，围绕着她，我们又增添了新的快乐。

2015 年 5 月 14 日于华中科技大学东七楼

2017 年 6 月 29 日改定